세상에서 가장 짧은

전쟁사

모든 전쟁의 시작과 끝은 어떻게 가능한가?

————————

세상에서 가장 짧은
전쟁사

그윈 다이어 지음 | 김상조 옮김

목차

서문   9

1장 기원

전쟁은 언제부터 시작되었는가? 14
잔혹한 사람들 17
침팬지 전쟁 19
두 가지 조건 23
평등과 전쟁 27
격변 33

2장 전투는 어떻게 이루어지는가?

불확실성의 영역 34
계급의 필요성 38
직업윤리 40
정신적 붕괴 관리하기 43
기본 훈련 48
타고난 킬러? 51
"그들이 개미처럼 보여요" 55
드론 조종사는 양 떼를 폭파하는 꿈을 꾸는가? 57
전쟁에 도입되는 자율형 살상 무기 시스템 61

3장 전투의 진화

최초의 군대들이 벌인 전투 65
새로운 삶의 방식 70
무자비한 유목민? 71
조직적인 살육 72
더 많은 사람. 더 많은 도시, 더 많은 전쟁 75

세계 최초 군사 제국   79
개미총 사회   81
대초원의 변화: 말과 수레바퀴   83

4장   고전적인 전쟁

변화 없이 끝없이 이어지는 전쟁   88
공성전   90
밀집대형이 다시 돌아오다   93
해군   99
총력전은 안 된다   103
서방의 어둠, 동방의 빛   105
말馬이 다시 돌아오다   107

5장   절대군주와 국지전

보병대가 돌아오다   110
총기류의 등장   111
용병의 시대   113
'삼십 년 전쟁', 800만 명이 죽다   117
스웨덴의 혁신   121
군사훈련   123
'우리가 전쟁 중인 줄 전혀 몰랐어요'   124
귀족과 부랑자들   125
제약조건   126
'세계 정복'   130

6장   대규모 전

혁명   132
대규모 군대   133
매스 미디어   137
상식   139

대두되는 민족주의   140
프로이센의 등장   143
폭풍전야   146
미국 남북 전쟁   147

7장 총력전

끝없이 이어진 전선   152
포병전   156
시민   159
지상의 배   163
엄청난 승리, 나쁜 평화?   167
와해와 혁명   168
전격전   169
소모전의 귀환   170
시민들 그리고 움직이는 전선   171
전략적 폭격   174
'죽음, 온 세상의 파괴자'   178
심각한 문제   182

8장 핵전쟁에 관한 짧은 역사

문화 지체   183
확산   191
제한적인 핵전쟁의 오류   193
쿠바 미사일 위기   196
엔지니어인가 군인인가?   200
스타워즈   202
악의 제국의 종말   204
핵겨울   205
우리의 사고방식   209

9장 세 가닥의 전쟁: 핵전쟁, 재래전, 테러리즘

새로운 카테고리   211

카드 섞기   213

어리석은 건가 절박한 건가?   216

재래전 같지 않은 재래전   221

곳곳에 있고, 어디에도 없는   230

중국: 커다란 예외   235

도심 게릴라전   237

팔레스타인   241

9/11과 이슬람 테러리즘   243

10장 전쟁의 끝

돌아가는 길   252

역사에서 벗어나 보낸 휴일   254

세 가지 커다란 변화   257

협력하느냐 마느냐?   262

전쟁 범죄   265

아주 기나긴 세월   269

약간의 원칙, 강력한 힘   271

마지막 개념 수정   275

종결   279

역자의 말   베고니아에 내리는 비   283

서문

공군력을 갖추려면 막대한 비용이 든다. 약소국 처지에서 보면 드론은 가격이 아주 싸면서도 전술적 비행을 통해 목표물을 정확히 타격할 수 있는 훌륭한 무기이며, 이를 사용하면 상대방의 탱크나 방공시스템 같은 값비싼 장비를 파괴할 수 있다.

마이클 코프먼Michael Kofman, 군사 분석가, CNA[01],

2020년 나고르노-카라바흐 분쟁에 대하여[1]

분석해야 할 전쟁은 늘 새로 나타나기 마련이고, 나는 지금까지 몇 개의 전쟁을 분석하면서 평생을 살아왔다. 하지만 이 책은 그런 종류의 책이 아니다. 전쟁을 하나의 현상으로 보고, 인간은 왜 전쟁하는지, 어떻게 하면 멈출 수 있는지를 다루고 있다. 오늘날 많은 나라의 여론이 전쟁으로 더 이상 원하는 바를 이룰 수 없다는 쪽으로 기운 지 오래되었지만, 그럼에도 거의 모든 국가는 아직도 군대를 보유하고 있다. 대다수 국가에서 군대를 동원할 일이 극히 드문데도 말이다.

그동안 세계는 전쟁에 있어서 상당히 많은 진전을 이루었다. 지난 75년 동안 열강끼리 직접 부딪치는 전쟁을 한 경우가 한 번도 없었다. 이러한 측면에서 보면 이 기간은 수천 년 인류 역사 속에서 가장 긴 전쟁의 휴식기라 할 수 있다. 물론 대리전을 치르거나 약소국을 공격하는 전쟁은 있었지만, 무기의 파괴력이 워낙 강해진 까닭에 어떤 심각

---

01 CNA(The Center for Naval Analyses) - 미국 버지니아주 알링턴에 있는 국방 전문 싱크탱크

한 위기 상황이라 해도 강대국들이 서로 대놓고 싸우는 일만은 회피해 왔다.

매달 백만 명 이상이 죽어 나갔던 전쟁이 끝난 1945년 이후, 설령 전쟁을 치렀다 해도 희생자와 파괴되는 도시의 숫자는 급격히 줄어들었다. 1970년대에 사망자는 매년 백만 명 수준으로 줄었고, 지금은 수십만 명 수준 – 교통사고로 죽는 숫자보다 적다 – 으로 낮아졌다. 만성적 분쟁 지역인 서남아시아와 아프리카를 제외하고, 이 책을 쓰고 있는 현재 시점을 기준으로 볼 때, 어떤 규모로든 전쟁이 진행되고 있는 곳은 전 세계에서 딱 한 군데뿐이다.[02] 이렇게 변하게 된 주된 이유는, 2차 대전 이후 새로 만들어진 국제기구와 국제법을 통해 전쟁의 위협을 줄인 것, 민간을 대상으로 한 공격을 제재했던 시도 등이 어느 정도 성과를 거두었기 때문이다. 미디어는 끊임없이 새로운 전쟁 영상을 송출하고 있지만 – 사람들이 그런 영상을 보고 싶어 안달하기 때문인데 – 그런 영상은 불과 몇 군데에서 찍은 영상들일 뿐이다. 우크라이나 전쟁 같은 드라마틱한 사태를 제외하면, 지금 이 시대는 세계사에서 가장 평화로운 시기라고 말할 수 있다.

하지만 지금은 예전과 비교할 수 없이 치명적인 무기들을 잔뜩 배치하고 있다. 지휘부는 여전히 전쟁 계획을 수립하고, 군대는 병사들에게 사람을 죽이는 훈련을 시키고 있으며(이제는 노골적으로 대놓고 보여 준다), 지난 10년간 대다수 국가가 국방 예산을 계속 증액하였다. 전례 없는 평화와 번영을 이어가는 이 시대에도 군인과 외교관들은, 자국의 이익에 필요하다면 언제든지 전쟁을 선택할 수 있다는 생각을 하고 있다. 지금보다 더 힘겨운 시대가 다가오고 있다.

---

02 저자가 이 책을 집필한 2022년 3월 후반을 기준으로, 단 한 군데란 우크라이나-러시아 전쟁을 가리킨다. 또 다른 분쟁인 팔레스타인-이스라엘 간의 전쟁이 터지기 전이다.

지난 200년간 세계 인구는 8배로 커지고 대량 산업화가 진행되었다. 그러면서 예기치 못했던 기후 변화가 발생하여 지구 곳곳에서 전에 없던 재난을 겪고 있다. 지금 우리들은 그로 인한 대가를 치러야 하는 때가 도래한 것이고, 그 값을 치르기가 쉽지 않은 실정이다. 지난 10,000년 동안 인류 문명이 성장할 수 있는 안정적 조건의 기후 환경이 요동치고 있기 때문이다. 대기의 온도가 지금보다 2도만 더 높아져도 통제 불가능한 상황에 이르게 될 기후 환경을, 그 전에 안정시키는 일은 아주 운이 좋아야 달성할 수 있는 형편이다.

파국에 가까운 기후 재앙은 피한다 해도, 그동안 대기 중에 방출된 온실가스가 아직 기후에 본격적인 영향을 끼치지 않았다 하더라도, 그 위해는 곧 나타날 것이다. 거기에다 지금 당장 화석 연료 사용을 중단하고 다른 에너지원으로 변경하는 급진적인 방안을 선택한다고 해도, 앞으로 계속 나올 수밖에 없는 다른 가스의 위해까지 합쳐지면서 지구온난화가 가속된다면, 전 세계의 식량 생산의 문제를 피할 수 없게 되고, 그 충격은 열대와 아열대 지방에 사는 이들에게 한층 더 심각하게 미칠 수밖에 없을 것이다.

그러다 보면 식량난을 겪게 된 나라로부터 난민 유입이 지금보다 대규모로 일어나게 되고, 난민이 찾아가는 국가의 정부는 그중에 누구는 받아들이고 누구는 배제해야 하는 고통스러운 결정을 해야 하며, 그들의 불법 입국을 막기 위한 합법적인 방안도 생각해야 한다. 많은 난민을 받아들여 늘어난 인구 때문에 자국민을 먹여 살리지 못하는 사태가 생기면 그 정부는 생존 자체가 어려워지고, 심지어 타격이 심한 나라는 '무정부 상태'에 빠질 위험이 크다 - 소말리아 같은 국가가 10개에서 20개가 생긴다고 생각해 보라. - 주요 하천을 공유하고 있는 국가들의 경우에는, 기후 변화 때문에 지속해서 강물 유량이 줄어드는 상황이 되면, 상류에 있는 국가는 자국민을 위해 더 많은 물을 가두어 두려 할 것이고, 하류에 있는 국가들은 어쩔 수 없이 '물의 전쟁'을 도발할 수도 있다.

미래에 일어날 이런 가능성에 대해 지금껏 공개적으로 정식 논의되지는 않았지만, 주요 군사 대국의 고위급 전략 기획팀이 작성한 전략 보고서에서는 이미 심도 있게 다루고 있다. 문제가 터지기를 바라는 것이 아니라, 사전에 예측하고 준비하는 일이 그들의 임무이기 때문이다. 그들의 판단에 따르면, 기후 변화는 비군사적인 수단으로 해결하기 어려운 심각한 문제라는 것이다. 수백만 명이 죽어 나가는 강대국 간의 전쟁을 사람이라고 할 때, 죽어서 없어진 게 아니다. 잠자고 있었을 뿐이며, 근래 들어와서 다시 몸을 조금씩 뒤척이고 있는 상태라 할 수 있다.

좋지 않은 소식이지만 바로 이런 이유로 전쟁이라는 현상 전체를 다시 검토해야 한다. 불과 한 세기 전만 해도 – 그러니까 1차 세계 대전 중반까지만 해도 – 전쟁은 고귀한 과업이자 퍽 좋은 일a Good Thing (내가 이기기만 한다면)이라는 게 일반적인 견해였다. 그러나 참호 속에서 민간인 출신 군인들이 무더기로 죽어 나가면서부터 이런 견해는 쏙 들어갔고, 그 이후로 전쟁은 커다란 문제a Problem라는 신중한 여론이 형성되었는데, 사태를 제대로 반영한 여론이라 하겠다. 이런 결론에 이르는 데는 굳이 핵무기의 출현까지 기다려야 할 필요도 없었다.

하지만 우리 대다수는 전쟁이 어떻게 시작되고 어떻게 작동하는지 제대로 알지 못한다. 이렇게 된 것은 전쟁을 너무 자세히 검토하다 보면 나라를 위해 목숨을 바친 이들을 향한 경의와 감사하는 마음이 훼손되지 않을까 하는 두려운 마음이 생기기 때문이다. 그렇더라도 우리는 '쓰러진fallen' 이들(그들에게는 이런 애매모호한 용어보다는 훨씬 더 나은 표현이 필요하다)에 대한 존경심을 간직하며, 전쟁의 현상을 계속 연구해야 한다.

나는 전쟁사가戰爭史家로 수련을 받았고, 성인이 된 이후로 군과 관련된 다양한 분야를 다루며 살아왔지만, 지금 다루고 있는 이 책은 흔히 생각하는 전쟁사에 관한 내용이 아니다. 이 책은 일종의 관습이자 전통이며, 하나의 정치적·사회적 제도이자 커다란 문제라는 관점에서 전쟁을 분석한 연구서이다.

외과 의학서에 절개된 신체가 자주 등장하듯, 이 책에서는 전략, 전술, 독트린, 테크놀로지에 관한 이야기가 많이 나온다. 그러나 그것들이 중심 주제는 아니다. 물론 전쟁이라는 비정상적인 제도를 받아들여야 하는 이들, 즉 지도자와 일반 병사에 대한 내용도 이야기의 일부로 서술하고 있지만, 이 책은 우리가 전쟁을 왜 하고 있으며, 어떻게 하면 이 전쟁을 멈출 수 있는가에 대한 문제를 가장 중요하게 다룬다.

1장 | 기원

전쟁은 언제부터 시작되었는가?

인류는 전쟁을 발명하지 않았다. 아주 먼 조상 때부터 전쟁을 해왔고 우리는 그것을 물려받았을 뿐이다. 우리와 가까운 친척뻘인 일부 영장류도 지금껏 전쟁을 벌여 왔다. 그러나 근래 이백 년을 놓고 보면, 대다수 사람은 전쟁은 문명과 함께 점차 발전한 것이므로 수렵 채집 생활을 했던 선조들 시대에는 큰 문제가 아니었다고 생각한다.

이런 믿음은 18세기 중반에 살았던 저명한 계몽주의 철학자 장 자크 루소Jean-Jacques Rousseau에게서 영향을 받았다. 그는 대중 문명이 발흥하기 이전에는 자유롭고 평등하게 - 그리고 그의 주장에 따르면, 평화롭게 - 살았던 '고귀한 야만인들noble savages'이 있었다고 봤다. 그는 지금도 문명사회를 억압하는 권력자들과 제사장들을 제거할 수 있다면, 잃어버린 낙원을 되찾을 수 있다고 주장했다. 당시로서는 매혹적인 생각이었고, 그의 당대 사람들은 이런 주장에 근거하여 행동하기 시작했다. 루소는 미국 독립 전쟁이 발발한 2년 후, 그보다 훨씬 더 큰 격변이었던 프랑스 혁명이 일어나기 11년 전에 사망했다.

그는 자기 당대의 '고귀한 야만인들'도 물론 종종 서로 싸운다는 것을 인정했지만, 그들의 무력 충돌은 기껏해야 몇 명의 사상자만 나오는 정도이지 오늘날 강대국 간에 벌어지는 참혹한 전쟁과는 거리가 멀다는 견해였다. 그로부터 2세기가 흐른 후 인류학자들은 그 당시에도 존재했던 얼마 안 남은 수렵 채집인을 연구하기 시작했다. 그 연구에서 인류학자들은 여전히 이들 소규모 무리 – 적으면 30명가량, 많아야 100명 이하로 이루어진다 – 간에 일어나는 무력 충돌이라고 해봐야 최소한의 사상자를 초래하는 의식ritual activities 같은 것이라고 봤다. 그러나 오십 년 전쯤부터 우리는 비로소 이들의 견해가 얼마나 잘못되었는지 알게 되었다.

루소가 생각을 잘못하고 있었다고 비난하기는 어렵다. 루소 당시만 해도 과거에 대한 지식은 기껏해야 3천 년 전까지 거슬러 올라가는 정도였다. 지구의 나이가 얼마나 되는지(45억 년) 아무도 몰랐고, 진화에 대해서도(대략 550만 년 전에서 4백만 년 전 사이에 인류의 조상인 호미닌hominin이 침팬지 혈통과 갈라졌다.) 마찬가지였으며, 호모 사피엔스가 처음 출현한 시기에 대해서도(대략 30만 년 전) 그러했다. 인류학자들이 그들의 눈앞에 쌓여가는 증거를 어떻게 그토록 오래 외면할 수 있었는지 이해하기는 어려운데, 아무튼 그들은 20세기 후반에도 여전히 루소의 견해를 신뢰하고 있었다.

그들은 1803년 호주 남부 해안가의 죄수 유형지에서 탈출해서 32년 동안 원주민 무리에 섞여 도피 생활을 이어갔던 윌리엄 버클리William Buckley 같은 사람의 증언을 무시했다.

> 싸워야 할 상대 부족이 다가오고 있었는데, 내가 보니 모두 남자였다.
> …싸움은 즉각 시작되었다. …싸움 중에 버클리가 속한 부족원 두 명이

죽었지만, 그들은 그날 밤에 역공을 펼쳤고, 다들 무리를 이루고 잠들어 있었기에, 우리는 급습해서 그 자리에서 세 명을 죽이고 여러 명에게 부상을 입혔다. …적들은 달아났다. …무기는 버려두고 도망간 바람에 공격하는 이들이 차지했고, 다쳐 쓰러져 있던 자들은 부메랑으로 다 때려죽였다.[2]

그들은 20세기 초에 호주 북부 아넘 랜드Arnhem Land에 거주하는 머긴Murngin족을 연구한 선구적인 민족학자 로이드 워너Lloyd Warner의 연구 성과도 무시했다. 머긴족은 그 당시에 유럽인과 접촉하기 시작했다. 구전 역사 전통이 강하게 남아 있는 부족이었는데 그들은 자신들의 할아버지 세대와 증조부 세대의 행적에 대해 잘 알고 있었으며, 이야기로 풀어낼 수도 있었다. 워너는 광범위하게 진행한 그들과의 인터뷰 자료를 토대로 19세기 후반(유럽과의 접촉 이전) 원주민 무리 간에 일어났던 전쟁의 역사를 재구성하고자 했다. 그는 오랜 세월을 두고 이루어진 저강도 습격이나 매복 작전이 비록 한 번에 한두 명 정도 죽이는 수치였지만, 그가 연구 대상으로 삼은 20년 동안 머긴족 내부의 여러 무리(총인구 3천 명가량)에서 사망한 성인 남자 수의 25퍼센트가량이 그렇게 살해되었다고 결론을 내렸다.[3] 하지만 워너의 연구 결과는 당시 한창 새롭게 대두되던 인류학 분야에서는 무시되었다. 루소의 이론이 여전히 힘을 발휘하고 있었기 때문이다.

잔혹한 사람들

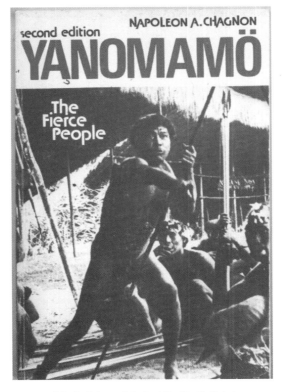

잔혹한 반응: 논란을 초래한 샤뇽의 연구서

마침내 1968년에 와서 인류학자 나폴레옹 샤뇽Napoleon Chagnon이 오리 노코강과 아마존강 상류 지역인 베네수엘라 남부와 브라질 북부에 사는 야노마모Yanomamo 부족에 관한 연구서인 『야노마모: 잔혹한 사람들』을 출간한 이후로 논쟁에 불이 붙었다. 야노마모족은 인구가 2만 5천 명 정도인 부족으로, 서로 떨어진 250개의 마을을 이루고 살면서 끝없이 전쟁을 거듭하고 있었다. 엄밀히 말하자면 그들은 수렵 채집인이 아니라 일종의 '화초 재배가horticulturalist'에 가까웠고, 화전을 일구며 살

왔기에 몇 년에 한 번은 살던 곳을 떠나 다른 곳으로 옮겨가야 했다. 하지만 한 집단의 규모는 늘 비슷하게 유지되었고(마을마다 90명 정도), 전쟁 방식을 포함한 사회적 관습도 여전했다.

야노마모족은 마을 밖에 성벽을 두르고, 마을과 마을 사이에는 넓은 완충 지대 ─ 50킬로미터에 이르는 경우도 있었는데, 기습 공격할 때는 아주 빠르게 움직이기 때문에 그 정도까지 필요했다 ─ 를 뒀다. 그리고 주로 자신들의 영토 중앙부 쪽에 모여 생활했다. 그러다가 경계지 쪽의 다른 마을을 공격하러 갈 때는 반드시 여럿이 함께 움직였고, 평상시에는 그 지역을 그냥 방치하였지만 때로는 마을 전체를 몰살하기도 했다. 샤농에 따르면, 이런 만성적인 전쟁 상태로 인해 생기는 사망자 수는 한 세대를 기준으로 남자가 2.4퍼센트, 여자가 7퍼센트에 이르렀다.[4]

그 후, 샤농의 의견에 귀를 기울이는 자들이 생겼고, 그의 책은 대학의 주요 교재가 되었다. 그러나 인간 본성에는 호전적인 경향을 내재하고 있다는 그의 사상은 루소의 이론을 정면으로 반박하는 것이어서 루소의 이론을 신봉하는 인류학자들에게 도전하는 셈이었다. 구세대들은 샤농이 데이터를 왜곡하고 조작했다는 비난을 쏟아냈고, 베네수엘라 정부는 그가 야노마모 부족에게 다시 돌아가지 못하도록 막기까지 했다. 그러다 샤농이 죽기 7년 전인 2012년에 미국 학술원 회원 자격이 회복되었다.

인류학자 어니스트 버치Ernest Burch는 사정이 좀 나은 편이었다. 그는 1960년대에 들어서 알래스카 북서부 지역에서 수렵 채집 생활을 하는 이누이트족 사이에서 벌어지는 전쟁에 관해 샤농과 비슷한 연구를 했다. 그들의 전쟁은 그보다 대략 90년 전에 유럽인들과 미국인들이 접촉한 이후로 끝난 상태였지만, 그는 역사 기록과 노인들의 기억을 토대로 조사한 연구 결과, 해당 지역에서는 매년 1회 이상의 전쟁이 있었다고 결론을 내렸다. 그 지역에 거주하는 이누이트 무리 간의 전쟁도 있었고, 먼 곳에 사는 다른 이누이트와의 전쟁도 있었으며, 지금의 유콘the Yukon [03]지역에 '애서배스카 최초 국가Athabasca First Nation'를 세운 무리와도 전쟁했다는 것이다. 대립하는 집단들은 서로 수적 우위에 서고자 했고, 또 전쟁의 궁극적인 목표가 상대방을 전멸시키는 것이었기에 부족 간의 동맹 관계가 계속 변할 수밖에 없었다고 보았다.

이누이트 전사들은 전장에 나설 때면, 뼈나 상아 조각을 한데 묶어 마치 쇠사슬 갑옷처럼 만든 장비를 안쪽에 껴입었고 50여 명이 한 무리를 이루어 며칠을 걸어야 했다. 때로는 서로 대열을 갖추고 일렬로 마주 보는 상태로 전쟁을 했지만, 주로 다들 잠들어 있는 새벽에 습격해서 전체를 도륙하는 전술이었다. 적의 남자 전사는 나중에 고문하고 죽이기 위한 경우가 아니면 포로로 살려두지 않았고, 여자들과 아이들이라도 용서하는 경우가 드물었다. 이러한 참혹한 내용을 10년만 일찍 발표했어도 엄청난 논란을 초래했겠지만, 버치는 자신의 연구 결과를 1974년이 되어서야 발표했으며, 그때는 딱히 반발하는 이가 없을 때였다.[5]

침팬지 전쟁

흥미롭게도, 루소의 이론을 무너뜨리는 마지막 결정타를 날린 이는 또 다른 인류학자가 아니라 영장류 연구가인 제인 구달Jane Goodall이었다. 탄자니아 곰베 국립 공원에 사는 침팬지 무리를 연구하던 구달은 침팬지 무리도 근방의 다른 무리와 전쟁을 벌인다는 사실을 밝혔다.

---

03   유콘 - 캐나다 북서부의 준주(準州)

숙녀와 침팬지:
침팬지 데이비드 그레이비어드David Greybeard와 함께 있는 제인 구달. 1965년경.

인간은 침팬지와 99퍼센트 동일한 DNA를 갖고 있을 뿐만 아니라, 수렵 채집 시기부터 늘 전쟁을 벌여 왔다는 사실에 근거해, 이런 행동은 인류와 침팬지에게 공통으로 나타날 뿐 아니라 4백만 년 전, 호미닌과 침팬지가 분화되어 나왔던 공통의 조상에게도 있었을 가능성이 높다고 했다.

물론 침팬지들이 벌이는 싸움은 수렵 채집 시기의 인간 전쟁보다 훨씬 원시적이고 일차원적이다. 침팬지는 거의 무기를 사용하지 않았고(가끔 나뭇가지를 사용하는 정도), 맨손으로 다른 침팬지를 죽인다는 것도 쉽지 않았으며, 무리 간에 총력전이 벌어지는 일도 없다. 상대를 죽이는 경우라고 해야, 한 무리의 침팬지 여러 마리가 매복해 있다가 상대 무리에서 떨어져 나와 고립된 침팬지를 만나서 죽이는 경우가 전부였다.

자신들 영역의 경계 지역을 순찰하는 일로 시작되었다. 어느 지점에 와서 …그들은 25미터 정도 앞에 몰래 숨어있던 골리앗(나이 많은 침팬지)을 발견했다. 그들은 타깃을 향해 미친 듯이 언덕을 내려갔다. 골리앗이 소리를 질렀지만, 그들은 비웃고 힘을 과시하면서 골리앗을 붙잡아 때리고, 발로 차고, 위로 들어 올렸다가 내동댕이치고, 물고, 발로 밟았다. …그렇게 18분가량 공격을 퍼붓고 나서야 자기들 소굴로 돌아갔다. …골리앗은 등에 깊은 상처를 입고, 머리에서 피를 철철 흘리면서 일어나 앉으려고 애를 썼지만, 이내 다시 쓰러져 부들부들 떨었다. 그 이후로 그의 모습은 다시 볼 수 없었다.

리처드 랭엄Richard Wrangham과 데일 피터슨Dale Peterson,
『악마 같은 수컷들: 원숭이들, 그리고 인간 폭력의 기원』[6]

이런 걸 전쟁이라고 할 수 있을까? 이런 공격은 순찰조가 상대 쪽 일원이 혼자 있는 걸 발견할 때마다 일어나는 것은 아니다. 순찰조는 숲속을 이동하는 상대방 무리의 다른 이들이 서로 부르는 소리가 있는지 귀를 기울이며, 도와주러 찾아올 다른 침팬지가 없다는 것을 확인한 다음에야 공격한다. 그렇지 않으면 조용히 물러나 훗날을 기약한다. 그럼에도 매우 심각하고 치명적인 행태인 건 분명하다. 매우 신중하며, 한 번에 한 마리만 죽이지만, 때로는 한 무리의 수컷을 전부 몰살하는 때도 있다. 이렇게 되면 상대 쪽 수컷들도 보복하기 위해 쳐들어 와서 남아 있는 암컷을 다 차지하고, 새끼는 전부 죽여서 자신들의 새끼를 위한 영역으로 사용하기도 한다.

침팬지 무리에 관한 연구는 지금까지 50년 이상 진행되었는데 그 연구 성과를 종합해 보면, 이런 고질적인 다툼 속에서 다 자란 수컷은 30퍼센트, 암컷은 5퍼센트 정도가 죽어 나간다. 이들이 차지하는 영역은 야노마모 부족이 사는 마을에 비해 훨씬 좁았다. 한 무리와 다른 무리 사이는 5~6킬로미터 정도의 공간이었는데 침팬지들은 이마저도 다 사용하는 것이 아니라 자신들 영역 삼분의 일에 해당하는 중심부 지역에서만 평생을 지낸다. 영역의 외곽지역에 먹을 것이 풍부하다고 해도 그 지역은 '누구의 영역도 아닌 곳'으로 여겼다. 설령 그쪽으로 갈 때는 항상 여럿이 함께 움직이는데, 그곳에는 근방의 다른 무리가 매복하고 있는 때도 있었고 또 그 무리에게 걸리면 죽을 위험이 있기 때문이다.[7]

아넘 랜드에서 수렵 채집 생활을 하는 머긴족, 아마존 지역의 화초 재배가 야노마모족, 곰베 국립 공원의 침팬지를 연구한 결과로 나온 통계치는 우리가 품고 있던 막연한 환상을 여지없이 깨뜨린다. 그들은 현대 문명사회보다 훨씬 더 심각한 비율로 살상이 일어나는 전쟁 속에서 살았으며, 이런 전쟁은 아주 오래전부터 이어져 온 것이었다. 이런 통계에 매우 놀란 고고학자들은 인류의 화석 기록은 물론이고 인류와 가까운 계통에 있는 다른 종들의 화석 기록에서 전쟁의 증거를 찾기로 했다. 그런 증거를 찾는 데 그리 오랜 시간이 필요하지는 않았다.

그들은 75만 년 전에 살았던 호모 에렉투스Homo erectus 화석에서 인간이 사용한 무기의 상흔을 찾아냈다. 두개골 상의 함몰된 부분(곤봉에 의해 생겼을 것)이라든가, 인육을 먹기 위해 살을 발라낼 때 생겼을 것으로 추측되는 뼈에 생긴 칼자국 등이 그것이다. 사람을 죽이고 나면 정화를 위한 복잡한 의례가 필요하기 마련이며, 인육을 먹는 일은 그 의례의 일부였다. 고고학자들은 십만 년 전부터 4만 년 전 사이일 것으로 추정되는 네안데르탈인 화석에서도 창에 찔려 생긴 상처라든가 갈빗대 사이로 돌칼이 찌르고 들어온 흔적을 찾아냈고, 그들의 공동묘지도 발견하였다.[8]

최초 인류 문명이 발흥하기 불과 수천 년 전만 해도 전쟁으로 인해 초래된 게 분명한 대학살의 현장도 발견되었는데, 대략 1만 년 전 케냐의 투르카나 호수 서쪽에 위치한 나타룩Nataruk 지방에서 벌어진 27명의 학살 현장이 대표적이다. 성인 남녀와 아이들이 섞여 있었는데, 대부분 곤봉에 맞아 죽거나 칼에 찔려 죽었으며(여섯 명은 화살에 맞아 죽은 것으로 추정된다), 시신은 매장되지 않고 그대로 방치된 채로 부패되어 갔다. 언론은 이 사건을 대단한 발견이라도 한 듯이 대서특필했지만, 이건 선사 시대 이래로 인류와 인류의 조상 호미니드가 벌인 기나긴 전쟁의 역사 속에서 나타난 수백만 개의 유사한 사건 중 하나일 뿐이다. 그렇다면 우리는 이 모든 것을 어떻게 이해해야 하는가?

두 가지 조건

우리에게는 카인의 표식이 있는 걸까? 우리는 그저 점점 더 심각해지는 싸움을 계속하다가 결국 우리 자신을 파괴할 운명인가? 꼭 그렇지는 않다. 하지만 같은 종 내의 다른 개체와 전쟁을 벌이는 종의 행동을 설명하기 위해서는 크게 두 가지 조건, 즉 그 종이 포식동물인지, 그리고 '규모를 조절할 수 있는 집단'에 속해서 살고 있는지를 살펴야 한다.

인류와 인류의 선조들은 수백만 년 동안 사냥을 하며 살았기에 지금도 우리는 다른 인간을 쉽게 죽일 수 있다. 일이십만 년 전만 해도 인간은 대형 동물을 죽이는 능력이 있었기에 지금도 우리는 '포식자'에 해당한다. (인간을 제외하면 영장류 중에서 침팬지가 유일한 포식자에 해당한다. 침팬지는 정기적으로 원숭이와 작은 동물을 사냥해서 잡아먹으며, 전쟁을 벌이는 유일한 종이기도 하다)

이런 포식자인 우리가 '규모를 조절할 수 있는 집단 속에서 산다'는 것은 꽤 복잡한 조건인데, 말하자면 그건 이런 뜻이다. 홀로 생활

하는 포식자는 같은 종 내의 다른 개체와 심각한 싸움을 하는 경우가 드물다. 그런 싸움을 했을 때 적과 자신이 죽을 확률이 반반(50퍼센트)이기 때문이다. 진화론적 관점에서 봐도 이런 선택은 할 가치가 없다. **간단히 말해, 전쟁은 집단 차원에서 벌이는 활동이다.** 만약 집단이 서로 규모가 비슷하고 구성원들이 서로 단결된 상태라면, 정면으로 충돌할 가능성은 낮다. 서로 대등한 상태의 전투에서는 사망자가 많이 나오고, 설령 승리하더라도 출혈이 크기 때문이다.

그러나 규모를 조절할 수 있는 집단, 그러니까 더 작은 무리나 개별적으로 먹이활동을 하는 집단이 싸울 때에는 매복을 통해 공격할 기회를 만든다. 이런 집단 사이에서는 소모전이 벌어지며, 대부분의 공격도 우발적으로 일어나지만 때로는 어느 한쪽의 수컷 전체가 전멸하기도 한다. 사자가 이런 식으로 움직이고, 늑대와 하이에나도 마찬가지이며, 침팬지와 인간도 그렇다. 그러니까 규모를 조절할 수 있는 집단에 속하는 모든 포식자는 그렇게 움직인다. 그렇다면 승리하는 쪽은 무엇을 얻는가? 승리하면 어떤 진화상의 유익이 있을까?

이 세상은 비어 있었던 적이 한 번도 없고, 먹을거리는 언제나 부족했다. 사막에서든 정글에서든 해안가나 사바나에서든 간에, 포식하는 종과 포식당하는 종 모두 그 환경이 감당할 수 있는 최대치까지, 아니 최대치를 조금 넘어서는 수준까지 번식한다. 수렵 채집기의 인간은 산아제한이라는 명목하에 유아를 살해하기도 했다. 그러나 유아를 죽이도록 내놓는 일은 키우기가 힘겨운 부모가 결정할 사항이지, 그 집단의 정책에 따라 시행되지는 않았다. 그리고 유아 살해는 인구 증가 속도를 늦추는 데 별다른 효력도 없었다.

만약 당신이 속한 집단이, 그 지역 환경으로 감당할 수 있는 최대치까지 번식한 상태에서 별안간 식량 공급에 차질이 생긴다면(예를 들어, 기후 패턴이 변하거나 다른 동물이 새로 이주해 들어오는 바람에)

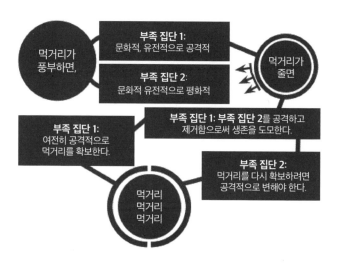

즉각적으로 위기를 맞이할 수 있다. 왜냐하면 구성원 대다수가 충분한 자기 식량을 저장할 수 없기 때문이다. 결국 몇 주 혹은 몇 달 후에는 모든 사람이 굶주림에 이르게 될 것이다. 그러나 인간에게는 예지력이 있으므로 이 상태가 계속되면 앞으로 어떻게 될지 충분히 예상할 수 있다. 만약 여태껏, 아주 오랜 시간을 두고 당신이 속한 집단이 매복 공격을 통해 이웃 집단의 성인 남자들을 조직적으로 도태시켜 왔다. 지금은 승부수를 던져야 할 때로서, 이웃 집단에 남은 남자를 다 죽이고 그들이 보유한 식량 자원을 빼앗아야만 이 위기에서 벗어날 수 있다.

진화는 합리적 계산을 통해 일어나지 않으며, 선사 시대에 만연했던 고질적인 전쟁도 자기 유전자를 후대로 전수하기 위해 고안한 장치가 아니다. 형편이 좋은 시기에도 먹거리를 놓고 이웃한 두 집단 간에 일정 수준 이상의 경쟁이 일어나고, 형편이 나빠지면 그중의 일부 집단이 폭력을 사용하면서 전쟁이 발생한다고 가정해야 한다. 문화적 이유에서든 유전적 이유에서든 다른 집단보다 조금이라도 더 공격적으로 변하는 집단이 있다. 먹거리가 부족한 시기에는 이런 집단이 생존할 가능성이 크고, 생존해야만 자기 문화와 유전자를 후대에 전수할 수 있다. 이런 여러 요소가 확실하게 정리되지 못한 채 수백 세대 동안 저강도의 갈등상태만 지속되다 보면, 야노마모 부족 같은 곤란한 상황을 초래하게 된다.

> 야노마모 부족의 마을은 서로 완전히 신뢰하지 않고, 신뢰할 수도 없는 이웃 마을과 함께 숲속에 자리 잡고 있다. 대다수의 야노마모인들은 마을 간에 끊임없이 분쟁이 이어지고 있는 이런 상황은 위험할 뿐아니라, 부끄러울 지경이며, 만약 이 모든 걸 완벽하고 확실하게 종식할수 있는 마법 같은 방도가 있다면 당연히 그 마법을 선택할 것이라고 말한다. 하지만 그들은 그런 방도가 존재하지 않는다는 사실도 알고있다. 그들은 이웃 마을에 사는 자들은 나쁜 놈들이며, 쉽게 배신하는 사악한 원수라고 생각한다. 이처럼 서로 완전한 신뢰가 없는 상태에서도 야노마모 마을 사람들은 물품 거래를 하고, 부족 간에 결혼도 하고, 불완전하지만 정치적인 협약을 체결하기도 하고, 언제든 강력한 복수를 할 수 있다는 점을 각인시키면서 공존하고 있다.
>
> - 랭엄과 피터슨, 위의 책, 65[9]

이런 상황은 이름만 바꾸면 1914년의 1차 세계 대전이 터지기 전 열강 간의 관계를 설명하는 말로 사용할 수 있다. 1차 대전을 촉발한 방아 쇠- 발칸의 어느 마을에서 오스트리아 대공이 암살된 사건 - 는 세계 대전이라는 거대한 사태를 유발한 이유치고는 너무나 사소하며, 야노마모족이 자신들의 전쟁에 대해 내놓은 설명 역시 한심하고 우스꽝스럽기까지 하다. 심지어 그들은 여자 문제로 갈등이 생겼다며 상대를 비난할 때도 있었다. 하지만 많은 사람은 사태의 저변에 그런 것보다 훨씬 더 근본적인 무엇인가가 있다고 생각한다.

평등과 전쟁

여기까지 살펴보면, 루소는 탁상공론만 펼친, 완전히 실패한 인류학자처럼 보이지만, 그가 정곡을 찌른 부분이 하나 있다. 그건 매우 중요한 사실이다. 문명 이전의 인류, 그러니까 그의 표현대로 '고귀한 야만인들'은 완전한 자유와 절대적인 평등 속에서 살았다는 주장이다. 이것이 바로 루소가 그토록 인기가 많았던 이유이기도 하다. 그는 자기 시대에 혁명 – 인간을 '다시 한번' 자유롭고 평등하게 만드는 혁명 – 을 일으키려는 사람들을 위해 과거에 존재한 선례를 발견했던 셈이다. 루소가 막연하게 추측한 내용일지 모르겠지만, 의외로 아주 훌륭한 추측이었다.

> 사람은 누구나 지배자가 되고 싶어 하지만, 자기가 지배자가 될 수 없다면 모든 사람이 평등한 쪽을 택한다.
>
> 해럴드 슈나이더Harold Schneider, 경제 인류학자[10]

> 비교적 최근에 인류가 갈라져 나온 공통의 조상을 갖고 있는 아프리카 대형 유인원 3종은 전부 계급 사회를 이루고 있다. …그러나 12,000년 이전만 해도 인류는 기본적으로 평등한 사회였다.
>
> 브루스 크나우프트Bruce Knauft, 문화 인류학자[11]

인간 본성을 탐구하는 이들에게 가장 큰 수수께끼는, 우리에게 알려진 모든 수렵 채집 사회와 거의 모든 원예 사회에서 최소한 성인 남성들은 모두 평등했다는 사실이다. 그들은 다소 평등한 정도가 아니라 대단히 강력하고 집착에 가까울 정도의 평등을 지향했으며, 이런 지향성은 그들의 후손이 문명권의 대중 사회를 접촉하기 시작한 이후에도 한동안 뚜렷하게 이어졌다. 물론 논쟁 중에는 연장자에게 권위를 줬고, 최고의 사냥꾼이 사냥감에서 가장 좋은 부분을 차지하는 일은 있었지만, 그 어떤 개인에게도 절대적 지배권을 부여하지는 않았다는 것이다.

이런 사실은 수수께끼일 수밖에 없는데, 기록으로 남아 있는 비교적 최근까지의 인류 역사 속에서 끝없이 등장하는 제국, 절대 군주국, 독재국가들은 모두 지독히 불평등하고 억압적인 계급 사회이기 때문이다. 인류와 가까운 영장류, 유인원들, 그중에서도 특히 우리와 가장 가까운 유인원인 침팬지들의 사회도 마찬가지다. 침팬지 사회는 가히 독재국가라고 할 수 있는데, 가장 강한 수컷이 무리의 다른 구성원들에게 자기 분노를 폭발하기도 하고 물리적으로 공격을 하며 자기 뜻대로 하기 때문에 다른 구성원들은 수컷의 권력에 복종하는 몸짓으로 반응해야 했다.

고약한 폭군이 지배하는 작은 무리에 속한 채로 평생을 살아가는 건 유쾌한 일이 아니다. 그래서 나머지 수컷들은 대장이 보지 못하는 곳에서만 암컷과 교미하고, 나머지 수컷들끼리 연합해서 가장 강한 수컷을 쓰러뜨리기 위한 싸움을 끝없이 반복한다. 그러다 가장 강한 수컷이 나이가 들거나 다쳐서 더 이상 다른 구성원들을 힘으로 누를 수 없게 되면 반란이 성공하기도 한다. 침팬지들에게는 불행한 사태지만, 이렇게 새로 보스가 된 수컷도 예전의 보스와 별다른 차이 없이 행동한다. 우리 중 그 누구도 침팬지로 태어나는 쪽을 선택할 사람은 없으리라.

인류가 언제부터 그와 전혀 다른 가치체계를 갖게 되었는지 정확히 알 수 없지만, 매우 오래전, 그러니까 수만 년 전부터였던 것은 틀

림없다. 왜냐하면, 평등주의적인 가치관과 그 가치관을 옹호하는 사회적 태도와 관습은 극지방에서 열대지방까지, 사막과 우림 지역, 모든 대륙에서 우리에게 알려진 거의 모든 원주민 사회에서 이미 나타나고 있기 때문이다.

> 내가 정의해 보면, 평등 사회란 한 공동체 내에서 복종하는 위치에 있는 이들이 긴밀하게 연합하여, 그 안에서 으뜸이 되려는 자가 정치적 권력을 갖지 못하도록 적극적으로 거부함으로써 생겨난 산물이다.
>
> 크리스토퍼 봄Christopher Boehm, 진화 인류학자[12]

인간에게는 지성이 있고, 언어가 있다는 두 가지 차원에서 다른 대형 유인원과 큰 차이가 난다.

인간에게는 지성이 있기에, 끊임없이 벌어지는 권력 투쟁 속에서 자기가 '승자top dog'가 될 가능성이 크지 않다는 사실을 깨닫는다. 원치 않더라도 결국은 서열 상 뒤쪽에 위치하게 되고, 평생 괴롭힘을 당하고 두들겨 맞으며 살아갈 가능성이 더 크다는 것을 안다. 그런 사태 파악이 가능했기에, 모든 남성은 차라리 보스를 무너뜨리고 강제적으로라도 평등한 사회를 이루어야 한다고 생각할 수 있었다.

명석한 침팬지라면 어렴풋이라도 이 정도 개념이 떠올랐을 수도 있겠지만, 침팬지에게는 이런 개념을 명료하게 정리해서, 반란을 모의하려는 다른 침팬지에게 전달하는 것은 둘째치고 자신이 생각이나 감정을 간직할 만한 언어가 없었다. 반면에 인간에게는 언어가 있었기에 서로 연합해서 현존하는 폭군을 무너뜨릴 수 있었고, 지배권을 차지하려는 게임 자체를 영구히 폐지할 수도 있었다. **그리고 실제로 그렇게 했다.** 그런 일은 한 번만 일어난 게 아니라 수천의 무리 속에서 수천 번 벌어졌는데, 언어 덕분에 한 번의 사례라도 기록하여 빠르게 전파할 수 있었기 때문이었다.

이런 관념을 최초로 정교하게 발전시킨 이가 크리스토퍼 봄인데, 그는 이것을 '뒤집힌 지배 계층 구조reverse dominance hierarchy'라고 불렀다. 그의 모델에서는 실제로 일어난 일을 설명하기 위해 야망이나 질투가 전혀 없는 인종을 상정해야 할 필요가 없다. 왜냐하면 복종하는 위치에 있는 이들이 서로 연합하여 수적 우위의 힘을 이용해서 우두머리 수컷이 지배력을 갖지 못하도록 하면 그만이었기 때문이었다. 물리적 강제력도 거의 필요 없었다. 칼라하리 사막에서 사냥하며 사는 쿠웅 Kung 부족원 한 명은 인류학자인 리처드 리Richard Lee에게 자신이 속한 사회가 어떻게 작동하는지 이렇게 설명한다.

> 젊은 남자가 큰 짐승을 사냥하면, 그는 자기가 대단한 사람이나 우두머리가 된 듯한 생각이 들어서 나머지 사람들을 자기 종이나 아래 사람으로 여긴다. 우리는 이걸 용납할 수 없다. …그래서 우리는 그가 사냥해 온 고기를 쓸모없다고 말한다. 그런 식으로 우리는 그의 마음을 진정시켜서 그를 온순하게 만든다.[13]

지금까지 인류학자들이 조사했던 수렵 채집인 사회는 모두 지독할 정도로 평등주의적인 사회였다. 다른 사람에게 명령한다는 것은 성인 남자가 저지를 수 있는 가장 심각한 사회적 범죄였다. 중요한 결정을 해야 할 때마다 며칠 동안 이어지는 토론 과정을 거쳐서 합의에 이르되, 그 합의도 구속력은 없었다. 결혼은 응당 다른 부족 사람과 했으므로, 만약 그 합의가 마음에 들지 않으면 부족을 떠나서, 결혼을 통해 맺어진 친척들이 있는 다른 부족으로 옮겨가서 살면 그만이었다.

고유문화가 비교적 온전히 보존된 원주민 사회에서는 뛰어난 인물이 나오면 비유적인 의미에서라도 항상 제거된다. 다른 구성원보다 자

신을 내세우는 인물에 대한 징계는 조롱에서 시작하여 외면을 거쳐 추방으로 이어진다. - 극단적일 때는 처형하기도 했다. 오래전에 살았던 수렵 채집인들은 자연을 돌보는 부드럽고 유순한 청지기 같은 존재가 아니었다. 중무장을 한 채 폭력을 행사하는 데 능숙했으며, 이웃한 부족과 빈번하게 벌어지는 전쟁도 불사했는데, 평등주의 혁명이 일어났다고 전쟁이 사라지는 것은 아니었던 까닭이다. 혁명을 위해서(물론 그들이 이런 표현을 쓰지는 않았겠지만) 필요하다면 사람을 죽이는 일도 마다하지 않았지만, '뒤집힌 지배 구조'가 정착하면서 살인을 그렇게까지 자주 할 필요는 없었을 것이다.

그런 혁명은 언제쯤 일어났을까? 지금으로부터 십만 년 전보다 더 오래되지 않은 게 분명하다. 왜냐하면 만약 마지막 간빙기(131,000년~114,000년 전) 이전에 인류가 이미 그런 고도의 계획을 구상할 수 있는 충분한 언어 체계를 갖추고 있었다면, 그때부터 농업과 대중 문명이 시작되었을 것이고, 그랬다면 다른 나머지도 그즈음에 다 시작되었을 테니까. 인류는 간빙기가 찾아왔을 때 시간을 낭비하지 않고 움직였을 게 분명하다. 그렇다고 2만 년도 안 되는 가까운 과거에 일어났을 가능성도 낮다. 평등주의적인 가치가 수천 년 이상 전 세계에 만연

부시맨 가족, 2017년

했던 독재적 압제 국가의 시대에도 사라지지 않고 보존될 수 있도록 인류 문화 속에(그리고 인간의 유전자 속에) 각인되려면 상당히 긴 세월이 필요하기 때문이다. 이보다 더 정확히 추정해 들어가기는 쉽지 않다.

이 커다란 변화로 인해 초래된 부산물 중에 주목할 만한 것은 가족이라는 제도이다. 모든 성인 남자가 평등한 지위를 가지고 있는 무리에서는 다른 영장류 무리에서처럼 가장 우세한 남성이 무리 내의 모든 여성과 성관계를 독점할 수는 없다(이게 혁명을 추구한 동기 중의 하나가 아닐까? 그럴 가능성이 높다). 성평등이 혁명의 일부는 아니었지만, 혁명 이후로 자유롭고 평등한 남성은 각자 한 명의 여성 배우자와 비교적 안정적인 관계를 유지할 수 있었고, 누가 자기 자식인지 알 수 있었으며 적어도 안다고 생각할 수 있었다. 그리고 자기의 자식 양육에 힘을 보태기도 했다.

격변

이리하여 1만 년 전 즈음에 인류는 농업 혁명도 이룰 수 있었고, 종의 변화도 일어났다. 인류는 마다가스카르나 뉴질랜드처럼 대양에 있는 섬을 제외한 지구상의 모든 거주 가능한 지역을 식민지로 삼았고, 총인구는 4백 만 명에 이르렀으며, 여전히 조상 대대로 이어져 온 무리에 속해서 살았다. 전쟁은 여전했기에 희생자가 계속 생겼지만(아주 훌륭한 고립 생활을 할 수 있었던 소수를 제외하고), 살아 있는 자들은 대부분 자유롭고 건강하고 행복하게 살았다. 그렇게 인류는 농업을 시작했고, 모든 것이 변해갔다.

아, 모든 것이 변했다고 하기는 어렵다. **전쟁은 여전했으니까.**

2장 | 전투는 어떻게 이루어지는가?

불확실성의 영역

이 책은 역사책이므로 물론 지나간 일에 많은 지면을 할애한다. 하지만 과거는 솔기 없는 피륙처럼 현재로 이어진다. 그러므로 빅 히스토리를 다루는 책이라면(설령 짧은 책일지라도) 적어도 부분적이더라도 지금 이곳, 즉 현재를 이해하려고 시도한다. 그러므로 과거의 일에 몰두하기에 앞서 우선 현시대 - 그러니까 최근 백 년간 - 의 전쟁이 실제로 어떻게 작동해 왔는지 살펴본다는 것은 매우 유익한 일이다. 전략이나 테크놀로지 따위는 잠시 잊어도 된다. 그보다는 실제로 지상전에 가담했던 이들의 경험에 집중해 보고자 한다.

> 전쟁은 불확실성의 영역이다. 전쟁 중에 일어나는 행동의 이유 중에 사분의 삼은 불확실성이라는 안개에 가려서 잘 보이지 않는다.
>
> 카를 폰 클라우스비츠Karl von Clausewitz

베트남에서 혼자 이동 중인 미국 해군(1966년)

우리가 진지 쪽으로 이동하는 길에 건너야 할 거대한 논이 나타났고, 나는 일단 누군가를 먼저 보내야겠다고 생각했다. 그는 잠시 머뭇거리면서 나를 쳐다봤다. "저요? 저보고 먼저 가라고요?" 나는 그에게 그렇다는 표정을 지어 보였고, 그는 논을 건너갔다.

그다음으로, 부대원들을 두 명씩 짝을 지어 보냈는데, 별일이 없었다. 그래서 내가 맡은 부대원 전체에게 건너가자고 했다. 우리가 논의 절반쯤 건너왔을 때, 베트콩이 등 뒤에서 나타났는데, 잠복호spiderholes에 숨어있다가, 내 부대원들이 사방이 탁 트인 곳에 이르자 덮친 것이다. 전술상으로 보면 나는 지침에 따라 모든 걸 진행했지만 결국 부대원 몇 명을 잃었다. 내가 실수했던 것인가? 잘 모르겠다. 다음번에는 다르게 해야 할까? 그러기는 어려울 듯한데, 나는 그런 상황에서는 그렇게 행동하도록 훈련을 받았기 때문이다. 내가 그렇게 행동했기에 병사들이 덜 희생되었다고 말할 수 있을까? 누구도 대답할 수 없는 질문이다.

미군 로버트 올리Robert Ooley 소령

여기에 대한 명확한 대답은 있을 수 없다. 전투 중에 장교는 충분한 정보 없이 빨리 결정을 내려야 한다. (눈에 보이지 않는) 사람들이 그들을 죽이려 하는 상황에서 말이다. 판단이 잘못되면 죽음에 이르고, 설령 판단이 제대로 되었다고 하더라도 희생자가 나온다. 그들이 할 수 있는 최선의 행동은 자기보다 앞선 세대의 장교들이 실전 경험을 통해 깨달은 규칙을 준수하는 것이지만, 이 규칙이 성공을 보장해 주지도 않는다. 기껏해야 아주 조금 자신에게 유리한 정도이다.

올리 소령은 기습 공격을 받을 위험을 줄이고, 공격을 받았을 때 충격을 최소화하는 훈련을 받았다. 전술 이론은 필요하지만, 그렇다고 완전히 신뢰할 수는 없다. 왜냐하면 적이 어디서 어떻게 나올지 확실하게 알 길은 없기 때문이다. 올리 소령은 지루하게 이어지면서 패배를 향해 흘러갔던 베트남전에 참전한 경우이지만, 요시 벤-차난Yosi Ben-Chanaan 장군의 사례처럼 단기간에 전쟁을 끝내고 승리했던 경우라고 해도 비극적인 결과를 피할 길은 없었을 것이다.

아랍과 이스라엘 간의 전쟁이 벌어졌던 1973년에 벤-차난은 골란고원에서 이스라엘 탱크 여단을 지휘하고 있었다. 전쟁 6일째 되는 날, 여덟 대의 탱크만 남은 상황에서 그는 시리아 전선의 후방으로 돌아갔다. …

우리는 후방으로 진입한 다음 전열을 가다듬었는데, 적의 진지는 다 노출되어 있었다. 우리는 발포를 시작했고, 약 20분 동안 눈에 보이는 모든 것을 파괴했는데, 우리 쪽 진영이 매우 유리한 곳에 있었기 때문이었다. 나는 그 산을 공격해서 점령하기로 했지만, 탱크 두 대는 감추어야 했기에 여섯 대만 가지고 공격을 개시했다. 시리아군은 측면에서 대전차 미사일로 공격해 왔는데, 단 몇 초 만에 여섯 대 중의 세 대가 날아가 버렸다. 내가 타고 있던 탱크에서도 커다란 폭발이 있었다. 나는 공격을 중지하고, 그곳을 빠져나왔다. …공격은 전부 실패였다. 이게 내 생각이다.

벤-차난 장군은 지휘관이었기에 상황을 잘 파악하기 위해 탱크의 회전포탑 밖으로 몸과 어깨까지 나온 상태로 진격하고 있었다. 이렇게 노출된 상태는 총이나 화기류의 공격을 받으면 치명적으로 위험하지만, 대전차 미사일이 날아와서 탱크의 몸통을 때리는 상황에서는 매우 다행스러운 위치라 하겠다. 공격을 받았을 때, 벤-차난은 회전포탑 밖으로 튕겨 나왔고, 탱크 안에 있던 그의 부하는 온몸이 불에 타버렸다. 그는 유능한 장교였지만 공격은 실패였고 부하 몇 명이 전사했다. 지휘관은 언제나 일정 정도의 위험은 감수해야 하는데, 전황은 급속도로 바뀌고, 더 나은 정보를 기다리고 있을 만한 시간적인 여유가 없었기 때문이다.

군대는 제복을 갖춰 입고, 중무장한 채로, 엄격한 계급 체계에 따라 움직이며, 규칙에서 조금이라도 벗어나는 일을 용납하지 않는다. 평상시의 모습이 지나치게 조직화되어 있고 경직된 듯이 보이긴 하겠지만, 어차피 평화로움은 그들의 본질적인 활동이 아니다. 병사는 전투에 참여하고, 엄격한 격식을 갖춘 용어로 명령을 주고받아야 하며, 상사에게 절대복종해야 한다. 모든 장교가 다른 양식은 전혀 고려하지 않고 미리 정해져 있는 단 하나의 포맷에 따라 상황을 보고하는(다른 방식이 아닌 그 방식으로만 보고한다고 딱히 유익한 점은 없어 보이는데도), 대단히 불합리해 보이는 행동을 하는 것도 전시에 필연적으로 초래되는 혼돈으로 인한 예측 불가능성을 최소화하려는 것이다.

계급의 필요성

군대 조직에서 가장 기괴한 측면이라고 할 수 있는 장교(결정을 내리는 자)와 일반 사병(결정을 시행하는 자) 간의 구분도 이런 특수한 상황에서는 충분히 이해된다. 모든 군대 조직은 위계 질서상 완전히 구분되는 두 집단으로 나누어지는데, 이들은 거의 같은 연령대로 되어 있을 뿐 아니라, 하위 계급 단계에서는 하는 일도 거의 동일하다. 스무 살짜리 장교가 자기보다 나이도 많고 경험도 많은 사병을 지휘한다. 간부 양성소에서 일 년을 지내고 나온 스무 살짜리 소위가 군대 내의 가장 나이 많은 부사관, 그러니까 적어도 18년 이상 군에서 복무하고 연대 상사가 된 군인보다도 법률상으로 높은 지위를 가진다. 모든 군대는 사병이 상관인 장교 계급으로 올라서는 일을 몹시 어렵게 만들어 둔다.

이런 식으로 장교-사병 간의 신분을 구분하는 일은 귀족이 지휘하고 평민이 그 명령을 따르던 먼 과거부터 존재한 정치 사회 구조에 뿌리를 두고 있으며, 혁명기의 프랑스나 볼셰비키 러시아 같은 철저한 평등주의 국가에서도 이 구분을 없애지 않았다. 국가가 추구하는 목표를 위해서 장교는 자기 휘하 병사의 목숨도 희생시킬 의무가 있었기에, 이런 구분은 계속 유지되어야 했다.

> 너는 휘하의 병사들과 일정한 거리를 둬야 한다. 장교와 사병 간에 거리를 유지하는 일은 중요하다. 물론 때로는 그들에 대한 너의 애정을

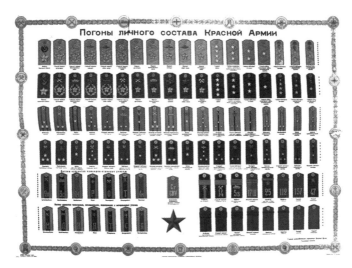

구소련 적군赤軍 견장, 1943년 경

표현하지 못한다는 것은 대단히 고통스럽겠지만, 때에 따라서 너는 그들을 다 소진해야 한다. 너는 그런 일을 실제로 하게 된다. 그들을 사용해야 한다. 그들은 물건이니까. 좋은 장교가 되려는 자는 병사 중에 얼마를 사용해야 일을 효과적으로 처리할 수 있는지 파악해야 한다.

폴 푸셀Paul Fussell, 2차 세계 대전 참전 보병 장교

장교는 폭력을 관리한다. 극한의 상황이 아닌 이상 장교가 직접 무기를 사용하는 경우는 없다. 그들의 업무는 무기를 사용하는 이들을 지휘하는 것이며, 심지어 죽음에 이를 때까지도 계속 무기를 사용하게 만드는 것이다. 그렇다고 그가 부하를 돌보지 않는다는 뜻은 아니며, 장교 자신이 위험을 피한다는 뜻도 아니다. 실제로 장교 사상자 비율은 병사보다 높게 나오는데, 병사들에게 동기를 부여하기 위해 스스로 위험에 노출하기 때문이다. 2차 세계 대전 기간에 영국과 미국 보병 부대에서 발생한 장교 사상자 비율은 일반 사병보다 두 배나 높았다.

지난 두 세기 동안, 다른 국가의 군대가 벌인 주요 전투에서도 비슷한 수치가 나타났다.[14]

> 디 데이D-Day 이후 군에 복무한 장교들 숫자를 조사해야겠다는 생각이 들었다. 라인강 도하가 끝난 3월 27일까지 10개월이 안 되는 기간. …12개 보병 소대를 지휘한 장교는 총 55명이었고, 그들의 부대 복무 기간은 평균 38일이었다. …이 중의 53퍼센트는 부상을 했고, 24퍼센트는 죽거나 부상이 악화하여 사망했으며, 15퍼센트는 의병 제대를 했고, 5퍼센트만 살아남았다.
>
> M. 린제이M Lindsay 대령, 제1 고든 하이랜더 부대[15]

장교들은 이렇듯 자신들이 감당하는 특수한 역할로 인해 이 세상이 어떻게 작동하는가에 대해서도 독특한 관점을 갖게 된다.

직업윤리

> 군사 윤리학은 인간사에 언제나 깃들어 있는 비합리성, 나약함, 사악함에 집중한다. 개인보다 사회를 우위에 두고, 질서, 계급, 역할분배가 얼마나 중요한지 강조한다. 또한 민족국가를 최상위 정치 조직으로 여기며, 민족국가 사이에서는 언제나 전쟁이 일어날 가능성이 있다고 본다. …군인에게는 복종이 최고의 미덕이라고 강조한다. …한마디로 말해, 현실적이면서 보수적이다.
>
> 새뮤얼 헌팅턴Samuel Huntington[16]

'군인 정신'에 대한 헌팅턴의 고전적인 정의는 과거에나 적용될 법하긴 하지만, 그렇더라도 우리 시대에서의 군 장교는 어느덧 별도의 전문적인 직업이 되었다.

　그들은 의사나 법률가 같은 의미에서 전문인이라고 할 수 있는가? 많은 측면에서 그렇다고 말할 수 있다. 군 장교단 역시 스스로 부과한 규율을 따르는 전문가 집단으로서, 누구를 장교단에 새로 영입할지 자신들이 결정하며, 누구를 승진시킬지도 자신들이 결정한다(정치적 고려가 우선시되는 최상위 계층은 제외). 직업 군인은 자신들이 제공하는 서비스의 유일한 공급자로서, 그 서비스가 구성원에게 가하는 특별한 요구 때문에 생기는 특권(조기 은퇴 같은)을 누리기도 한다. 또한 군 장교들도 의사나 변호사들처럼 다양한 집단 이익을 추구한다. 그러나 그들에게는 한 가지 큰 차이가 있는데, 군인들이 쓰는 표현대로, 그들의 복무 계약이 갖고 있는 '무한 책임unlimited liability'이 그것이다. 그들의 복무 계약 말고는 고용한 자가 요구하면 피고용인이 자기 생명까지 내놔야 하는 계약은 달리 찾아보기 어렵다.

> 정치인들. …군인이 윤리적으로 다른 전문 직업인과 별 차이가 없는 듯이 말한다. 그러나 엄연한 차이가 있다. 군인은 무한 책임을 지고 복무하며, 바로 이 무한 책임이 직업 군인에게 존엄함을 부여한다. …한 군인의 행동은 집단행동이며, 특히 부대 단위의 행동이라는 사실도 고려해야 한다. …군부대의 성공 여부는 그 집단의 하나 된 정도에 달려 있는데, 그것은 구성원 상호 간의 믿음과 신뢰에 달려 있다.
> 아놀드 토인비Arnold Toynbee가 군인의 덕목 – 강인함, 인내심, 충성심, 용기 등 – 이라고 부른 것들은 어느 인간 집단에서든 인정받는 좋은 자질이다. 그러나 군에서는 다른 곳과는 전혀 다른 차원에서 이런 덕목이 기능상 필요하다. 무슨 말이냐 하면, 거짓말을 잘하고, 표변하며, 위증하거나, 모든 면에서 부패한 사람이라도 탁월한 수학가가 될 수 있고,

온 세상에 알려진 유명한 화가가 될 수도 있다. 그러나 딱 한 가지, 좋은 육군, 해군, 공군이 될 수는 없다.

존 하켓John Hackett 장군

물론 세상에는 부패한 장교도 존재하는데, 부패한 장교란 이런 '군인의 덕목'이 부족한 자를 가리킨다. 군 장교들과 함께 오래 생활한 자는 그들이 다른 측면에서는 다양한 양상을 보이면서도, 달리 찾아보기 드물 정도로 진실하고 충실한 자들이라는 사실을 체험적으로 안다. 이런 특징은 장교단에만 한정되어 있지 않다. 1944년에 동부 랭커셔 제5부대 소속 이등병으로 노르망디에서 복무했던 스티븐 배그널

한국 전쟁.

한 보병이 시신의 꼬리표를 작성하는 동안, 다른 보병이 동료 보병을 위로하고 있다.

1950년 8월 25일

Stephen Bagnall은 자신의 회고록에서 피할 수 없는 비참함 속에서도 최전방 군인들 사이에서 여전히 존재했던 품격에 관해 쓰고 있다. 우정 어린 호의와 유쾌함은 전선에 가까이 갈수록 짙어져서 거의 만져질 만큼 강렬해지며, 전선에 어울리지 않을 정도로 흘러넘친다. 최근에 편지를 보내온 내 사촌은 이렇게 말했다. "군사작전 중인 병사들보다 더 사랑스럽고 매력적인 남자는 찾아볼 수 없죠." 정말로 그러할 뿐 아니라, 이게 모든 일의 처음이자 마지막이다.[17]

하지만 이게 진실 전부일 수는 없다.

정신적 붕괴 관리하기

> 나는 가라는 곳으로 가고 하라는 일을 했지만 그게 전부였다. 언제나 똥줄이 타들어 갈 정도로 무서웠다.
>
> 제임스 존스James Jones, 미국 보병대 이등병, 2차 세계 대전

> 피가 동색bronze이었다면 우리는 모두 메달을 받았을 것이다.
>
> 캐나다 중사, 유럽 북서부, 1944년-45년

2차 세계 대전 동안 미국 육군은 자국 병사가 전장에서 겪는 두려움 때문에 어떤 영향을 받는지 알아보려고 설문 조사를 시행했다. 1944년 8월 프랑스에 있던 한 보병 사단을 대상으로 조사한 결과, 병사 중 3분의 2가량은 극심한 두려움 때문에 자기 업무를 제대로 수행하지 못할 때가 한 번 이상 있었다고 말했고, 5분의 2는 그런 일이 반복되었다고 털어놓았다.

남태평양의 다른 보병 사단에서는 2천 명 이상의 부대원을 대상으로

전쟁 중 두려움으로 인해 생기는 육체적 증상에 관해 물었다. 84%는 심장이 격렬히 뛰었다고 말했고, 5분의 3 이상은 몸이 계속 흔들리거나 떨렸다고 말했다. 절반가량은 정신이 아득해지거나, 식은땀을 쏟거나, 속이 좋지 않았다고 대답했다. 4분의 1 이상은 토했다고 말했으며, 21%는 똥을 쌌다고 대답했다.[18] 자발적으로 응답한 이들의 데이터에만 근거한 수치이므로, 실제로는 모든 문항에서 퍼센트가 훨씬 높을 것으로 추측할 수 있으며, 당황스러운 경우일수록 더 그럴 것이다. "똥줄이 타들어 갈 만큼 무서웠다."라는 제임스 존스의 말은 과장일 리가 없다.

　이게 전투 중에 장교가 감당해야 할 현실이다. 훈련받은 사병들이 자부심을 잃지 않고 가까운 동료에 대한 충정도 유지한 채, 육체적 공포와 죽고 싶지 않다는 절박한 열망을 감당하며 균형을 잡게 해주는 일 말이다. 이 균형이 조금이라도 무너지는 순간 사병들은 공포에 질린 군중으로 변하므로, 장교는 그들이 제대로 활동하도록 모든 힘을 쏟아서 관리해야 한다. 최근에 발생한 주요 전쟁에서도 보면, 결국 거의 모든 병사가 정신적으로 무너진다. 그들이 동시에 무너지지 않도록 하는 것이 관건인 셈이다.

　20세기 이전에 벌어진 주요 전투에서는 참전한 자의 40~50%는 죽거나 다쳤다. 20%가 안 되는 경우는 극히 드물었다. 일 년에 두 번 정도 전투가 벌어진다면, 보병들에게는 대단히 비관적인 결과라 하겠다. 하지만 그 시기의 전투는 고작 하루 동안 이어지는 정도의 싸움이었고 그 외 일 년 중 나머지 363일 동안 병사들은 적군과 접촉할 일이 없었다. 대부분의 시간 동안 추위나 더위에 시달리거나 지치거나 굶주리기는 하였겠지만, 일 년의 절반 이상은 실내에서 생활할 수 있었다. 그래서 그들이 일 년 내에 죽거나 다칠 가능성은 군인 아닌 다른 사람들이 자기 죽음을 대하는 느낌과 비슷했다. 그냥 무시하고 지냈다는 말이다. 그러나 오늘날은 사정이 완전히 달라졌다.

> '전투에 익숙해진다.'는 개념 따위는 존재하지 않는다. 전투 중에 매 순간 가해지는 압력은 매우 높다. 그래서 병사들은 전장의 위험에 노출되는 강도나 그 지속 시간에 정비례해서 무너진다.
>
> 전투가 정신에 미치는 효과에 관한 미군 조사 결과[19]

19세기 이후로 전투가 벌어지는 하루 동안 생기는 사상자 수는 급격히 줄어들었다. 2차 세계 대전 중 격렬한 전투에 참여한 대대 규모 병력에서 하루 동안 발생한 사상자 수는 전체 병력의 2% 수준이었다. 다만 현대에는 전투가 몇 주 동안 계속 이어진다는 것, 그러니까 전투가 끝나면 다음 전투가 곧 개시된다는 점이 문제이다.

결국 전투로 인한 누적 사상자 수는 예전과 비슷한 수준이지만 심리적 영향력은 예전과 딴판이 되었다. 매일 포격을 당하고, 적군은 아주 가까운 거리까지 와 있으며, 병사들은 끝없는 위험과 죽음 속에서 살아간다. 이런 상황에서 병사들은 자기가 살아남을 수 있을 거라는 믿음이 약해지고, 용기와 의지를 상실한다. 스티븐 배그널은 이렇게 쓰고 있다. "너의 용기는 처음에야 최고조에 오르지만, 그 이후로 점차 약해진다. 물론 네가 아주 용감한 편이라면 눈에 띄지 않게 조금씩 약해지겠지만, 좌우지간 약해진다. …그리고 다른 패턴은 없다."[20]

2차 세계 대전 당시 미군은 죽거나 다치지 않은 병사들일지라도 '전투가 이어지는 날'이 200일에서 240일 정도 지속되면 거의 예외 없이 무너진다는 결론을 내렸다. 전선에 있는 부대를 미국보다는 좀 더 자주 교체했던 영국군의 경우는 400일까지 늘어났지만, 무너진다는 사실 자체는 피할 수 없었다. 사상자 중 6분의 1가량만 정신질환 판정을

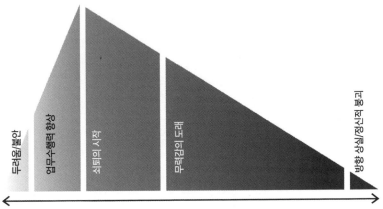

9개월~12개월 동안 전투에 복무했을 때의 전투 역량

받았지만, 그건 전투에 참여한 부대원 중에 몸과 마음이 무너질 만큼 충분히 오래 생존하는 경우가 거의 없기 때문이었다.

전투에 참여한 보병의 운명은 어느 군대나 같다. 전투 초기 며칠 동안 그들은 끝없는 두려움과 불안에 시달린다(감추려고 애를 많이 쓰겠지만). 그러나 전투 중 정말로 위험한 상황과 단지 위협으로 그치는 상황임을 구별할 줄 알게 되면서, 자신감과 성과가 꾸준히 향상된다. 그러나 3주가 지날 즈음 정점에 올랐다가 그 이후로 하강하기 시작한다.

1944년 미국 보병 대대에 동행했던 육군 정신과 의사 두 명의 보고서에 따르면, 전투가 6주 정도 이어지면 병사들 대다수는 죽음을 피할수 없다고 생각하게 되고, 자신들의 기술이나 용기도 아무런 도움이되지 못한다는 사실을 깨닫는다. 그 이후 몇 달 동안 점점 업무의 효율이 떨어지며, 죽거나 다치거나 전투에서 배제되거나 하지 않는다면 결과는 똑같다.

병사들의 상황은 절대적인 절망 그 자체이다. … 정신적인 문제가 심각한 상태에 이르고 병사는 구두 명령을 제대로 전달하지 못할 정도가 된다. …기다란 참호 안이나 옆에서 꼼짝도 하지 않고 앉아 있기만 하고, 긴급 상황에서도 떨기만 할 뿐이며, 전혀 활동하지 못한다.

스티븐 배그널, 『공격The Attack』(1947년)

이쯤 되면 흔히 말하는 '멍하게 먼 곳을 쳐다보는 시선'[04]이 나타난다. 그 뒤로 긴장증catatonia[05]과 완전한 방향 상실과 정신적 붕괴가 이어진다.[21]

하지만 부대 전체가 이렇게 붕괴하는 경우는 그리 많지 않은데, 사상자('전쟁 피로증'에 걸린 병사까지 포함해서)를 대체하는 인력이 끝없이 새로 유입되기 때문이다. 시간을 질질 끌며 이어지는 현대의 전투를 수행하는 대부분의 부대에는 이제 막 도착한 불안한 신병과 베테랑(정신적으로 붕괴하기 직전 상태), 그리고 '신병' 상태에서 '탈진' 상태로 변하는 과정에 있는 수많은 병사 - 부대 처지에서 보면 이들의 규모가 클수록 좋다 - 가 잔뜩 뒤섞여 있다.

이들이 바로 장교가 과업을 이루기 위해 '사용해야 할' 자원들이다. 이들의 정신적 상황에 대해서, 1차 세계 대전 참전 용사로서 2차 세계 대전과 한국 전쟁을 연구하는 사학자인 미군 준장 S. L. A. 마셜은 이렇게 유려하게 쓰고 있다.

전장에서 작동하는 역학 관계를 연구하는 자는 그 연구에서 이렇게 말한다. 대부분 병사가 불안에 시달리지만, 그럼에도 자신의 불안이 구체적인 행동으로 표출되어서 동료들이 겁쟁이라고 여기게 되는 것을 극도로 꺼린다. 대부분 지나친 위험을 감수하고 싶어 하지 않고, 영웅적인

---

04 원문에서는 'two-thousand year stare'라고 표현한다. 토마스 레아Thomas Lea가 그린 'The Two-Thousand Yard Stare'라는 유명한 그림에도 황폐한 눈빛으로 정면을 응시하는 병사가 나온다.

05 긴장증 - 정신분열증으로 인해 오래 움직이지 못하는 증상

행동을 하고 싶어 하지도 않지만, 동료들에게 쓸모없는 인간으로 받아들여지는 것도 원치 않는다. …물리적 위험 한복판에 있는 부대에는 공포의 씨앗이 상존한다. 자기 규율이 유지되는 일. …부대 내의 규율이 외관상으로 유지되느냐에 달려 있다. …다른 부대원이 달아나기 시작하면 집단 내의 압력도 사라져 버리고, 일반적인 병사들은 마치 의무에서 풀려난 듯이 행동하기 시작하는데, 이런 행동은 전체적으로 규율이 무너진 상황에서 개인의 일탈이 눈에 띄지 않는다는 점을 알기 때문이다.[22]

이런 상태로 2차 세계 대전이 끝날 때까지 군은 자기 병사들 대부분이 비록 달아나지는 않았더라도 적을 전혀 죽이지 못하고 있었다는 사실도 파악하지 못했다.

기본 훈련

수천만 명의 남성만이 아니라 많은 수의 여성도 전투에 참여해 왔지만, 여전히 이해하기 어려운 부분이 있다. 죽고 죽이는 일은 정상적인 거래 관계가 아니다.

군은 다른 직업에서 하지 않는 일을 요구하며, 정서적으로 문제가 있는 자들도 살상 훈련에 대해 이야기한다. …군인이 된다는 것의 본질은 사람을 죽이는 데 있지 않고 살해되는 데 있다. 너는 사람을 죽이기 위해서가 아니라 죽임당하기 위해 자신을 내놔야 한다. 퍽 곤혹스러운 이야기 같지만, 깊이 생각해 볼 문제라 하겠다.

존 하켓 장군

일반인들로서는 '군인이 된다는 것의 본질'에 대한 하켓의 정의가 너무 낭만적이어서 웃음이 나오겠지만, 그의 말에는 생각해 볼 부분이 있다. 병사들은 자기들이 죽게 되리라는 것을 알고 있으면서도, 알아서 하도록 내버려 두면 그들 대부분은 좀처럼 적군을 죽이려 하지 않으며, 설령 전투 중에 실제로 적을 죽인 후에는 정신적으로 큰 충격을 받는다.

> 물론 당신은 그것에 대해 생각도 해보고, 사람을 죽여야 한다는 것도 알지만. 그게 어떤 의미인지는 제대로 이해하지 못한 것일 수 있다. 살인은 당신이 살았던 사회에서 인간이 저지르는 가장 끔찍한 죄악이기 때문이다.
>
> 나는 완전히 공포에 질린 상태였고 - 완전히 얼어붙을 지경이었다 - 해안가에 서 있는 어느 작은 판잣집 안에 일본군 저격수가 숨어있다는 걸 알았을 . …보낼 만한 사람이 아무도 없었다. …결국 내가 그 판잣집으로 뛰어가서 문을 부수고 들어갔지만, 아무도 없었다.
>
> 문이 하나 더 있다는 것은 그 너머 또 다른 방이 있다는 뜻이었고, 저격수는 그 안에 있었다. 나는 그 문도 부수고 들어갔다. 나는, 그 저격수가 나를 기다리고 있다가 총을 쏠 것이라는 생각에 사로잡혀 극심한 공포를 느꼈다. 하지만 그는 저격수용 장비를 갖추고 있으면서도 매우 빠르게 돌아서지 못했다. 그가 장비에 엉켜 있었기에 내가 먼저 45구경 총으로 그를 쏘았고, 곧바로 후회와 수치심을 느꼈다. 그때 나는 '미안해'라고 혼잣말을 하고는 구토했다. 속에 있던 모든 것을 게워 냈다. 그건 어렸을 때부터 내가 받아온 교육 전체를 부정하는 행동이었다.
>
> 윌리엄 맨체스터William Manchester

1945년 오키나와 전투에 참전했을 때 맨체스터는 23살짜리 상병이었고, 그는 미군 해병대에 소속되기 전까지만 해도 누군가를 죽인다는

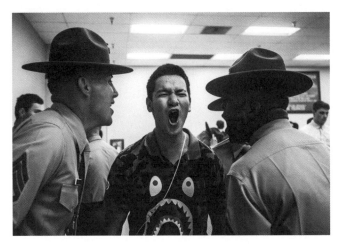
교관에게 대답하고 있는 신병, 샌디에이고 해병대 신병 훈련소

생각을 한 번도 해본 적이 없었다. 당연히 그는 자신이 저지른 일로 인해 극심한 고통에 시달렸다. 그를 조롱하는 자들은 그가 겪는 문제를 '현대인의 감수성'에 해당할 뿐이라고 놀리며, 그의 선조들이 공개 처형을 일종의 오락으로 즐겼다는 17세기나 18세기 쯤의 이야기를 떠벌릴지도 모른다. 그리고 그들은 만약 처지가 바뀌어서 일본인 저격수가 맨체스터를 총으로 쐈다면 그는 그렇게까지 괴로워하지 않았을 거라고 주장한다. 하지만 군은 이 문제를 심각하게 다루었다.

1947년 S. L. A. 마샬은 "이렇게 말하기는 주저되지만, 전쟁은 사람을 죽이는 일이라고 인정한다."라고 썼으나, 오늘날의 군대는 자신들의 신병이 아무리 잘해도 사람을 죽이는 일에서 머뭇거린다는 사실을 잘 알고 있다. 그래서 군은 신병이 들어오면 따로 분리한 다음, 6주에서 12주에 걸쳐 '기본 훈련'을 실시한다. 이 훈련은 무기를 다루는 법과 별 상관이 없는 내용이다.

기본 훈련이란 일종의 회심 과정a conversion process으로써, 이 과정 중에 있는 신병은 끝없는 물리적 스트레스와 심리적 조작에 시달려야 한다. 이 훈련의 목적은 신병이 갖고 있던 시민으로서의 정체성을 억누르고, 그와 전혀 다른 가치관, 충성심, 반사신경을 부여하여 그들을 순종적이고 적극적인 병사로 변모시키는 데 목적이 있기 때문이다. 이 훈련은 대체로 효과가 있다. 그렇다고 해도 시민으로서의 정체성이 완전히 뿌리 뽑히지 않고 억눌려 깊이 가라앉은 채 남아 있게 된다. 맨체스터도 잘 훈련된 병사답게 전투에서 사람을 죽였지만, 그리고 난 다음에는 예전에 지녔던 자기 정체성에 따라 반응하고 행동한 것이다.

두 세대가 지난 후, 패리스 섬Parris Island에 있는 미국 해병대 동부 교육 본부에서 근무 중인 어느 해병대 교관은 이렇게 말한다. "그러니까 세뇌와 비슷하다고 말할 수 있어요. 하지만 다들 훌륭한 녀석들이죠."라고. 물론 언제나 훌륭한 녀석들이었지만, 미군은 **2차 세계 대전이 끝날 때까지도 기본 훈련을 소화한 병사 대다수가 사람을 죽이려 하지 않았다는 사실조차 인지하지 못했다.** 앞서 언급한 S. L. A. 마샬이 – 그 당시에 대위이면서 전쟁사가로 활동 중이었다 – 1944년에서 1945년 사이에 태평양과 유럽 전역에서 활동한 미군 보병대원들과의 전후 인터뷰를 통해 알게 된 사실이지만, 격렬한 전투가 벌어질 때도 개인 화기를 발포한 병사는 전체의 4분의 1이 채 안 되었다는 것이다. 비록 도망치지 않았지만, 정작 적을 죽여야 하는 순간에도 적을 죽이지 못했다는 것이다.

타고난 킬러?

적군이어서 그를 무참히 죽였고 그런 행위 때문에 겪는 정신적·육체적 스트레스를 강하게 버텨내는 자들이라 하더라도, 피할 수만 있다면 그런 상황을 기필코 피하고 싶어 한다. 겉으로 드러내지 않지만 내적으로

이 사실은 군으로는 상당히 놀라운 일이었다. 그전까지 군 지휘부는
전투에 나선 병사들이라면 누구나 자신의 생명을 보호하기 위해 적을
향해 발포하리라 생각했다. 그래서 그들은 이 문제를 매우 심각하게
받아들이고 부대원 훈련 방식을 변경하였다. 잔디밭 저 끝에 과녁을
설치한 긴 사격장에서 훈련하는 방식은 폐지되었다. 그 대신에 팝업
방식으로, 나타나는 인간의 형상을 타깃으로 세워 놓고 훈련하는 방
식이 도입되었는데, 2초 이내에 사격하지 않으면 타깃은 사라진다. 이
것을 '반사 신경계 내려놓기'라고 부른다.

또한 사람을 죽이기를 주저하는 사병들의 심리를 변화시키기 위해
좀더 직접적인 방식으로 바꾼다. 아침 체력 단련 시간에 뛰면서 왼발
을 내디딜 때마다 '죽이라'라는 구호를 외치게 했다. 이 훈련은 효과가
있었다. 마샬의 보고서에 따르면, 비교적 이른 시기인 1950년대 초에
터진 한국 전쟁에 참전한 병사 중 절반가량이 발포했고, 1960년대 후
반의 베트남 전쟁에서는 방위선 전투에 투입된 거의 모든 병사가 자기
무기를 사용하여 적을 사살했다.

그리고 또 마샬은 2차 세계 대전 때는 전장에 나온 병사 대부분이
부사관이나 장교의 직접적인 통제를 받지 않았기에 문제가 발생했다
고 추측했다. 인류 역사 대부분의 시기 동안 전투 환경은 지독한 접근
전 양상이었다. 로마 군단이나, 18세기 전선에 배치된 군함의 포열 갑
판에서나, 심지어 나폴레옹이 거느린 보병대에서도 전투는 거의 서로
의 어깨와 어깨가 맞닿을 정도의 가까운 상태에서 벌어졌다. 그렇게
대치한 많은 사람들은 같은 시련을 겪으면서도 자기 역할을 감당해야

한다는 도의적인 압박이 작용했다. 심지어 자기 의무를 소홀히 하는 자는 부사관으로부터 즉시 징계를 받거나 사살되기까지 했다.

1차 세계 대전 당시 참호 속에서도 병사들은 자기 주변의 숱한 동료 병사들과 함께 있었고, 공격할 때도 자기 부대 전체를 볼 수 있었다. 그러나 2차 세계 대전 때에는, 대포와 기관총의 치명적인 성능 탓에 보병은 가능한 한 넓게 흩어져 배치되어야 했고, 병사는 각자 참호에 숨어서 활동해야 했다. 마샬의 이론에 따르면, 이런 상황에 놓인 병사들은 외로움을 느끼기는 하지만 수치심을 느끼거나 징계를 받을 일이 없었고, 살인 행위도 피할 수 있었다. – 실제로도 대부분 그렇게 했다 - 그와 대조적으로 기관총이나 다른 공용화기를 맡은 병사들은 다른 동료들이 보는 앞에서 자신들이 해야 할 일을 수행해야 했다.

마샬이 도달한 논리적 귀결은 비록 적일지라도 다른 사람을 죽이기를 꺼린다는 것은 보편적인 현상이라는 점이다. 특별히 호전적인 문화에서 자랐든지, 아니면 보다 효과적으로 세뇌를 받았든지 그러한 것에 상관없이. 만약에 이전 전쟁에서 독일과 일본 병사들이 미국보다 상대를 죽이려는 의지가 더 강렬했고, 조준한 사격의 양이 확연한 우위에 있었다면 미군과의 전투에서 그들은 항상 승리하였을 것이다.

그러나 인간적인 관점에서 보면, 어떤 국적과 문화권 출신이든 간에 대부분 사람들은 다른 사람을 죽이는 일에 강한 거부감을 가지고 있으며, 할 수만 있다면 그 일을 피하려 한다는 점은 좋은 소식이라 하겠다. 하지만 기초적인 수준에서 진행하는 약간의 심리 조절과 훈련만으로도 손쉽게 사람이 다른 사람을 죽이게 할 수 있다는 사실은 우리를 우울하게 한다. 그러나 마샬이 죽은 후 학계에서는 그의 이런 결론을 반박하는 움직임이 거세게 일어났다. 그의 이론이 엉성하다고 지적했으며, 애초에 자신이 원하는 바를 따라 왜곡했다는 말도 나왔다. 억지로 만들어 낸 결론이라는 뜻이었다.

그의 연구 방법에 대한 비판은 설득력이 있었지만, 이 논쟁으로 다들 다른 시대와 장소에서도 똑같은 행동이 나타났는지 찾아보게 되었고, 찾아냈다. 한 세기 전에도 수많은 병사가 사람을 죽이는 일을 말 없이 거부했다는 사실을 찾아낸 것이다.

미국 남북 전쟁 당시, 게티즈버그 전투(1863년)가 끝난 후 전장에 버려져 있던 25,574정의 머스킷 총을 수거해 보니 그중의 90%가 장전된 상태였다는 것이다. 이건 사망하거나 다쳐서 총을 버린 병사들이 장전한 후에 적에게 발포했다면 생길 수 없는 사태였다. 머스킷 총의 거의 절반가량 – 12,000정 – 은 한 번 이상 장전된 상태였고, 6,000정은 세 번에서 열 번가량 장전된 상태였는데, 만약 그 상태로 방아쇠를 당겼다면 그 위력은 상당할 수밖에 없다. 이러한 사태에 대한 유일하고 합리적인 설명은 전투에 가담한 양쪽 진영의 수많은 병사가 다른 동료 병사들이 보고 있을 때는 거짓 장전을 할 수 없었지만, 발포할 때는 흉내만 냈다는 것이다. 추측하건대, 장전한 뒤에 허공을 향해 발포한 때도 많았을 것이다.

소수의 인간은 굳이 교육받을 필요도 없이 '타고난 킬러' 역할을 한다. 그들이 살인마라는 뜻은 아니고, 상대를 죽이는 게 필요하거나 칭송받을 만한 상황에서 머뭇거리지 않는다는 말이다. 예를 들어, 2차 세계 대전 당시 미국 공군 조종사 중에서 1% 이하만이 '에이스'(1차 세계 대전 중에 생겨난 용어로, 적어도 5대 이상의 적기를 격추한 조종사를 가리킨다)가 되었다. 공군이 조사한 결과, 격추된 적기의 30~40%가량을 이들이 격추했다. 반면에 대다수 조종사는 단 한 대도 격추하지 못했다. 대다수 조종사의 실력이 나쁘다는 증거는 없다. 그보다는 킬러 본능killer instinct이 부족했던 것이다.

'개비Gabby'라는 애칭으로 유명했던 가브레스키Gabreski 소령이

그의 28번째 폭격(1944년 7월) 후에 P-47 선더볼트 조종석에 앉아 있다.

그는 한국 전쟁에서 다시 한번 '에이스'로 나섰다.

"그들이 개미처럼 보여요"

방아쇠를 당기는 손가락과 표적 사이의 평균 거리가 점점 늘어나면서, 타고난 킬러가 아닌 자들이 머뭇거리는 정도가 줄어들었다. 이러한 신무기는 오백 미터만 떨어져도 충분했다. 하인 세베를로Hein Severloh는 2차 대전 당시 독일군에서 기관총을 담당한 이등병으로서, 디 데이였던 1944년 6월 6일, 미군이 노르망디 오마하 해변에 상륙하는 광경을 내려다보고 있었다. 그가 숨어있던 벙커는 연합군의 포탄과 함포사격에 파괴되지 않았던 몇 개 안 되는 벙커 중 하나였는데, 세베를로 이등병이 전투에 참여했던 첫날이자 마지막 날이었던 그날, 그 벙커 앞에서 죽거나 다친 미군 4,184명 중에 절반 이상은 그의 기관총에 쓰러진 자들이었다. 그는 총신이 너무 뜨거워져서 총신을 교체할 때만 잠시 멈추었을 뿐, 아홉 시간 내내 총을 갈겼고, 5백 미터 앞의 상륙정에서 얕은 물가로 내려서는 미군을 끝없이 살육했다.

"그 거리에서 보면 그들이 개미처럼 보여요."라고 세베를로는 말했는데, 그는 자기가 하는 일에 죄책감을 전혀 느끼지 못했다. 그러나 포격을 피한 한 젊은 미군 병사가 전투가 잠시 잠잠해진 기회를 타 해안까지 뛰어 올라왔고, 세베를로는 소총을 집어 들었다. 그가 쏜 총알이 미군의 이마에 박히고, 헬멧은 날아갔고, 그는 모래사장에 쓰러져 죽었다. 그 거리에서 처음으로 미군의 일그러진 표정이 세베를로의 눈에 들어왔다. "그제야 내가 여태 계속 사람을 죽이고 있었다는 걸 깨달았어요."라고 그는 말했다. "나는 지금도 2004년 그 병사의 꿈을 꿉니다. 그때 일을 생각할 때마다 토하고요."

5백 미터만 떨어져도 무기가 인간에게 어떤 일을 저지르는지 감을 잃어버리는 마당에, 거리가 열 배 이상 멀어지면 현실감이 아예 사라진다.

> 이 끝에서 저 끝까지 함부르크 전체가 불타고 있었고, 거대한 연기 기둥은 우리 위쪽까지 치밀어 오르고 있었다. 우리가 6천 미터 상공에 있는데도 말이다!
> 어둠 속에서 붉고 환한 불이 돔 형태로, 거대한 화로에서 타오르는 불처럼 작열했다. 내 눈에는 거리도, 건물의 윤곽도 보이지 않았고, 밝고 붉게 타는 재를 배경으로 더 환한 노란 횃불 모양의 폭발이 일어나는 모습만 보였다. 화염이 온 도시를 안개처럼 뒤덮었다. 아래를 보니 매혹적이기도 하고 두렵기도 했으며, 만족스럽기도 하고 공포스럽기도 했

다. …우리가 퍼붓는 포탄은 이글거리는 용광로에 한 삽 가득 석탄을
더 집어넣는 것과 마찬가지였다.

1943년 7월 28일, 함부르크 상공의 영국 공군 조종사[23]

여기서 다시 75년이 흐르고 나면, 2차 세계 대전에서 폭탄 투하용 항공기
를 몰던 조종사는 전략 공군 사령부 소속 '전투조'에 편성되었다. 그는 그
곳에서 수천 킬로미터 떨어져 있는 목표물을 영상으로 보면서 명령이 내
려오기만을 기다리는 드론 조종사로 변모했다. 그가 하는 일은 결코 상부
로부터 하달되지 않을 것 같은 대륙 간 탄도 미사일 발사 명령을 기다리
고 MBA 통신 교육 과정을 들으며 시간을 보내는 것이었다.

드론 조종사는 양 떼를 폭파하는 꿈을 꾸는가?

정말 만족스러운 점은 내가 선택할 수 있는 게 다양하다는 것이다. 다
양한 스포츠 활동도 할 수 있다. 급여도 훌륭하다. 집세를 낼 일도 고
지서를 받을 일도 없어서, 버는 돈 대부분이 내 것이 된다. 무인 항공기
를 조종하는 일은 아주 재미있을 뿐 아니라, 우리를 아프가니스탄에서
벌어지는 모든 미션의 중심에 세워 준다.

- '무인 항공기 운영자'를 모집하는 영국군의 신병 모집용 온라인 광고[24]

최초의 무장 드론 공격은 2001년에 있었지만, 2008년 이후 한결 발전
한 과학기술 덕에 무장 드론 공격은 더욱 가속화되었다. 2019년 아프
가니스탄에서는 하루에 40회 이상의 드론 공격이 벌어졌고, 비정부기
구인 에어워즈Airwars는 2020년 10월까지 시리아, 이라크, 예멘, 리비아,
소말리아에서 벌어진 드론 공격 때문에 희생된 사람이 총 55,506명이

라고 추산했다.[25] 현재 미국 공군에서 훈련 중인 무인 항공기 조종사는 전투기 조종사와 폭격기 조종사를 합친 숫자보다 많고, 이런 '대(對) 테러 작전'의 규모가 커지고 지리적 범위도 넓어지면서 하늘에서 사람(대부분 민간인이다)을 죽이는 이들의 도덕적 지위moral status에 대해 불편한 논쟁까지 벌어지고 있다.

2차 세계 대전 중에 독일과 맞서 싸웠던 영국, 캐나다, 미국의 폭격기 조종사들이 끔찍할 정도로 많이 희생되었기에(치사율이 거의 50%에 육박했다), 그들 행위의 도덕성에 대한 비판은 강하게 대두되지 않았다. 하지만 드론 조종사들에게는 자기 목숨을 걸어야 할 위험이 없어졌기 때문에, 군 내부에서도 이들의 도덕적 지위에 대한 의문은 계속 제기되었다. 그들이 과연 몸소 전투에 참여하는 이들과 똑같은 명예와 신분을 부여받을 자격이 있느냐가 주된 쟁점이었다.

아무리 드론 조종사가 비행복을 갖춰 입고(일부 공군 부대에서 그렇게 하고 있다) 근무한다고 하더라도, 실제 전투에 투입되어 싸우는 군인들과의 환경은 확연히 다르다. 그래서 실전에 참여하는 군인들은 이런 '사이버 전사' 때문에 자신은 물론이고 다른 사람의 눈에도 고귀한 가치가 있는 것으로 받아들여졌던 위상이 추락하는 사태를 탐탁지 않게 여긴다. 2013년 미국 국방부는 드론 조종사들에게 실제 전투에 참전했던 이들에게 주는 무공 훈장의 일부보다 더 격을 높여서 '전시 공로 훈장'을 새로 제정하려 했는데, 여기에 대해 군은 물론이고 재향군인회에서도 크게 반발하였다. 미군 사령관 제임스 코츠James E. Koutz는 자신이 속한 조직은 "멀리 떨어져서 컴퓨터로 싸우는 이들과 전장에서 적과 부딪쳐 가며 싸우는 이들 사이에는 근본적인 차이가 있다고 지금도 굳게 믿는다."라고 말했다.[26] 두 달 후 국방부 장관은 새로운 훈장 제정 계획을 철회했다.

민간 부문의 사람들은 이 문제를 조금 다르게 접근한다. 보이지 않게 그리고 자신은 전혀 다칠 염려 없이 하늘에서 공격하며 적군을 죽일 수 있는, 전능함을 부여받은 이 과학기술은, 민간 조종사도 아주 은밀하게 작전을 전개할 수 있어서 사람을 도덕적으로 무감각하게 만들 뿐 아니라 심각하게 악용할 여지가 있다고 보았다. 민간 부문의 사람들은, 전前 영국 공군 부사령관이자 열광적인 전쟁 옹호론자인 그렉 백웰Greg Bagwell 공군 중장처럼 '자기 방에서 플레이스테이션에 빠져 있는 열여덟에서 열아홉 살짜리'를 데려다가 무기를 운영하게 시키면 된다고 말하는 이들의 주장을 신뢰하지 않는데, 그들에 대한 불신은 온당하다.[27] 현실 상황을 살펴보면, 드론 조종사들이 결코 도덕적으로 무감각하지 않다. 그들은 1943년에 함부르크 상공에서 작전을 수행하는 젊은 군인들보다 훨씬 더 정확하고 치밀하게 그들이 제거하려는 대상을 분석하고 추적하며, 자신이 지금 무슨 일을 하고 있는지 깊이 자각하고 있다.

오늘날 대부분의 드론 공격은 전쟁을 위해 동원되지 않은 민간인들이 사는 사회 속에서 '대對 테러 작전'이나 '대對 반란 작전'의 일환으로 이루어진다. 드론 공격의 기본적인 도덕률은 물론이고 대對 반란 전쟁을 위한 공식적인 지침에서도 드론 공격의 대상은 소수의 반란군 – 때로는 한 명의 반란자 – 이기 때문에 그들 주변의 무고한 사람들(목표 대상자의 가족, 친구, 이웃)이 대량으로 희생되는 일이 없도록 할 것을 요구한다. 드론 조종사는 타깃으로 삼은 그 인물이 확실한지 확인하기 위해, 그리고 대상이 아닌 다른 사람들을 위험에 빠트리지 않기 위해, 타깃 대상의 일상생활을 몇 시간에서 며칠에 걸쳐 관찰하며 공격할 장소와 시점을 결정한다.

그러나 그건 순전히 이론상으로만 그렇다. 실제로는 그렇게 주도면밀하지 않고 시간이 부족할 때도 많아서, 실수로 무고한 희생이 생기는 경우도 잦다. 하지만 드론 조종사는 자신의 타깃을 '알아보고',

타깃 가족의 얼굴까지 '확인하고' 나서 타격을 진행한다. 그뿐만 아니라 타격 이후에는 타깃 대상이 죽었는지 확인하고, 장례식에 누가 찾아오는지 등을 확인하기 위해 그 지역에 머물며 세심하게 관찰하기도한다. 심지어 그날 구조하러 온 자들이나 문상객을 제거하기 위한 '재공격' – 이건 언제나 부인하기 마련이지만 – 을 하기까지 한다. 그렇더라도 드론 조종사의 생명이 직접 위험에 처할 일은 없다. 미국 공군 항공우주 의과 대학의 조사에 따르면, 드론 조종사들의 외상 후 스트레스 장애PTSD 수준은 직접 전투에 참여하지 않은 다른 공군만큼 낮은 비율인 2%~5% 수준으로, 미국 민간인 성인이 1년 동안 보이는 유병률보다 그리 높지 않다. 그렇긴 하지만 드론 조종사들은 자신들이 눈으로 보고 실행한 일로 인해 상당히 심각한 정서적 반응을 일으켜서 '심리적 고통' 지수가 11% 정도 높게 나타난다.[28]

　군의학계에서는 이런 고통을 설명하기 위해 '도덕적 상처moral injury'라는 용어가(이 용어 사용에 대한 반발도 많지만) 점차 널리 쓰이고 있다. 발표되지는 않은 한 논문에서 어느 전前 드론 조종사는 이 현상을 '인지적 전투 근접성cognitive combat intimacy'과 연결했다. 이 말은 대단히 파괴적인 사건을 고해상도 화면으로 자세히 들여다보면서 형성되는 애착 관계를 말한다. 그는 논문의 한 대목에서 '테러 가담자'를 죽이되 그의 아이는 죽지 않게 당사자에게만 정확히 타격하는 작전을 실행했던 어느 조종사의 사례를 언급한다. 그는 타격 이후 '그 아이가 죽은 자기 아버지 시신 조각들을 수습해서 다시 사람의 모양'으로 짜맞추는 광경을 보고 큰 충격을 받았다고 했다. 자신의 타깃인 인물이 일상생활을 하는 모습 – 옷을 입고, 아이들과 놀아주는 – 을 오래 지켜보면 볼수록 드론 조종사들은 '도덕적 상처'를 입을 가능성이 더 높아진다는 게 그의 결론이었다.[29]

　이런 모든 작전에서 여전히 중요한 관심 사항은 인간이다. 하지만 그다음에 이어지는 사태는 꽤 곤혹스러운 측면이 있다.

전쟁에 도입되는 자율형 살상 무기 시스템

> 모르긴 몰라도 2030년대에는 군을 이루는 12만 명 중의 3만 명은 로
> 봇으로 채워질 가능성이 높지 않을까?
>
> 영국 참모총장 닉 카터Nick Carter, 2020년 11월[30]

영국군은 현재 공식적으로 설정한 병력 하한선인 82,050명을 유지하는
데 필요한 신병을 모집하기가 어려워, 인간이 아닌 대체재에 관심을
두고 있다. 영국뿐만이 아니라 대다수 선진국의 군대도 이와 비슷한
어려움에 직면해 있다. 그래서 '로봇'을 대체재로 생각한다. 수많은 인
명 피해를 초래할 가능성이 큰 전투에 '로봇'을 투입하여 작전을 수행
하도록 프로그래밍할 수도 있고, 대량으로 '희생되더라도' 인간 사상
자가 많이 나왔을 때 본국에서 불거질 정치적 비판도 면할 수 있다.
그러나 전투에 투입된 로봇의 행동을 인간이 조종해야 한다면, 오히려
인력을 감축하는 효과는 줄어들게 된다. 로봇 스스로 판단하고 실행
하는 것이 아니라 인간이 판단하여 실행 명령을 로봇에 전달해야 한
다면 전투 상황에 반응하는 시간도 오래 걸릴 수밖에 없다. 특히 죽일
것인지 말 것인지 결정하는 일은 일 초도 안 되는 짧은 순간에 이루어
져야 한다.

　따라서 그다지 유쾌하지는 않지만 피할 수 없는 결론, 즉 로봇이
전투에서 쓸모가 있으려면 이제는 널리 알려진 용어처럼 '자율형 살상
무기 시스템Lethal Autonomous Weapons Systems(LAWS)'을 갖추어 스스로 살인
결정을 내릴 수 있는 단계까지 가야 한다. 이렇게 되면 정상적인 정신

을 가진 사람이라면 아무도 원하지 않을 '터미네이터'의 나라가 되는 셈이다. 만약 이러한 상황이 이루어진 미래의 세상과 현재의 세상 중에 하나를 선택하라고 하면 그 누구도 그런 나라를 선택하지 않을 것이다 …. 다행히 그런 선택을 할 시기가 아직 오지 않았다. (뿐만 아니라 현재 무기 수준 역시 아놀드 슈워제네거와 조금도 닮지 않았다)

인공 지능 분야에서 괄목할 만한 발전이 일어나기 전에는 자율형 살상 무기 시스템이 현실화할 가능성은 없다(안면 인식 소프트웨어 분야는 상당히 많이 진척되었지만, 아직은 춤을 제대로 출 수 있는 수준에 도달한 로봇도 드문 실정이다). 인간 군대가 만든 복잡한 전장에 투입되어 안전하게 작전을 수행할 수 있는(로봇의 관점에서 볼 때) 로봇을 설계하는 일은 대단히 어렵지만, 극단주의자들과 반란군이 활동하는 무정부 상태의 국가나 전쟁이라는 거대한 영역에서는 하루라도 빨리 배치하고 싶은 유혹에 빠질 만하다. 드론 조종사가 필요 없는 차차세대 자율형 살상 무기 10,000기機 정도면 상당히 합리적인 비용으로 아프가니스탄 면적 정도인 나라의 시골구석에 숨어있는 반란군도 찾아내고 타격할 수도 있다.

대량 생산된 최첨단 자율형 살상 무기 시스템 드론 한 기에 5백만 달러의 비용이 든다. 5년 동안 총 5백억 달러의 설비투자에 매년 100억 달러의 추가 경비를 들이면 아프가니스탄 외곽에 가로세로 8킬로미터되는 지역마다 드론을 한 대씩 배치할 수 있으며, 이 정도 비용은 현재 미국이 쏟아붓는 '전쟁 자금'[06]의 극히 일부에 불과하다. 완성된 설비로, 반란군이 무기를 들고 다니는 활동이 조금이라도 감지되면 즉시 타깃을 제거할 수도 있다. 물론 부수적인 피해야 동반되겠지만 인명

---

06 미국은 현재 매년 690억 달러를 전쟁 자금으로 쓰고 있는데, 방위비 예산과 별도로 추가되는 금액이다.

2019년 4월, 영국 의사당 바깥에서 살인 로봇 사용 금지 전단을 나눠주고 있는
데이비드 레크햄David Wreckham 로봇

피해가 아니라면, 마땅히 다른 대안도 없는 상황에서 누가 그걸 그렇게 중요하게 따지겠는가?

자율형 살상 무기 시스템 기술이 충분히 발전하려면 아직 10년 이상의 시간이 필요하지만, 만약 완성되었는데 전쟁에 사용하는 것을 금지하는 국제 협약이 체결되지 않았다면, 가까운 미래 전쟁에 바로 투입될 가능성이 크다. 최초로 루비콘강을 건너는 나라가 꼭 미국이 아닐 수도 있지만, 강대국 중 어느 한 나라가 그 기술 개발에 성공한다면, 다른 나라도 뒤따라 개발할 것이다.

대규모 고강도 전쟁이 터질 때는 의사결정자인 인간 역시 별다른 제약 없이 사람을 죽이게 될 것이므로, 자율형 살상 무기가 가진 영향력은 그리 크지 않을 수도 있다. 그러나 반란군 진압 작전 같은 경우에서는 그 효과가 꽤 크게 작용할 것이다. 자율형 살상 무기 시스템을 도입하면 아프가니스탄이나 소말리아처럼 '항구적 전쟁' 상태인 지역에서의 전쟁을 종식해야 한다는 정치적인 압력도 줄어들 수 있고, 잔인한 독재 정권에게는 권력 유지를 위한 유용한 도구를 새로 장착하는 효과가 될 수도 있다.

국제 협약을 통해 독가스와 세균의 무기화는 어느 정도 금지되었다. 그러나 지뢰나 눈을 멀게 하는 레이저 기술처럼, 치명적이면서도 전투의 승패를 결정하지 않는 무기류 사용에 대해서는 아직 금지되지 않았다. 그나마 다행인 점은 이 문제가 국제 협약만큼 공식적이지는 않더라도 어느 정도는 폭넓은 공감대가 형성되어 왔다는 것이다. 자율형 살상 무기 시스템은 지금 당장 현실화하기는 어렵다. 그럼에도 2013년 이후, '살인 로봇 사용 금지 캠페인Campaign to Stop Killer Robots' 같은 비정부기구 연합체가 국제 사회에서 활동하면서 유엔에 자율형 살상 무기 시스템 사용을 금지하는 규정을 명문화하도록 압력을 가하고 있다. 이 책을 쓰고 있는 지금, 30여 개 국가에서 이런 금지 조항을 지지한다고 밝혔고, 또 다른 67개국에서도 긍정적인 관심을 표명했다.[31]

그러나 아직은 어떻게 될지 알 수 없다.

3장 | 전투의 진화

기원전 3500년~1500년

최초의 군대들이 벌인 전투

정식 군대가 벌인 인류 최초의 전투가 언제부터 시작되었는지 정확히 알 길은 없지만, 대략 5,500년 전, 지금의 이라크 땅인 수메르에서 일어나지 않았을까 추측한다. 그 시기의 군대는 이미 천 년 동안 수렵 채집인들이 동물을 잡거나 서로 싸울 때 쓰던 그 무기 - 창, 칼, 도끼, 그리고 활과 화살까지 - 로 싸웠겠지만, 그들의 숫자는 통상적인 수렵 채집인 무리보다 열 배는 많았고, 단 한 명의 지휘관의 통솔하에, 적어도 몇 분 이상 서서 싸웠을 것이다. 수렵 채집인은 이동 생활의 특성상 일정한 공간에 정착하지 않았기에 그들만으로 싸울 수는 없고, 농사를 짓는 이들의 정착 생활 특성으로 볼 때 그들은 자신들의 농업 지역에 대한 애착심이 강해 자신들의 터전을 지키기 위해서라도 군대에 적극적으로 참여하는 사회였을 것이다.

하지만 아주 오래전에 예외적인 곳이 하나 있었다. 1950년대에 고고학자들은 대략 1만 년 전, 그러니까 기원전 8500년에서 8000년경에 예리코Jericho가 성벽을 갖춘 세계 최초 도시로 발전했다는 사실을 발견했다. 이곳의 성벽은 높이 최소 3.6미터, 두께 1.8미터 이상이었고, 그 아래 바닥에는 암반을 파서 만든 3미터 깊이의 해자가 4만 제곱미터가 넘는 땅을 두르고 있었다. 성벽 안쪽에 최대 3천 명이 거주했으며, 땅의 가운데에는 높이 7.6미터 정도 되는 탑이 세워져 있었는데, 최후의 도피처나 중요한 인물이 살던 아성牙城이 아니었을까 추측된다. 성벽은 홍수 방지용이라고 보기에는 지나칠 만큼 정교했던 것으로 보아, 뭔가 중요한 것을 뺏고자 이 성을 공격하는 자들을 막기 위한 군사적 목적으로 지었을 것 같다. 그 중대한 자산이란 바로 예리코의 대수층(帶水層)을 말하는데, 이 대수층이 성 주변에 자연적으로 생겨난 계단식 테라스로 물을 흘려보내게 되어 있었다.

예리코 성벽은 비옥한 초승달 지역에서 수렵 채집 생활을 이어가던 '나투피안Natufian'[07]은 사냥을 계속하면서도 야생 식물을 거두어들이는 데 점점 더 많은 시간을 투자했던 2천 년의 세월이 끝나갈 무렵에 세워졌다. 그들이 세운 반영구적인 주거지에는 곡물 저장용 구덩이도 있었다. 기원전 8000년경에 이르러 기후가 건조해지면서 거주인들의 숫자가 감소한 것으로 보인다. 식량이 부족해지자 나투피안들은 야생에서 자란 식물을 거두는 단계에서 벗어나 씨앗을 뿌리기 시작했다. 굶주린 부족들은 예리코의 대수층을 차지할 계획을 도모할 수밖에 없었는데, 대수층을 차지하는 자가 물을 확보할 수 있고, 물을 확보해야 식량도 확보할 수 있기 때문이었다. 이 모든 사정이 1만 년 전에 성벽이 세워진 이유를 설명하고 있다. 이런 위기가 지나고 나서 그 후로 3천 년간 비옥한 초승달 지대의 다른 도시에 성벽이 세워졌다는 기록은 찾아볼 수 없

07 나투피안 - 기원전 13,000년에서 11,000년 사이 레반트르Levant 지역을 둘러싼 지중해 연안에서 살던 중석기 시대 수렵 채집인

다. 본격적인 전투는 그 뒤로도 한참 지나서야 발생했다.

　다음 도시는 그 이후로 1천 년이 지나서 예리코에서 북쪽으로 965킬로미터 떨어진 곳에 생긴 차탈 휘위크Çatal Hüyük이다. 인구는 5천 명에서 7천 명가량이었으며, 지금의 터키 남부 코니아Konya 지역에서 기원전 7100년에서 5700년 사이에 번성했다. 집들은 벌집 구조 모양으로 지어져서, 집과 집 사이나 벽 위쪽 혹은 지붕에 나 있는 입구 사이에 거리나 통로가 없었다. 방어체계 따위도 없어서 군대가 쳐들어와 공격하면 단 하루도 버틸 수 없었다.

　밀과 보리 저장용 통이 있었던 것으로 보아 농사를 지은 듯하지만, 그보다는 주로 하곡河谷 유역에서 야생 동물을 사냥하고, 야생 식물과 과일과 도토리류를 채집해서 살았다. 염소를 길들인 건 분명하고, 소도 길렀던 듯하다. 보다 큰 집이나 의식儀式 집전용 건물이 없다는 것은 평등한 사회였다는 뜻이며, 분묘 부장품을 보건대 여성과 남성은 거의 동등한 사회적 지위를 가지고 있었다. 이 모든 걸 종합해 보면, 그들은 수렵 채집인들의 후손으로 차츰 함께 모여 실내 생활을 시작한 것으로 보인다.

　기원전 6000년에서 4000년경은 모든 시조 작물founder crops을 비롯해서 염소, 양, 돼지, 소를 길들이기 시작하던 시기였지만, 차탈 휘위크의 선례를 따라서 '초기 도시형 거주지'를 건설한 이들은 많지 않았다. 하지만 유프라테스강 하류 지역, 그러니까 나중에 그리스인들에게는 메소포타미아Mesopotamia라고 알려진 지금의 이라크 지역을 따라 펼쳐진 습지대인 수메르Sumer는 예외였다. 메소포타미아는 비옥한 초승달 지대의 고원 지역 대부분을 적시는 두 개의 큰 강인 티그리스와 유프라테스에 의해 만들어져서 별다른 특징 없이 평평하게 펼쳐진 평원 지역이다. 그곳의 땅은 홍수로 강이 범람하면서 토사가 퇴적되어 생겨난 까닭에 놀라울 만큼 비옥하다. 이모작 정도는 수월한 편이었는데, 수메르에 정착한 자들은 아직 전업 농부는 아니었다.

유프라테스 하류가 마지막으로 뻗어 나간 줄기가 수렵 채집인들에게는 낙원 같은 곳이어서, 가히 에덴동산이라고 부를 만했다. 그 당시 그곳은 대단히 비옥하고 산출되는 먹거리도 다채로워서, 수렵 채집인들의 기준으로는 상당히 많은 인구가 밀집도 높게 모여 살 수 있었으며, 이들은 전통적 생활 방식에 따라 물고기나 연체동물을 잡고, 철새나 사슴을 사냥하고, 야생 식물을 채집하고, 부업으로 낮은 단계의 농사 – 강이 범람할 곳에 씨를 뿌리고, 강물이 물러난 뒤에 쌓인 비옥한 토사층에서 식물이 자라나기를 기다리는 방식 - 를 지었다.

초창기에 수메르에 정착한 이들은 모두 같은 언어를 썼지만, 기원전 4000년 전반에 이르면 작은 도시국가로 갈라져서 발전하게 될 십여 개의 정착지를 건설했다. 전쟁은 그다지 자주 일어나지 않았고, 격렬하지도 않았는데, 수메르인들은 비교적 일찍부터 분쟁을 조정하는 비군사적 권위체로 종교라는 수단을 발전시켰기 때문이었다. 왕이나 항구적인 권위를 가진 세속적 지도자는 없었지만, 신전의 사제들이 신神을 달래는 역할뿐만 아니라, 지역 거주민들 간의 분쟁과 정착지 간의 분쟁까지 평화적으로 해결하는 역할을 맡았다. 가끔 발생하는 전쟁은 전형적인 수렵 채집인들의 싸움 방식이었는데, 도시를 둘러싼 성벽이 있었다면(성벽이 실제로 존재했다는 증거는 없다) 상대의 침공을 막을 수 있었을 것이다. 거대한 성벽은 한참 더 시간이 흐른 후에야 나타났다.

신전 사제들이 있었기에 수메르는 5백 년에서 1천 년가량 상대적으로 평화로운 시기를 누렸지만, 인구가 늘면서 도시 내부의 갈등을 피할 수 없게 되었다. 새로운 정착지에서는 여성이 아이를 4년에 한 명만 낳는 식으로 산아제한을 할 필요가 없었으므로(유목민 생활을 하자면 엄마는 어린아이를 두 명 이상 데리고 다닐 수 없었다), 인구가 급격히 늘어났다. 기원전 3500년경, 기후가 건조기에 접어들고 야생에서

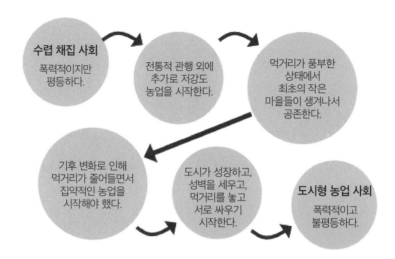

수렵 채집 사회
폭력적이지만
평등하다.

전통적 관행 외에
추가로 저강도
농업을 시작한다.

먹거리가 풍부한
상태에서
최초의 작은
마을들이 생겨나서
공존한다.

기후 변화로 인해
먹거리가 줄어들면서
집약적인 농업을
시작해야 했다.

도시가 성장하고,
성벽을 세우고,
먹거리를 놓고
서로 싸우기
시작한다.

도시형 농업 사회
폭력적이고
불평등하다.

얻을 수 있는 먹거리가 줄어들면서 사람들은 농사를 짓기 시작했으나, 강의 범람이 예전처럼 크고 오래 지속되지 않았으므로 자연히 좋은 경작지도 점차 부족해졌다. 도시들 – 이삼일 정도 걸어가면 도착할 수 있는 거리를 두고 떨어져 있었다 – 은 경작지를 차지하기 위해 서로 싸우기 시작했고, 기원전 3200년에 이르면 세계에서 가장 큰 도시인 우루크Uruk(인구는 2만 5천 명에서 5만 명 선) 주변으로 성벽이 세워졌다. 그리고 얼마 지나지 않아 수메르의 다른 주요 도시인 키시Kish, 니푸르 Nippur, 라가시Lagash, 에리두Eridu, 우르Ur에도 성벽이 세워졌다.[32]

이렇게 새로운 도시형 생활 스타일이 형성되면서 영민하거나 운이 좋은 자들은 땅을 포함한 다양한 방법으로 재산을 축적할 기회를 만들었으며, 사람들 사이에 격차가 생기기 시작했다. 이제 일부 사람들은 다른 사람들보다 한층 평등해졌지만, 나머지 사람들은 불행한 자신의 운명을 그저 받아들여야 했다.

그러나, 한 부류의 사람들에게는 대안이 있었다.

새로운 삶의 방식

한곳에 정착한 자들이 처음으로 양, 염소, 소를 기르기 시작했다는 것은 거의 확실한 사실이지만, 짐승을 길들이게 되면서 '유목 생활'이라는 전혀 새로운 삶의 방식이 가능해졌다. 길들인 짐승을 몰고 다니는 사람들은 짐승에서 고기, 가죽, 털, 젖, 피를 얻을 수 있었고, 이제는 완전히 독립된 생활을 꾸리는 게 가능해졌다. 이런 삶에 매료된 이들이 생기는 데 비해, 농경 사회에서는 자유로운 삶의 가치와 전통이 빠르게 훼손되고 있었다.

대다수 농업 사회 사람은 새로운 지배계층의 규칙을 받아들여야 했지만, 짐승을 돌보는 이들에게는 다른 선택지가 있었다. 짐승들이 작물을 먹어 치우거나 밟아 버릴 수 있었으므로 유목민은 농경 사회의 외곽에서 살아야 했으며, 봄이 되면 정기적으로 신선한 목초지를 찾아 고원지대로 떠나야 했다. 그러다가 굳이 꼭 다시 돌아와야 할 필요는 없다고 생각도 하게 되었을 것이다.

유목 생활은 집도 없고 물질적 소유도 많이 가질 수 없는 무척이나 힘겨운 삶의 방식이지만, 정착민 공동체에서 일어나는 사태에 불만을 가진 이들에게는 매력적이었다. 기원전 4000년에서 3000년에 이르는 시기에 중동 지역 곳곳에서 유목민 사회가 나타났다. '노마드nomads'라고 불렸던 이들 유목민은 농민보다 숫자는 훨씬 적었고, 쇠로 만든 무기류를 비롯한 고도의 기술 분야에서는 항상 정착민 사회에 의존해야 했다. 그렇지만 유목 생활은 숨 막히는 농경 생활 대신에 선택할 만한 대안이었고, 그런 유목민들은 처음부터 정착민을 대놓고 경멸했다.

언제부터인가 이 유목민들은 다른 유목민을 공격해서 가축을 뺏어 오기 시작했지만, 그보다 훨씬 더 좋은 선택은 바로 농민들이 기르는 짐승을 훔치는 쪽 – 가축만이 아니라, 유목민들에게는 없지만 농민들이 갖고 있는 귀중품까지 – 이었다. 그쪽이 훨씬 구미가 당기고 쉬웠다.

유목민들은 이때까지 말을 기르지 않았지만, 두 발로 다닐 때도 농민들보다는 기동성이 있었다. 가축도 데리고 이동해야 했기에 그들은 짧은 시간에 타깃을 공략하는 데 역량을 집중했다. 농민들은 그럴 수 없었으므로, 특정한 날 특정한 장소에서 싸울 때마다 수적으로 우세한 쪽은 유목민이었다. 그들은 기습 공격을 결행한 후에 약탈물을 챙겨서 재빠르게 고원지대로 돌아가고는 했지만, 가축을 이끌고 두 발로 뛰어서는 그렇게 빨리 돌아갈 수 없었으므로, 상대방의 추격을 막거나 방해할 방안이 필요했다. 가장 눈에 띄는 방안은 테러terror, 도륙atrocity, 대학살massacre이었다.

무자비한 유목민?

인간끼리 싸움을 하면 관慣習과 의식儀式을 무시할 수 없지만, 인간과 동물과의 관계에서는 그렇지 않다. 야생 동물을 사냥하러 나선 경우에는 한층 무자비하고 실질적인 정신상태가 된다. 즉, 동물을 유인해서 죽이면 그만이다. 그런데 유목민과 농민(정착민) 사이의 심리적인 관계도 이와 비슷하다. 유목민이 생각하는 정착민은 열등한 존재이자 제대로 된 인간이 아니었다. 포식자에 해당하는 유목민들은 정착민을 먹잇감 또는 약탈의 대상으로 생각하고 있었기에 별다른 양심의 가책 없이 죽이면 그만이었다. 유목민이 농민을 공격한 역사를 보면 농민에 대한 가차 없는 잔인성과 경멸이 가득 나타난다.

정착민들이 성벽을 세웠던 데는 이런 사정도 크게 작용했다고 하겠다. 끔찍한 공격이 몇 번 있고 난 뒤로 농민 공동체들은 너나 할 것 없이 성벽을 쌓기 시작했고, 군대도 만들기 시작했다. 일부 역사가들은 이런 공격이 농민 공동체 간의 전쟁을 격렬해지게 만든 주된 원인이라고 주장하는데, 농민들 간의 분쟁에서도 유목민에게 배운 무자비함이 나타나기 시작했다는 뜻이다.[33]

당신이 만약 유목민과 싸우는 처지라고 생각해 보라. 싸움에서 지면 모든 것을 잃는다. 그렇기에 전쟁에서 이길 확률을 높이기 위해, 전사 한 사람 한 사람을 훈련시키고, 한 명의 지휘관을 정해 지휘를 맡기는 방식을 채택하게 된다. 공격해 들어오는 유목민과 맞서려면 이런 새롭고 효과적인 전투방식이 필수였을 것이다. 그렇다면 이런 방식으로 전투에서 이긴 다음에, 다른 농민 공동체와 전쟁이 벌어질 때는 예전의 비효율적인 방식으로 되돌아갈까? 당연히 그럴 리가 없다. 전투의 치사율은 점점 높아지게 되어 있었다.

조직적인 살육

메리오네스Meriones는 페라클로스를 추격해서 따라잡은 뒤 오른쪽 엉덩이 쪽을 겨눠 찔렀고, 창날은 정확히 뼈 사이를 지나 방광까지 이르렀다. 그는 쓰러져 무릎을 꿇은 채 소리를 질렀고, 죽음이 그의 주변을 안개처럼 둘러쌌다.

메게스Meges, …페다이오스Pedaios를 죽였다. …

머리 뒤쪽 힘줄을 겨냥해 내지른 날카로운 창날은 이 사이를 통과하고 혀 아래까지 파고들었다.

그는 차가운 구릿빛 창날을 이 사이에 문 채 땅에 쓰러졌다. 에우리플로스Euryplos, …명석한 힙세노르Hypsenor를 죽였다. …자기 앞에서 달아나는 그를 쫓아가서 칼로 어깨를 한 번 내리치자, 그의 몸에서 팔이 떨어져 나갔고, 팔은 땅바닥에서 피를 내뿜었으며, 붉은 죽음과 강력한 운명은 그의 두 눈을 움켜쥐었다. 그들은 이렇듯 적과 맞선 상태에서 자기가 할 일을 해냈다.

호머, 『일리아드』³⁴

위에서 인용한 내용처럼 기원전 1200년경 트로이 성벽 아래에서 벌어진 전투를 묘사한 작가가 이 서사시를 완성한 것은 기원전 800년경이었다. 호머는 전투 장면을 묘사할 때 자기 시대의 문화적 관습에 따라, 실제로 벌어진 장면이 아니라, 언급한 영웅들 간의 싸움으로 그렸다. 그 전투는 밀집대형 보병단infantry phalanxes − 군대라고 할만한 최초의 형태를 갖추었다 − 간의 전투였으며, 매우 강렬한 충돌이었다.

밀집대형 보병단에 속한 자들은 그전까지는 그 누구도 그렇게 하도록 요청받지 않은 일을 해야 했다. 손에는 창과 방패를 들고, 한 줄에 수백 명에서 수천 명씩 길게 늘어선 줄이 석 줄 이상 되도록 전열을 가다듬었다. 그들은 땅에 튀어나온 부분이나 움푹 들어간 곳이 있어도 그 대형을 유지한 채로, 자신들과 거의 똑같이 통제하기 어려운 대형을 갖춘 적군과 맞서야 했다. 양쪽 군단이 한번 맞붙으면 서로 밀고 찌르기를 계속했는데, 이 상태는 양쪽 대형의 맨 앞에 선 병사들이 하나씩 쓰러지며 전열이 허물어지다가 급기야 어느 한쪽이 공포에 질려 후퇴할 때까지 이어진다. 그러나 그들의 뒤쪽 대열에 있는 자들은 아직 공포에 질리지 않아서 계속 앞으로 밀어붙이는데, 이렇게 되면 패하는 쪽의 전열이 무너진다. 무너지기 시작하면서 파국이 찾아온다. 대열에서 달아나는 자들은 아군 무리에 막히고, 등 뒤쪽에서 날아오는 칼에 맞아 쓰러진다.

호머는 전투의 마지막 단계에 벌어지는 이 참혹한 광경을 '영웅들'이 도망치다가 등 뒤에서 칼을 맞고 쓰러지는 모습으로 묘사하고 있다. 고귀한 모습으로 제시되는 '전사들'을 노래한 문장은 서사시에 걸

'독수리의 석비Stele of the Vultures'의 일부, 기원전 2500년경

맞은 톤으로 흐르고 있지만, 실제 전투에서는 겁에 질린 젊은 병사들이 살려고 달아나다가 잡혀 목숨을 잃게 되는 것이다. 전례 없는 규모로 벌어지는 무자비하고 집요한 학살이지만, 이런 학살은 호머가 살았던 시대에 시작된 것도 아니고, 그가 자신의 위대한 서사시의 시간적 배경으로 삼았던 시대에 시작된 것도 아니며, 그보다 천 년 전 메소포타미아 도시국가 간의 대립 속에서 시작되었다.

기원전 2500년경의 메소포타미아 군대를 표현한 최초의 기록인 '독수리의 석비'에 밀집대형이 표현되어 있다. 라가시Lagash의 통치자 에안나툼Eannatum이 자기 군대를 이끌고 전투에 나서는 장면으로, 라가시의 병사들이 그의 뒤를 따르고 있다. 병사들은 어깨와 어깨가 맞닿도록 바짝 붙어서 있고, 방패는 서로 겹칠 정도이며, 여러 줄로 늘어서 있고 모든 줄의 창은 대형의 앞쪽을 향한다. 행진할 때도 서로 발을 맞추어 걸었을 것이 분명하다. 상대방인 이웃 도시국가 움마Umma의 밀집대형과 마주 서서 짧은 기간 동안 처절한 싸움이 벌어지는데, 5분도 안 되는 시간 안에 승부가 나며, 먼저 무너지는 쪽의 밀집대형에서는 학살이 이어진다. '독수리의 석비' 내용에 따르면, 그 전투에서 움마 쪽 병사 3천천 명이 죽었고, 포로로 잡힌 자들은 자신들의 성벽 아래까지 끌려간 뒤에 학살당했다.

더 많은 사람, 더 많은 도시, 더 많은 전쟁

그토록 많은 사람이 당장 5분 안에 죽을 가능성이 큰데도 자기 자리를 지키고 서 있다는 것은 인류 역사는 물론이고, 영장류나 심지어 포유류 전체 역사를 통틀어서도 전례 없는 일이었다. 그나마 비교해 볼 만한 다른 사례라면 개미 군집 간에 벌어지는 전투를 들 수 있는데, 적어도 개미들 간에는 같은 유전자를 지녔다는 공통점이라도 있다. 그렇다면 인간들 …. 유목민들이 드러내던 공격성은 그 뒤의 전쟁에서 무자비함으로 이어졌다. 그들에게 이미 익숙할 정도로 단련된 공격성, 도시국가의 밀집대형 보병단이 갖추고 있었던 놀라운 수준의 규율과 그 용맹함이 형성되기까지의 과정을 설명하기는 어렵다.

그런데 기원전 2700년경의 도시국가인 우르크Uruk를 다스렸던 통치자 길가메시Gilgamesh의 전설은 이 변모 과정의 일부를 보여준다. 이즈음 역사에 대한 기록이 시작되었기에 지금 우리는 그 시대의 인명, 날짜, 이야기에 대한 정보를 알 수 있는데, 작품의 중심인물은 위대한 인물('루갈lugal'이라고 불렀다)이자 우르크의 왕이 된 길가메시였다. 주인공이 모험을 떠나는 전형적인 서사시로서 — 길가메시가 영원한 생명을 찾아 떠난다 — 기원전 27세기 우르크 지역의 정치에 관한 암호 같은 묘사도 포함되어 있었다. 행간을 읽어보면 그가 우르크의 참여형 정부 — 원로회 성격을 가진 장로들의 모임과 모든 성인이 참여하는 총회 - 를 전복하고, 자기 뜻에 따르도록 복종시킨다. 길가메시는 키시 Kish와의 전쟁을 빌미로, 갖은 수사와 위협을 동원하여 이들 의회를 압박하여 결국 우르크에 대한 자신의 지배권을 승인하게 만든다. 그러나 권력을 장악한 후에도 그는 절대군주가 되지는 못했다. 그는 백성을 자기편으로 만들기 위해 애썼지만, 대다수 백성은 자신이 맹목적으로 그의 뜻에 따르는 자들이 아니라 완전한 시민이라고 생각했기 때문이다. 길가메시가 명령을 내린다고 종속되는 시민이 아니었다.

길가메시 서사시는 역사적 과도기를 보여주는 한 장의 사진과 같다. 사유 재산과 사회적 계급에 따라 일부 사람들이 다른 사람들보다 높은 신분을 갖게 되었지만, 모든 성인이 모인 총회 속에서는 평등이라는 신화가 여전히 힘을 발휘하고 있었다. 2천 년이나 떨어져 있는 기술적·문화적 간격만 감안하고 보면, 초창기 수메르의 도시국가는 고전주의 시대 초기 그리스의 도시국가와 닮았다. 결국은 부유한 귀족층이 자기들의 뜻을 관철하게 되더라도, 무기를 들고 싸워야 하는 모든 시민이 모인 총회에서 의견을 수렴하고 합의에 이르는 과정은 여전히 소중하게 지켜졌다.[35] 이러한 평등주의 가치관이 위태롭긴 했지만, 여전히 지켜져 왔기에 밀집대형 보병대를 꾸리는 게 가능했다. 모든 성인 남성이 모여서 전쟁하기로 했다면 그들의 평등권이 이루어진 것이기 때문에 그들 모두에게 목숨을 내놓고 전선에 참여하라고 합법적으로 요구할 수 있었다.

전투에서 밀집대형은 놀라울 정도로 효율적인 수단이었을 뿐 아니라 비용도 쌌다. 전열에 들어서는 병사들에게는 단순한 창과 방패를 다루는 법을 익히게 하고, 일주일 중에 편한 하루를 골라 오후 시간에 서로 타이트하게 밀착한 대형으로 움직이는 훈련을 시행했다. 이들에게는 청동으로 만든 창촉이 그나마 값비싼 장비였다고 할 수 있는데, 물론 좀 더 유복한 이들은 청동으로 만든 투구와 정강이 보호대까지 마련했을 것이다. 이건 인류 역사에 나타난 멋진 합의라고 할 수 있다. 노래 한 곡 부를 시간보다 조금 더 긴 시간 동안 버티는, 또 다른 밀집 대형의 보병대가 아니고서는 도무지 막아낼 길이 없는, 대단히 효과적인 군대 말이다.

세월이 흘러 전제군주들이 수메르 도시국가를 다스리게 되면서 밀집 대형은 점차 사라졌는데, 절대군주들은 용병으로 상비군을 꾸려 전쟁을 치르려 했다. 왜냐하면 대다수 시민은 무기도 없고, 군사훈련도 받지 않고, 정치적으로 힘없는 상태로 유지하기를 원했기 때문이었다. 그랬기에 기원전 3천 년 후반부에 오면, 메소포타미아에서 벌어진 전투에서 밀집 대형은 완전히 자취를 감춘다. 물론 전쟁은 여전히 계속되었다.

고대 수메르의 13개 도시국가는 수백 년 동안 서로 치열한 전투와 냉전을 이어갔다. 그들은 알게 모르게 일종의 힘의 균형이 이루어진 체제balance-of-power system로 들어섰다고 할 수 있는데, 그 체제 속에서는 대다수가 생존할 수 있었지만, 비용이 많이 들었다. 전쟁에서 패한 쪽은, 승리한 쪽의 힘이 강해지는 것에 불만을 품은 다른 국가들이 그힘에 대항하기 위해 합종연횡을 도모할 때까지 기다려야 했다. 야노마모 주민들이라면 무슨 일인지 금세 파악할 수 있는 상황이라 하겠다. 다만 그들의 경우보다는 좀 더 큰 규모에서 일이 진행되고 있었다.

힘의 균형이 이루어진 체제 속에서도 전쟁은 자주 벌어졌지만, 그럼에도 이 체제는 간혹 무너지는 경우를 제외하고는 거의 5천 년간 지속되었다. 힘의 균형을 유지하는 체제는 서로 옥신각신했던 수메르 도시국가만이 아니라, 20세기 초반 서로 경쟁 구도를 형성했던 전 세계 강대국들의 행동을 지배했던 근본 원리이기도 하다. 동맹 관계는 계속 변모하지만, 전쟁은 끝없이 이어진다. 1800년 이후로 영국과 프랑스, 프랑스와 독일, 미국과 영국은 모두 때로는 적이었다가 때로는 동맹이 되었다. 지금 우리로서는 그 당시 지역 내부의 역학 관계에 대해 자세히 알 수 없지만, 키시, 슈루팍, 우르, 니푸르, 라기스 모두 변덕이 죽 끓듯 해서 신뢰할 수 없는 동맹이었다. 전쟁이 터질 때면 사람들은 매번 구체적인 원인 - 스페인 왕위 계승을 위한 전쟁이나 젠킨스의 귀 때문에 벌어진 전쟁[08] - 을 언급하지만, 실제로는 체제 때문에 전쟁이 일어났다.

근대 민족국가의 경우를 살펴보면, 1800년부터 1945년까지 한 세대에 한 번 정도는 전쟁이 발생하였으며, 그 기간 전체의 평균을 따지자면 오 년 중의 일 년은 늘 전쟁 상황이었다. 민족국가의 주권에 근거해 모든 국가는 각자 생존을 책임져야 했고, 이를 위해서는 충분한 군사력을 갖춰야 했다. 충분한 군사력은 결국 다른 국가와 동맹을 맺어서 확보해야 했다. 그러나 언제나 문제는 존재하는 것이어서 얼마 지나지 않아서 결국 그렇게 되었다. - 동맹국이 배신한다거나, 군대가 반드시 있어야 할 그곳에 배치되지 못했다거나 - 그렇기에 지금까지 존재했던 민족국가 중의 90% 이상이 전쟁으로 사라지게 된 것이다.

'독수리의 석비'에 묘사된 대립 - 기원전 2500년경, 서로의 밀집대형 보병단이 부딪쳐 갔던 라기스와 움마의 충돌, 한판의 싸움에서 움마의 병사 3천 명이 죽었던 그 전쟁 - 은 어떻게 흘러갔는가? 150년간 수메르 전역의 헤게모니를 차지하고자 경쟁했던 두 도시국가 사이에서는 전투에서 누가 이기고 지느냐에 따라, 그리고 동맹국이 어느 쪽으로 붙느냐에 따라 전략적 우위가 바뀌었다. 최종적으로 움마의 군대가 승리를 거두었고, 라기스 도시 전체를 비롯해 사원까지 약탈하였으며, 몇 년 동안 수메르 전역을 지배했다. 그 후에는 움마 역시 새롭게 출현한 세계 최초의 군사 제국에게 무너졌다.

---

08 젠킨스의 귀 때문에 벌어진 전쟁 The War of Jenkins' Ear - 1739년부터 1748년 사이에 영국과 스페인 사이에 벌어진 전쟁. 영국 역사자 토머스 칼라일이 1731년 4월에 밀수를 의심한 스페인 해안 경비대가 영국 함선 레베카 호에 올라왔다가 그 배의 선장이었던 로버트 젠킨스Robert Jenkins의 귀를 잘랐던 일로 인해 전쟁이 촉발되었다며 붙인 별명

세계 최초 군사 제국

기원전 2300년 무렵, 셈어語,Semitic languages를 사용하는 이주자들이 오늘날의 시리아, 레바논, 요르단, 이스라엘이 있는 지역인 지중해 동부 지역에서 비옥한 메소포타미아 평원으로 이주하여 자신들의 도시를 세우기 시작했는데, 그중에서도 사르곤Sargon은 비록 셈족 출신이면서도 고대 수메르 도시인 키시Kish에서 성장했다. 그는 우르-자바바 Ur-Zababa 왕의 술 따르는 관원이 되었다가 쿠데타를 일으켜 권력을 장악했는데, 그 자세한 내막은 알려지지 않았다. 그는 우르크Uruk를 정복한 다음, 수메르의 다른 모든 도시도 점령하고, 고원지대에 있는 엘람 Elam, 마리Mari, 에블라Ebla까지 차지했다. 그는 점령지에 총독을 임명하고, 주둔군을 두었으며, 새로 정복하는 지역마다 납세 대장을 작성하고, 새로 건립한 수도인 아카드Akkad에서 온 나라를 지배하기 위해 중앙 집권형 관료 조직도 만들었다. 그리하여 명실상부한 세계 최초의 다국적 제국이 세워졌다.

사르곤의 군대는 상당한 규모의 전문적인 다민족 군이었다. 그가 세운 비석에는 왕 앞에서 매일 음식을 먹는 군인이 5,400명이었다고 자랑하는 기록이 남아 있다. 이들은 집을 떠나 먼 곳까지 나가서 작전을 수행할 수 있었던 최초의 군대였는데, 보급품을 조달할 물류체계가 갖추어져 있었기 때문이었다. 잘 갖춰진 적국의 도시 성벽에 부딪쳐도 벽을 허물거나 사다리로 타고 올라가서 무너뜨렸다.

사르곤의 군대는 고전적인 밀집대형으로 싸우지 않았다. 그런 방식으로는 그들이 가진 재능을 제대로 활용할 수 없었다. 그들은 창뿐만 아니라 그 당시에 새롭게 개발된 무기이자 향후 천 년을 통틀어 가장 우수한 발사 기구라 할 수 있는 합성 활composite bow을 능숙히 다루는 데 필요한 시간과 기술을 가지고 있었다. 그들은 전차에서도 싸울

합성 활을 쏘는 스키티아인, 크림반도Crimea 케르치Kerch 지역. 기원전 4세기경

수 있었기 때문에 거의 매번 승리했다.

　아카드의 사르곤 왕은 이 세상 전부 혹은 세상에서 요충지라고 여겨진 지역을 모두 정복하러 나섰다는 점에서 알렉산더, 나폴레옹, 히틀러의 원형에 해당하는 인물이라 할 수 있다. 그의 전과를 선전하는 이들은 그의 제국이 '낮은 곳의 바다에서 위에 있는 바다까지'(걸프에서 지중해까지) 이르렀다고 자랑했는데 그 모든 영토를 하나로 아우른 힘이 바로 군사력이었다. 그러나 정복당한 도시와 지역은 그의 군대가 다른 곳으로 옮겨갈 때마다 반란을 일으켰고, 사르곤의 후계자들은 제국을 보존하기 위해 그들과 끝없는 전투를 하게 되어 힘을 소진했다. 결국 아카드 성은 기원전 2159년에 무너졌다. 그 후로도 다른 제국들이 계속해서 들어섰다.

개미총 사회

기원전 2000경에 이르면 거의 모든 인류가 농부일 뿐 아니라 거의 대부분이 지극히 불평등한 국가들이었다. 그 사회 정점에는 반신반인半神半人에 해당하는 왕이 자리 잡고 있고, 대다수인 농노와 노예가 최하층을 이룬다. 이건 대중 사회에서 살아가려면 어쩔 수 없는 사태였는가?

이 질문에 대한 대답은, '그렇다'라고 할 수 있다. 사람들의 숫자가 많아지면서 생기는 문제는 달리 해결할 길이 없었으며, 이런 상태가 꽤 오래 이어져야 했다.

평등주의는 모든 사람이 서로를 잘 알고 있는 소규모 사회에서만 작동 가능하였다. 소규모 사회이기 때문에 우두머리가 되고자 하는 남자가 있을 때 그의 힘이 지나치게 강해지기 전에 무력화시키고, 결정을 내려야 하는 사안에서는 모두가 합의한 안이 나올 때까지 서로 얼굴을 보며 토론할 수 있었다. 하지만 많은 사람이 모인 사회에서는 서로의 생활 양식이 달라지면서 일을 합리적으로 이루기가 어렵다. 새로 생겨난 대규모 사회에서는 문자, 화폐, 관료 사회 같은 새로운 도구들이 사회 유지에 도움이 되지만 아직 발달하지 않은 상황이어서, 전통적으로 이어져 온 인간적인 정치를 바꿀 수는 없었다. 40명이 모인 사회에서 가능하던 일이 4천 명이 모인 사회에서는 불가능해지며, 4백만 명이 모인 사회에서는 말할 것도 없다. 많은 사람이 함께 의사결정을 할 수 있는 혁신적인 방안이 나타나지 않는 한, 오래된 정치 체계가 작동할 수밖에 없다. 평등도 마찬가지이다.

오직 최상위층에서 명령을 하달하고, 하층민은 노예처럼 복종하는 시스템만이 작동할 수 있다. 그래서 평균적인 고대 제국의 사회 구조는 과거의 수렵 채집 사회보다는 개미총에 더 가까웠다. 그럼에도 제

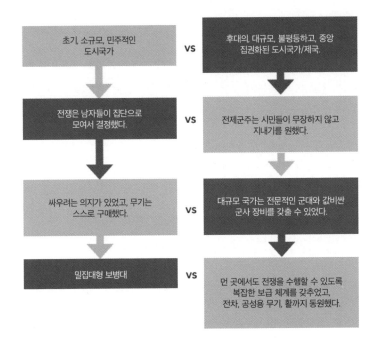

초기, 소규모, 민주적인 도시국가	vs	후대의, 대규모, 불평등하고, 중앙 집권화된 도시국가/제국.
전쟁은 남자들이 집단으로 모여서 결정했다.	vs	전제군주는 시민들이 무장하지 않고 지내기를 원했다.
싸우려는 의지가 있었고, 무기는 스스로 구매했다.	vs	대규모 국가는 전문적인 군대와 값비싼 군사 장비를 갖출 수 있었다.
밀집대형 보병대	vs	먼 곳에서도 전쟁을 수행할 수 있도록 복잡한 보급 체계를 갖추었고, 전차, 공성용 무기, 활까지 동원했다.

국은 항상 불안했는데, 인간이 실제로 개미가 될 수는 없었기 때문이었다. 보이는 곳에서는 입을 굳게 닫고 머리를 조아리지만 그 이면에는 여전히 동등한 인간이라는 의식이 살아 있었다. 새롭게 길든 수렵 채집인의 후예를 지배하려면 물리력 혹은 끝없는 위협도 필요했으므로 거의 모든 제국에서는 군사화와 독재 국가가 진행되었다.

농업 기반의 대중 사회에서는 거의 모든 사람이 영양 부족과 끝없는 노동에 시달리면서 육체적 성장 발달이 저해되고 등이 휠 정도로 힘겨운 노동을 하게 된다. 여성들이 가장 큰 피해자라고 할 수 있는데, 사회적으로도 열등한 신분에다 출산을 거듭하는 열악한 삶을 견뎌야 했으며, 남자라고 해도 전통적인 수렵 생활 대신에 소작농으로의 삶을 자발적으로 선택하는 것도 아니어서 힘겹기는 마찬가지였다. 수천 년이 지난 후에 문명이라는 제도가 적어도 일부 후손들에게는 유익하게 작용하긴 했지만, 기원전 2000년경만 해도 문명이란 인간에게 재앙에 가까웠다. 그리고 상황은 더 악화되었다.

대초원의 변화: 말과 수레바퀴

인류사에서 암흑기는 몇 차례 있었다. 첫 번째 암흑기는 기원전 2000년에서 1500년 사이였는데, 전쟁 무기로 무장한 유목민이 유라시아 문명의 중심지를 정복한 시기였다. 역사의 기록을 살펴보면, 구세계에서 문명화된 사회는 인구밀도가 높고 비교적 좁은 지역 - 중국, 인도 북부, 중동, 유럽 - 에서 성장했는데, 이들은 러시아 남부에서 만주까지 펼쳐져 있는 5천 마일에 이르는 스텝 지역인 '초원의 바다sea of grass'의 남부나 서부 지역에 해당한다. 이 스텝 지역은 말을 타고 다니는 유목민의 고향인데, 그들은 정기적으로 자신의 본거지를 이탈해서 이들 문명사회를 공격했다.

이들 유목민이 150만 평방 마일에 이르는 광대한 초원지대를 장악할 수 있었던 데는 두 가지 이유가 있다. 첫째는 기원전 4000년 이전의 어느 시점부터 우크라이나 남부 지방에서 길들인 말馬이었다. 현대의 말과 비교하면 훨씬 크기가 작고 약했지만, 이 말이 있었기에 유목민은 초원지대의 더 깊은 안쪽으로 가축을 몰고 이동할 수 있었다. 두 번째는 기원전 3300년경에 발명된 수레바퀴로서, 수레바퀴 덕분에 많은 짐을 수레에 싣고 이동할 수 있었다.

유목민 문화가 형성되는 데는 불과 2백 년밖에 걸리지 않았지만, 그 후로 3천 년 동안 숱한 정복자를 길러냈다. 초원지대의 유목민들은 자신이 감당할 수 있는 최대치까지 성장하면(대략 3백만 명에서 5백만 명) 다른 문명지대를 정복하려고 나섰다.

브로노시세Bronocice 항아리에 그려져 있는 수레로 추정되는 그림.

폴란드, 기원전 3500년경

　그들은 기원전 2300년경에 이미 발단된 문명 시기에 만든 합성활 composite bow이라는 무기를 가장 선호했다. 그 무기는 장거리용일 뿐만 아니라 빠르게 발사할 수도 있었고 무엇보다 크기가 작아 전차에서 사용하기에 알맞게 제작되었다.[36] 그전까지는 기습 공격이나 숫자상의 우위를 활용하는 공격에 의존했지만, 이 무기를 사용하면서 다른 군대와 맞서도 이길 만하게 되었다. 이 시기의 군인들은 승리를 향한 강렬한 열망을 지니고 있었고, 또 전쟁에 자발적으로 참여했다. 그들의 부대는 초기 도시국가의 밀집대형을 유지하며 전쟁하였다. 그러나 그 시기는 점차 그들이 의존하던 평등주의적 가치가 상실해 가던 때이기도 했다. 유목민의 장점은 단지 그들이 갖고 있는 무기만이 아니었다. 짐승 무리를 몰며 자유자재로 사냥할 수 있다는 사실도 이점으로 작용했다.

유목민들이 농업 중심 문명권의 군대를 그렇게 냉혹하고 능숙하게 다룰 수 있었던 것은 학살과 도륙의 기술만이 아니라 짐승 무리를 관리하는 역량도 갖추었기 때문이었다. …유목민과 비교하면 문명권의 전투 대형은 느슨하고, 규율은 약하고, 가축 무리처럼 떼를 지어 몰려다니는 형국이었다. 이런 무리를 통제하는 일은 유목민들에게 쉬운 일이었다. 그들은 짐승 무리를 쉽게 다루려면 어떻게 갈라쳐야 하는지 알고 있었고, 빙 돌아서 측면을 공격하여 퇴로를 차단하는 법도 알고 있었으며, 이렇게 하여 흩어진 짐승 무리들을 어떻게 하면 한곳으로 몰 수 있는지도 알고 있었다. 무리의 우두머리를 고립시키는 법이나 수적으로 우위인 상대라 해도 어떻게 겁을 줘서 짓눌러야 하는 법이며, 몇 마리만 죽이면서 나머지가 꼼짝 못 하게 만드는 법도 알고 있었다.

존 키건John Keegan, 『전쟁의 역사』[37]

유목민들은 처음에는 화살을 소나기처럼 날려서 방어진을 괴롭힌 다음, 적이 달아나기 시작하면 그때 달려가서 결정적인 공격을 퍼부었다.

무장하지 않은 보병 무리를 100~200미터쯤 떨어진 곳에서 빙 둘러싼 채, 전차에 탄 한 조 – 한 명은 운전을 맡고 다른 한 명은 활을 쏜다 – 가 일 분에 여섯 명을 쏘아 쓰러뜨릴 수 있었다. 전차 열 대가 십 분만 작전을 펼치면 대략 500명 이상을 쓰러뜨릴 수 있는 셈이어서 그 당시의 소규모 군대로도 솜강 전투Battle of the Somme[09]에서와 같은 사상자를 냈다.

존 키건, 앞의 책[38]

---

09 솜강의 전투 - 프랑스 북부를 서북으로 흘러 영국 해협으로 들어가는 강. 제1차 대전은 물론이고 제2차 세계 대전 중에도 중요한 싸움터였다.

초기 제국 군대로서는 이들 유목민을 감당하기 어려웠다. 함무라비가 세운 아모리인의 제국은 수도 바빌론에서부터 메소포타미아 대부분 지역을 다스렸지만, 기원전 16세기경, 오늘날의 쿠르드족이 거주하는 고원지대에서 밀고 내려오는 카사이트 족Kassites과 후르리족Hurrians 군사를 막을 수가 없었다. 후르리족은 인도-유럽어를 사용했고, 기원전 1600년경 아나톨리아 중앙(지금의 튀르키예)에서부터 서부까지 세력을 넓혔던 히타이트족 역시 인도-유럽어를 사용했다. 그보다 좀 더 서쪽으로 가면 발칸 반도에서 남하하여 그리스까지 내려온 미케네인My-cenaeans도 전차를 보유하고 있었고, 앞의 족들과는 다른 인도-유럽어를 사용했다.

비교적 군사화가 덜 진행되었던 이집트 왕국은, 기원전 18세기경 힉소스족Hyksos에게 최초로 정복되었다. 그들은 아라비아 북서쪽에 거주하며 셈어를 사용하였고 전차를 몰았던 유목민이었다. 거기서 좀 더 동쪽으로 가면 이란고원에서 발흥한 또 하나의 인도-유럽어족인 아리안족Aryans이 살았는데 그들은 인더스 계곡의 초기 문명을 갈아엎고, 인도 북부 지역 대부분을 장악했다. 기원전 1700년경 중국 북부에서 일어난 상商 왕조의 기원에 대해서는 아직도 논란이 있지만, 그전까지 바퀴 달린 운송 수단이라고는 그 어떤 형태도 존재하지 않았던 지역에서 별안간 전차가 나타난 것으로 보아 상 왕조를 세운 이들 역시 또 다른 인도-유럽어족 유목민이 아닐까 추론할 수 있다.[39]

유목민 출신의 정복자들은 소수의 무리로서 적대적인 대다수를 지배하려면 자신들에게 복종하는 관료층의 도움을 받아야 했다(그들 자신은 문자도 없었고 관료 체제도 없었다). 그러다 보니 권력을 단 한 세기도 유지하지 못했던 지역도 나왔다. 기원전 1567년에 힉소스인들은 이집트인들에게 쫓겨났고, 바빌론을 다스렸던 후르리족은 기원전 1365년 아시리아의 아슈르-우발리트Ashur-uballit 왕에게 무너졌다. 상

왕조를 세운 이들은 그들보다 훨씬 정교한 중국 문명에 급속도로 동화되는 바람에 외부인들 눈에는 본래 중국에서 기원한 왕조로 보일 지경이었다.

정복자들의 언어와 문화가 살아남은 경우(예를 들면, 그리스, 히타이트족이 장악한 아나톨리아, 아리아인이 지배한 인도)라 하더라도, 몇 세대 지나지 않아서 더는 유목민의 정체성을 유지하지 못했다. 다만 근대 인도의 카스트 제도는 그들이 권력을 유지하기 위해 운영한 노예와 농노의 신분 제도가 여전히 남아 있는 흔적이다. 정복자들이 계속해서 권력을 유지했든 못했든 간에 후대에 그들이 끼친 영향은 컸다. 이들이 몰고 온 첫 번째 암흑기를 지나면서, 거의 모든 사람이 군사화되는 길에 들어섰기 때문이다.

4장 | 고전적인 전쟁

기원전 1500년 ~ 기원후 1400년

변화 없이 끝없이 이어지는 전쟁

문명의 여명기에 인류가 대담하게 농업과 도시와 군대로 이루어진 새로운 세계를 형성해 나갈 즈음, 전쟁 분야에서도 몇 세기에 한 번씩 빠른 속도로 새로운 혁신이 일어난다. 거대한 성곽, 밀집대형, 공성용 무기, 전차, 기사단 등이 그것이다. 그러나 고전적인 전쟁을 위한 이런 중요한 요소들을 갖춘 뒤로는 변화의 속도가 급격히 줄어들었다.

전쟁은 늘 존재했지만 거의 변화가 없었다. 청동기 말엽인 기원전 1200년~1150년경에는 중동 문명이 붕괴하면서, 기간은 짧았지만 또 다른 암흑기가 찾아왔다. 청동 무기 시대에서 철제 무기 시대가 되었지만 전술 차원에서는 특별한 변화가 일어나지 않았다. 역사가들은 기원전 500년경의 유능한 장수가 잘 훈련시킨 군대라면 기원후 1400년경의 비슷한 규모의 군대와 싸워도 이길 수 있다는 데 동의한다. 그보다 더 오래전으로 시대를 거슬러 기원전 1500년경의 군대도 청동기 무기를 철제 무기로 바꾸었다면 승산이 있었으리라 생각한다.

메소포타미아 북부 지역에 기반을 둔 아시리아는 그런 군대를 보유하고 있었다. 아시리아 군대는 현대 군과 유사한 조직에다, 공병, 보급창, 수송부대, 심지어 가교 장비까지 갖추고 있었다. 제국 전역에 깔린 왕립 도로를 통해 빠르게 이동하며, 주둔지에서 500킬로미터 이상 떨어진 곳에서도 작전을 수행했다. 그들은 효과적인 공성용 장비를 활용하고, 병사들은 철제 갑옷과 무기로 무장시키고, 전차에다 말 탄 기병대까지 운영했던 최초의 군대였다. 그리고 거의 연중 내내 전투를 벌였다.

지리적·역사적·인종적 경계가 없는 제국이라면 늘 그렇듯, 아시리아도 여러 세기를 지나면서 흥망을 겪었다. 살만에셀Shalmaneser 1세와 그의 아들 투쿨티-니누르타Tukulti-Ninurta 1세(기원전 1274년-1208년) 치하에서 제국은 사방으로 뻗어 나갔고, 남쪽으로는 페르시아 걸프만까지 영토를 확장했지만, 그들이 죽은 뒤로는 자신들의 본거지로 세력이 축소되었다. 그러나 제국 역사의 마지막 3백 년 동안 아시리아는 완전한 군사 대국이었다. 끝없이 전쟁하면서 중동 전체를 공포로 몰아넣었으며, 제국의 보고에는 약탈품과 전리품이 산더미처럼 쌓여갔다.

아시리아는 반란을 일으킨 나라의 백성을 무자비하게 살육하거나, 포로로 잡아다 그들의 본토에서 멀리 떨어진 곳으로 강제 이주시켰다. 이스라엘인만 이런 운명을 겪었던 것이 아니었다. 아시리아의 군대는(그 당시 기준으로는) 놀라운 수준인 12만□만 명까지 늘어나서, 동시에 여러 지역에서 전쟁을 수행할 수 있었고, 왕이나 전쟁을 담당한 지휘관 모두 끔찍할 만큼 잔인해서 유명해졌다. 아시리아인이 남긴 비문에도 사디즘에 가까운 그들의 잔인성이 드러난다. 그들은 그런 사실을 자랑하듯이 기록을 남겼다.

나는 양을 도살하듯. …엘람Elam의 왕이 임명한 총사령관을 비롯해 모
든 귀족의 목을 벴다. 마구에 길들여져 있음에도 껑충껑충 뛰어다니는
내 말들은 그들의 몸에서 쏟아지는 피의 강 속으로 뛰어들었다. 내 전
차 바퀴는 피와 오물에 범벅이 되었다. … 공포에 질린 채 그들은 전차
에서 뜨거운 오줌을 쌌고, 똥도 쌌다.

아시리아의 왕 세나케리브Sennacherib[10], 기원전 691년[40]

그러나 아시리아는 많은 전쟁 탓에 힘을 소진했다. 기원전 7세기 무렵,
유목민 출신의 새로운 침략자인 메데아인the Medes이 중동에 나타났을
때 - 전차 부대가 아니라 명실상부한 기사들이었는데, 이들은 선택적
번식을 통해 탄생한 강하고 우수한 말을 제어하며 탁월하게 다룰 줄
알았다. - 아시리아와 적대 관계에 있던 문명국들은 이 유목민들과 연
합하여 자신들이 그토록 미워하던 제국을 무너뜨렸다. 기원전 612년
아시리아의 수도 니느웨Nineveh는 후대인이 그 위치를 찾을 수 없을 만
큼 철저히 파괴되었다.[41]

공성전

고대 도시가 무너지고 있었고, 오랫동안 이어져 온 제국이 종말을 맞이
하고 있었다. 거리마다 곳곳에 죽은 자들이 쓰러져 있었다. …그리스인
들은 (궁으로) 돌진했고, 방패는 등 뒤로 돌려 매단 채 입구로 몰려들었
다. 성벽에는 사다리가 단단히 고정되어 걸쳐 있었고, 공격하는 자들은

---

10 한글 성경에서는 '산헤립'으로 표기한다.

이미 성문의 상인방 위쪽 높이의 가로대까지 올라와 있었다. 방어를 위해 뻗은 왼손에는 방패가 쥐어져 있었고, 오른손으로는 지붕을 붙잡고 있었다. 죽음이 눈앞에 닥친 이때, 자신들의 운명이 끝나간다는 것을 느낀 트로이인들은 이들의 공격을 막아내기 위해 집의 지붕을 덮고 있던 타일을 뜯어 집어 던졌다. …궁 안에서는 흐느끼는 소리와 애처롭게 뛰어다니는 소란이 뒤섞였다. 여자들이 내지르는 고통스러운 비명이 궁의 이 끝에서 저 끝까지 가득 찼다.

푸블리우스 베르길리우스 마로(버질) 기원전 19년경[42]

기원전 1183년에 함락되었다고 추정되는 트로이를 묘사한 장면인데, 역사가 금세 전설로 변해가는 시기였다. 트로이 목마 이야기는 그 도시의 성벽을 뚫었던 공성용 무기가 변용된 이야기가 아닐지 추측하게 된다. 왜냐하면 트로이를 둘러싸고 공격하던 아케아 그리스인들Achaean Greeks은 자기들보다 문명이 발전한 동방의 나라들에서 쉽게 공병을 고용할 수 있었기 때문인데, 히타이트 제국이 무너진 이후로 소아시아 동방 지역의 상당수 직업 군인들이 실직 상태에 처했던 시기였기 때문이다. 만약 히타이트의 용병들이 공성용 탑을 제작했다면 – 몇 층 높이의 목재 구조물로서, 바퀴가 달려 있고, 꼭대기는 가죽으로 덮고, 그 안쪽에는 끄트머리를 쇠로 덮어씌운 공성용 망치가 매달려 있다 – 아케아인들은 이것을 목마라고 이름 붙였을 가능성이 크고, 후대 사람들이 이 이야기를 한층 더 세련되게 다듬었을 것이다. (거의 비슷한 시기에 나온 아시리아 돋을새김 조각에 묘사된 공성용 탑은 실제로 거대한 말처럼 생겼다)

트로이는 실제로 아주 오랫동안 공성 작전을 펼치다 함락했다. 이 사건에 대해 호머는 그 후 4세기가 지나서 서사시를 지었다. 버질은 8세기가 지난 후에 당시 사람들도 절대 구사하지 못했을 정도로 생생

아시리아 돌을새김 조각 속의 공성용 탑. 님루드Nimrud 북서궁. 기원전 865-860년경

하게 이야기를 썼다. 그가 쓴 내러티브의 대부분은 허구이지만, 그는 전쟁으로 인해 무슨 일이 벌어지게 될지 잘 알고 있었다. 왜냐하면 그가 이런 식으로 도시의 최후를 맞이하는 사태가 몇 년에 하나씩 생겨나던 시기에 살았기 때문이었다.

예를 들면, 기원전 146년 카르타고Carthage가 로마와 벌인 3차 포에니 전쟁 막바지 3년간 이어진 공성전 끝에 함락된 경우가 그렇다. 당시 카르타고인들이 카르타고 도시 안에서 벌어진 6일간의 시가전 중에 겪은 공포와 굶주림이란 절망적 상황에서도 어떻게 저항했는지 직접 목격한 자의 생생한 기록이 남아 있다.

> 시장에서 성채까지 이어진 세 개의 거리 양쪽으로 육 층짜리 집이 늘어서 있었는데, 거기서 사람들은 로마군에게 공격을 퍼부었다. 로마인들은 첫 번째 집을 점령한 다음 집과 집의 지붕에 널빤지를 놓아 다리를 만들며 다음 집으로 넘어갔다. 지붕 위에서 전투가 벌어지고 있을 때 그 아래 거리에서도 공격해 오는 이들에 맞서 또 다른 전투가 이어졌

다. 신음. 울부짖는 소리. 고함. 형언할 수 없는 비명 소리가 곳곳에서 진동했다. 병사의 손에 죽는 이도 있었고, 지붕에서 길거리로 산 채로 내던져지는 자도 있었는데 그들 중 일부는 곧추세운 창에 찔려 죽었다.

아피언Appian (목격자 폴리비우스Polybius의 증언을 토대로 한 기록)[43]

카르타고(인구는 대략 30만 명)가 약탈당할 때 살아남은 몇 안 되는 사람들은 노예가 되어 팔려나갔으며, 승리한 로마 장군은 공식적으로 폐허 지역임을 선포하고 저주하며 소금을 뿌렸다. 그곳은 한 세기 후에 로마 식민지가 새로 건설될 때까지 아무도 거주하지 않는 폐허 상태로 방치되었다. 승전한 로마인들은 이처럼 광기에 사로잡혀 길길이 날뛰는 폭력성에 대한 강렬한 인상을 남겼는데, 이런 인상은 그들이 원했던 바였다.

밀집대형이 다시 돌아오다

전열을 갖추려면 병사 각자가 좌우로 3피트(90센티미터) 간격을 유지하고. 줄과 줄 사이는 6피트(180센티미터)를 유지한다. 이런 식으로 1만 명이 가로 1,500야드(137미터)×세로 12야드(10미터)의 직사각형 대형을 이룰 수 있다.

베게티우스Vegetius, 로마군의 전술에 관해[44]

전쟁은 우리 선조들의 일생을 좌우하는 결정적인 요인이었지만, 그들은 결코 우리보다 어리석지 않았다. 수천 년 동안 서로 어깨와 어깨를 나란히 맞대고 뭉쳐 있는 대형보다 더 나은 대형을 찾아내지 못한 것은 그만한 이유가 있기 때문이다. 지난 세월 동안 숱하게 펼쳐진 전장에는 더는 잃을 게 없을 만큼의 절망적 상황을 겪는 이들이 많이 있었으므로, 그들을 대상으로 거의 모든 것을 실험할 수 있었다. 그럼에도 알렉산더 대왕이 출현하기 이전에 이미 전투의 교본으로 자리 잡은 군대 구성과 전술보다 나은 대형은 나타나지 않았다.

베게티우스는 로마군의 밀집대형에 관해 서술하고 있는데, 기원전 1000년 중반에 이르러 이 대형이 다시 널리 퍼졌기 때문이었다. 그 후 이 대형은 '동방의 제국들'이 발흥하던 시기에 자취를 감추었다. 그러나 부와 권력이 비옥한 초승달 지대에서 서방의 그리스와 로마 도시국가로 옮겨지면서 애국심과 열망을 가진 시민들이 동원될 수 있었다. 실제 전투에서, 이들로 구성된 보병단의 밀집대형은 다른 문명권의 군대와 비교해도 여전히 강력한 전투 대형이었다.

현대 군은 땅을 차지하느냐 내주느냐를 따지지만, 초기 밀집대형 군대에서 땅이란 그저 대형을 이동하기 위해 필요한 무대일 뿐이었다. 즉 땅보다는 대형 자체가 중요했던 것이다. 그러나 대열 간의 간격이 벌어지거나, 지형(혹은 공포) 때문에 대형에 속해 있는 병사들이 서로 너무 가깝게 붙어 있어 무기를 휘두르거나 던지거나 찌를 수 없게 되는 순간부터 이 대형의 장점은 사라진다. 그렇기에 병사들을 훈련시킬 때는 반드시 3피트 간격을 유지하라고 끝없이 강조할 수밖에 없었으며, 이 훈련을 잘 받은 병사는 가공할 만한 힘을 가진 전투 기계가 된다.

기원전 5세기 그리스의 밀집대형 보병대는 장갑 보병(중무장한 보병)이었다. 빽빽하게 줄을 맞춰 서고, 몸 앞쪽은 커다란 방패로 방어하고, 정강이에는 청동으로 만든 정강이받이를 차고, 길이가 16피트(4.8미터)가 넘는 창이 방패 너머로 뻗어 나와 있는 모습이었다. 실제 전투에서 적에 맞서 이 거대한 대형을 갖추려면 상당히 많은 시간과 노력을 들여야 했으며, 상대방 밀집대형의 장수가 협력하지 않는다면 전투 자체가 이루어질 수 없었다. 장갑 보병단을 이루는 이 군사들은 각자

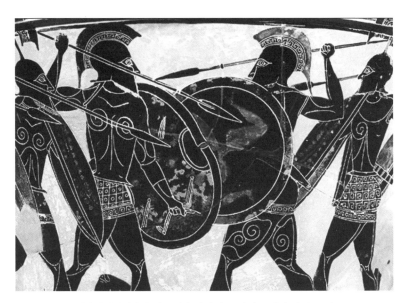

기원전 5세기경에 만들어진 항아리 표면에 그려진 장갑 보병

재산을 가지고 있을 뿐 아니라 자기 돈으로 무기와 갑옷을 구매한 시민들이었지만, 양쪽 모두 될 수 있는 한 빨리 전쟁의 끝을 보고 싶어 했다. 이 전투가 너무 오래 지속되면 농작물을 수확하지 못할까 염려하는 농부들이 대부분이었기 때문이었다. 그래서 그들은 즉각적으로 승부가 나기를 원했고, 전투는 실제로도 그렇게 진행되었다.

전투에 돌입하기 전에 전술적으로 결정해야 할 사항이 있었다. 대형이 뚫리지 않도록 밀집대형을 여러 줄로 최대한 두툼하게 짤 것이냐, 아니면 얇지만 길게 짜서 대형의 끝이 상대방 대형의 측면을 공격할 수 있게 할 것이냐가 그것이었다. 하지만 두 밀집대형이 일단 한번 맞붙게 되면 그 뒤로는 장수가 할 수 있는 일이 별로 없었다.

맨 앞줄에 선 자들끼리 한동안 교전하다가 쓰러지면 다음 줄이 나서는 형태로 전투가 계속되다가 어느 한쪽이 우세해진다. 그 시점에 이르면 상대방의 전열을 무너뜨리기 위해 모두가 온 힘을 다해 거세게 밀어붙이게 되고, 이게 성공하면 승리한다. 전열이 무너진 상대방의 병사들이 달아나기 시작하고, 이때부터 살육이 벌어진다. 통상 그리스인들 간에 벌이는 전쟁에서는 추격전이 그리 오래 이어지지 않았기에 패배한 쪽의 피해는 전력의 15% 정도로 그친다. 하지만 그리스인이 아닌경우에는 무자비하게 살해하고 끝까지 추격한다.

> 아테네군은 페르시아군 전체의 전선과 대응하기 위해 중앙부를 약화시키면서까지 전열을 최대한 넓게 펼쳤다. 양쪽 날개 쪽은 강했지만, 전열의 중앙부는 몇 줄밖에 되지 않았다. …진격하라는 명령이 떨어졌고, 아테네군은 1마일도 떨어져 있지 않은 적을 향해 달려 나갔다. …내가 아는 한, 그리스 진영에서 최초로 돌격한 군대였다. …이방인들이 그리스군의 중앙부를 무너뜨렸다. …그러나 이쪽 끝에 있는 아테네 군과 다른쪽 끝에 있는 플러티아 군은 모두 승기를 잡았다. …그들은 중앙부를 무너뜨리고 있는 페르시아 군에게 시선을 돌렸다. 여기서도 그들은 다시 전세를 뒤집었고 도망치는 적을 추격했고, 바다에 이를 때까지 쫓아가며 적의 목을 베었다.
>
> 헤로도토스Herodotus, 「마라톤 전투에 대해」[45]

이토록 투박하고 선혈이 낭자하게 밀어붙이는 방식은 연대 단위로 확장한 초대형 미식축구 경기를 닮았는데, 넓어 봐야 400평방킬로미터 정도 되는 전장에서 한두 시간가량 이어지는 전투를 통해 국가 전체의 운명이 결정된다. 물론 기병대도 있지만, 기병을 얼마든지 받아낼만큼 잘 훈련된 보병대를 공격하기는 어렵다. 보병대를 향해 돌진하는 기병대는 보기에는 무적처럼 보이지만, 그들이 타고 있는 말은 실제로 창을 꼬나쥐고 노려보는 보병대 전열을 향해 달려들지 못한다. 말들은 전열 앞에서 멈춰 서거나 옆으로 방향을 틀기 마련이어서, 공포에 휩싸이지만 않는다면 보병대의 공격은 비교적 안전했다. 기병대는 돌아다니면서 소규모 전투를 벌이거나, 패배한 적이 도망칠 때 쫓아가서 밟아 죽이는 것이 주요 임무였다.

고전 시대(대략 기원전 550년 - 기원후 350년)에는 거의 어느 전장에서든 중무장 보병이 대세였으며, 훈련 정도나 사기가 충천하였다면 병력의 숫자는 중요하지 않았다. 기원전 333년 알렉산더 대왕이 페르시아 다리우스의 군대와 맞붙은 이소스Issus 전쟁에서 그는 겨우 4만 명의 병력으로 10만 명을 상대하며 싸웠는데, 경험 많은 장갑 보병이 기세를 몰아 들판을 가로질러 페르시아군 중앙부를 향해 진격하여 승리했다. 이건 단순한 물리학인데, 중무장한 4만 명이 조밀한 대형으로 서서 천천히 부딪쳐 가는 힘은 시속 10킬로미터의 속도로 움직이는 2,500톤의 물체가 부딪치는 힘에 맞먹으며, 몇 초 안에 그 힘은 점점 강해진다. 이러한 힘으로 맨 앞줄의 군인들은 모두 창을 앞으로 내밀고 있다. 물론 이때 다리우스 군과의 충격으로 알렉산더 대왕의 밀집대형 맨 앞의 두 줄에 서 있는 병사 중에 생존자는 별로 없었지만(베테랑 병사는 물론 좀 더 버텼을 것이다) 이 힘의 가속도로 인해 다리우스 군의 중앙부는 1-2분 안에 뚫려 버렸다. 페르시아군의 전열이 뚫리면서 당황하며 흩어진 병사들은 알렉산더 군에게는 손쉬운 먹잇감이 되었다. 결국 두 시간 이내에 페르시아군 절반가량이 희생되었을 게 분명하다.

그 이후 수 세기를 거치면서 이런 기본적인 대형에 다양한 개선이 이루어졌으며, 특히 로마군이 많이 발전시켰다. 이탈리아의 거의 모든 도시국가를 점령하고, 그 시대의 또 다른 강력한 세력인 카르타고까지 무너뜨리는 등 거의 항시 전쟁 상태였던 2백 년 동안, 로마군은 좀 더 유연한 밀집대형 조직으로 발전시켰다. 로마군은 세 개의 계급에 150명 규모로 이루어진 소규모 밀집대형mini-phalanxes(보병 중대maniples,

자마 전투에서 카르타고의 전투 장비와 마주한 로마 보병단, 기원전 202년

혹은 한 줌handful이라고도 불렀다)으로 조직하였는데, 보병 중대는 체크무늬처럼 세 줄이 서로 겹치도록 하여 험준한 지형에서 기동성이 우수했다. 카르타고군이 거대한 코끼리 부대를 앞세워 로마군을 궤멸시키려 했던 자마 전투battle of Zama(기원전 202년)에서 스키피오 아프리카누스Scipio Africanus는 대열 중앙부의 보병 중대를 옆으로 이동시켜 대형의 세 줄 사이로 가로지르는 일자형 통로를 만들어, 한니발의 코끼리가 아무런 힘을 쓰지 못하고 지나가게 했다.

무기 역시 변화가 있었는데, 이 무기는 심리적인 면에서도 효과가 있었다. 로마군은 기존의 부담스러운 16피트(4.8 미터) 길이의 창 대신에 멀리 던질 수 있는 창 한 쌍을 사용했다. 그런데 그중의 하나는 다른 것보다 가볍게 만들어 좀 더 멀리 날려 보낼 수 있는 창이었다. 병사들은 진격하면서 이 두 개의 창을 연속으로 날려 보냈고, 적과 직접 부딪치는 접근전에서는 단검을 사용했다. 육박전을 할 때, 가까운 거리에서 적을 찔러 죽이는 단검이야말로 공포의 무기였다.

　로마가 전성기에 이르렀을 무렵, 이제 전쟁은 더 이상 서로 힘으로 밀어붙이는 형태가 아니라 다양한 전술적인 계략을 도모해서 싸우는 방식으로 변모했지만, 전투의 기본 논리는 여전히 같았다. 끝이 날카로운 무기를 쥐고 자신의 근력을 활용해서 싸워야 하는 군대에 효과적인 전투를 위한 선택지는 지극히 제한적이었으므로, 기원전 23세기의 전장에서나 기원후 3세기의 전장에서도 대세는 여전히 보병대였다.

해군

> 직진하는 배가 앞쪽의 단단한 부리로 돌진해서 적의 배를 부쉈다. 그리스군의 배가 시작한 공격은 페니키아 군대의 배를 부수었고, 다른 배들도 자기가 상대해야 할 적을 공격했다. 거대한 페니키아 함대들은 처음에 공격받으면서도 질서를 잘 유지했다. 그러나 배들이 한데 엉겨 붙게 되자 한쪽이 무너져 내리기 시작했고, 서로를 도와줄 수도 없었다. 적의 배를 충돌하며 부수기 위해 만든 배 앞머리의 청동돌출부rams가 오히려 아군끼리 서로 들이받고, 배의 옆쪽을 부수기 시작했다. 그리스 군 선박은 사전에 준비한 계획에 따라 우리를 원으로 둘러싸더니, 선체로 밀고 들어왔다. 부서진 배의 파편과 시체가 바다를 뒤덮어 물이 보이지 않을 지경이었고, 해안과 바위 쪽으로도 시신이 산을 이루었다.
>
> 　　　아이스킬로스Aeschylus, (페르시아의 관점에서 본) 살라미스 해전,
> 　　　　『페르시아인들The Persians』 중에서, 기원전 472년[46]

문명 세계가 곡물, 포도주, 광물, 목재처럼 한꺼번에 많은 양을 옮길

수 있는 육로 교통수단을 생산하기 전까지는 그 누구도 해군이 필요하다고 생각하지 못했다. 이 당시 대부분의 무역은 바닷길을 이용했다(지금도 마찬가지이다). 전쟁 때문에 보급품이 부족한 나라들이 부유한 국가의 상선을 공격하는 선택은 좋은 전략이었다. 군대 전체를 배로 옮기는 일 역시 지중해에서는 매력적인 군사적 선택이었는데, 바닷길은 한 지점에서 다른 지점까지 가장 빠르게 이동할 수 있었기 때문이다. 그 후 지중해에서 벌어진 해전에서는 전함으로 이루어진 거대한 선단이 대세로 자리 잡았다. 이들의 일차적인 목적은 상대 해군을 섬멸하는 것이었고, 그다음은 방어력이 없는 상선을 아무런 방해도 받지 않고 약탈하는 것이었다.

고대의 숱한 발명품과 마찬가지로 전투에 동원된 갤리선은 이른 시일 안에 표준화되었으며, 이 기술은 그 후로 수천 년 동안 거의 변화 없이 사용되었다. 상선은 돛과 노를 함께 사용했으나, 군용선은 바람의 영향에 상관없이 그 어떤 방향으로든 빠르게 움직이는 게 생명이었다. 이러한 힘을 내기 위해 전적으로 사람의 힘을 이용해야 했다. 파도를 헤치고 최고 속도로 해군함을 몰아가려면 노 젓는 인력이 수백 명 이상 필요했다.

배는 기계류의 일종이며, 거대한 기계를 대량으로 만들려면 산업 사회에서 볼 수 있는 조직과 생산 기법을 동원해야 했다. 기원전 5세기, 그리스가 페르시아의 침공을 받았을 때, 아테네의 조선소는 서서히 대량 생산 체제를 갖추어 갔고, 노가 3단으로 된 갤리선인 트라이림trireme을 매달 여섯 척에서 여덟 척씩, 2년 넘게 만들어 냈다. 이들의 임금은 아테네시가 보유하고 있던 은으로 지급되었다. 기원전 480년에는 대략 250척의 갤리선이 완성되었고, 이들을 활용하려면 선원 4만 명이 필요했다. 그리스 반도의 방어를 위해 아테네 병력 전체가 함대에 귀속되었고 그리스의 다른 도시국가들은 육군을 조달했다. 아테네

기원전 4세기경에 있었던 노가 3단으로 된 갤리선 트라이림trireme을 그린 그림

인이 대다수를 이루고 있는 이 그리스 함대가 살라미스에서 페르시아 함대를 격파하고 크세르크세르Xerxes 1세를 그리스에서 몰아냈다.

고대 해전은 단순했다. 백 척가량의 갤리선으로 이루어진 양쪽 함대가 해안에서 조금 멀리 떨어진 바다에서 일렬로 늘어서서 서로 대면한 다음, 상대를 향해 돌격한다. 배 앞쪽에는 청동으로 만든 돌출부가 있는데, 이것은 상대방의 배에 구멍을 뚫거나 좌우를 강하게 부딪치며 옆쪽의 노를 부수었고(이 과정에서 노 젓는 병사 상당수는 뭉개진다) 그다음에는 방향을 돌려서, 전력을 상실한 상대방 배의 뒤쪽을 들이받기도 한다. 그러나 서로의 배가 나란히 위치하는 때도 많아서, 이런 경우에는 각각의 갤리선에 있던 병사들이 자기 배나 상대방 배의 갑판으로 올라가 전투를 벌였다. 기원전 413년 시라큐스Syracuse 항에서 벌어진 전투 역시 이런 형국이어서 그 좁은 공간에서 2백 척에 가까운 배들이 서로 엉켜 싸웠다.

좁은 공간에서 많은 배가 서로 엉켜 붙었다. 이 바람에 배 중앙의 돌출부로 공격할 기회는 많지 않았다. … 배들이 한 번 엉켜 붙자, 병사들은 나란히 서서, 상대의 배에 올라타려 했다. …배 사이의 공간이 좁아지면, …세 척 이상의 배가 한꺼번에 뒤엉키는 경우도 많았으며, 이렇게 되면 키잡이는 한쪽으로는 방어하고 다른 한쪽으로는 공격해야 했다. 많은 배들이 서로 부서질 듯 부딪치며 내는 소리는 그 자체만으로도 공포일 뿐만 아니라, 갑판 장교가 명령하는 소리 따위는 들리지 않을 정도였다.

투키디데스Thucydides, 『펠로폰네소스 전쟁사』[47]

고전 시대에 일어난 가장 큰 해전은 로마와 카르타고 간의 전쟁이었다. 로마는 기원전 264년부터 시작된 포에니 전쟁의 초창기만 해도 대륙의 세력이었고, 카르타고는 스페인, 사르디니아, 시칠리아, 남부 이탈리아 등에 동맹과 점령지를 보유한 해양 세력이었다. 카르타고 해군이 주둔하던 항구(지금의 튀니스 근방)는 중앙에 있는 섬을 중심으로 지름 9백 미터의 원형을 이루고 있는 인공 항구로서, 이백 척의 갤리선이 동시에 정박할 수 있었고, 매달 여섯 척의 갤리선을 만들어 낼 수 있었다.

기원전 264년부터 기원전 146년까지 지중해 서부를 요동치게 만든 전쟁 속에서 로마군도 해군을 창설하고 해전을 벌였다. 그 이후 허약한 갤리선을 보유한 카르타고는 로마군의 기습 공격에 대응하지 못해 사상자의 수가 어마어마했다.

기원전 256년, 북아프리카 해안에서 떨어져 있는 에크노무스Ecnomus에서 330척의 갤리선으로 이루어진 로마 함대는 비슷한 규모의 카르타고 함대를 공격하여 삼십 척은 바다에 가라앉히고, 육십 네 척의 배를 빼앗는 승리를 거두었는데, 이때 사망한 카르타고군은 3만 명에서

4만 명에 이르렀다. 이탈리아로 돌아오는 길에 로마 함대는 시실리 서부 해안에서 떨어진 지점에서 큰 폭풍우를 만나는 바람에 갤리선 270척이 바다에 가라앉거나 뒤집힌 채 해안까지 밀려왔으며, 바다에 빠져 죽은 병사가 십만 명이었다. 그 이후 해전사에서 이보다 더 큰 인명 피해는 없었다.

에크노무스 전쟁 이후 1800년이 지난 기원후 1571년, 서유럽 연합 함대는 오스만 제국의 해군과 레판토Lepanto에서 일전을 벌였다. 양쪽 모두 2백 척 이상의 배를 보유하고 있었는데, 고대 카르타고의 조선소에서 만들던 배와 그다지 달라진 게 없는 설계도를 따라 제작된 배들이었다. 전술도 그때와 비슷했다. 상대의 배를 들이받고, 들이받을 수 없으면 상대의 배로 건너가 공격하는 전술. 그날 오후 그 짧은 시간 동안 3만 명이 수장되었다.

총력전은 안 된다

Carthago delenda est.
(카르타고는 없애야 한다)

대(大) 카토Cato

오늘날 기준으로 봐도 10만 명 수준의 해군을 운영할 수 있다면 아주 강력한 국가 축에 들 수 있지만, 로마와 카르타고는 단지 거대한 함대를 운영하는 수준만은 아니었다. 그들은 필요하다면 지중해 서부 지역 전역에 걸쳐 서너 개의 전선에서 동시에 전쟁을 수행할 수 있었다. 제2차 포에니 전쟁이 한창이던 기원전 213년경, 로마 남자 시민 중의 29%가 군인으로 복무했는데,[48] 이는 커다란 전쟁이 이어졌던 지난 세기에도 그 어떤 국가들도 이르지 못한 수준의 병력이었다. 결국 로마가 승리를 거두긴 했으나, 전쟁의 마지막 20년 동안 로마 남자 중 10%가 전사했다.[49] 이에 비해 카르타고는 거의 전체가 희생되었다고 할 수 있으며 심지어 그들이 쓰던 언어까지 사라졌다. 그렇다고는 해도 이 두 강대국 모두 오늘날 우리가 말하는 총력전까지 돌입하지는 않았다.

로마는 복잡하고 정교한 문명을 자랑했지만, 기술 혁신에 관한 관심은 아주 낮았고, 진정한 의미의 총력전을 벌일 만한 경제력도 부족했다. 완전한 시민권자full citizens는 백만 명이 채 안 되었던 도시국가였던 로마와 카르타고 양쪽 모두 자국인 중에서 상당한 비율을 병력으로 동원했으나, 자신들이 장악한 제국에서는 극히 소수만 차출할 수 있었다. 병력과 관련해서는 근대 이전 시대에 통용되던 기본 방정식이 그때도 유효하게 작동했던 셈이다. 즉, 농업이 생존을 위한 경제적인 기반을 이루는 사회에서는 식량 생산 인구 중에서 전쟁에 투입할 병력으로 차출할 수 있는 인력은 3%를 넘을 수 없었기 때문이었다.

그 뒤로 여러 세기가 지나서 로마가 지중해 전체를 장악하고, 멀리 스코틀랜드와 수단까지 국경을 지키기 위해 군대를 파견하던 시기에도 로마 병력은, 근대 이전의 농업 기반 사회 - 비록 상업도 발전했던 사회였지만 - 가 장기적으로 감당할 수 있는 최대치 수준에 머물렀다. 제국 전체 인구가 일억 명에 이르고, 국경 근방에서 야만인의 준동이 심해지던 기원후 3세기 후반에도, 로마군 병력은 75만 명 선을 넘지 않았다.[50]

로마군은 대단히 우수할 뿐 아니라 여러 측면에서 현대적인 군대였다. 급여 수준이 높았고, 훈련도 잘 받았으며, 은퇴할 때까지 생존하기만 한다면 상당한 액수의 연금도 기대할 수 있었다. 백부장 중에서는 최초로 직업적인 장교단이 생겨났다. 다른 문명권의 군대와 맞서 싸우면 거의 언제나 로마군이 승리했다. 거의 천 년 동안 유럽과 중동의 문명권에 강력한 야만인이 침입한 일이 없었던 까닭이기도 하고 로

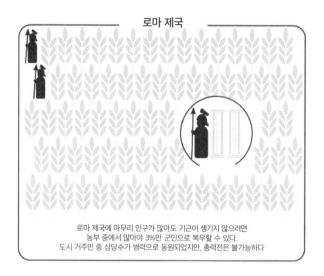

로마 제국

로마 제국에 아무리 인구가 많아도 기근이 생기지 않으려면
농부 중에서 많아야 3%만 군인으로 복무할 수 있다.
도시 거주민 중 상당수가 병력으로 동원되었지만, 총력전은 불가능하다

마군이 말을 타고 다니는 유목민과 전쟁할 문제도 없었기 때문이다.
그러나 중앙아시아 스텝 지역에서 기후 변화와 인구 변화가 생기면서
다시 유목민의 이동이 촉발되었고, 그 파급 효과로 인해 몇 세대 후에
는 로마 제국 변방에도 그들이 쳐들어왔다. 결국 로마 제국은 무너졌
고, 유럽 문명도 제국과 운명을 같이 했다. 유럽 문명이 예전 수준으로
회복되기까지 거의 천년이 필요했다.

서방의 어둠, 동방의 빛

고전 세계는 천년의 세월이 지나면서 점차 소멸하였다. 4세기-5세기에
서유럽은 게르만족에게 침공당했지만, 동로마 제국은 그 이후로도 거
의 온전한 상태로 2백 년 이상 지속됐다. 7세기-8세기에 이슬람교 중심
으로 단합된 아랍인들이 북아프리카와 비옥한 초승달 지대를 정복했

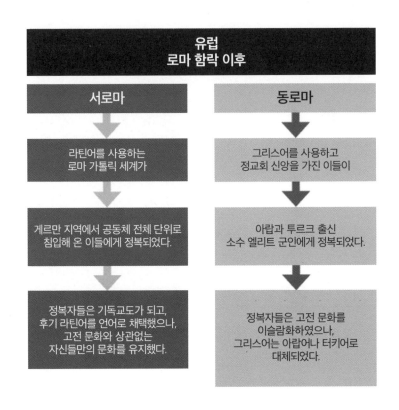

유럽 로마 함락 이후	
서로마	동로마
라틴어를 사용하는 로마 가톨릭 세계가	그리스어를 사용하고 정교회 신앙을 가진 이들이
게르만 지역에서 공동체 전체 단위로 침입해 온 이들에게 정복되었다.	아랍과 투르크 출신 소수 엘리트 군인에게 정복되었다.
정복자들은 기독교도가 되고, 후기 라틴어를 언어로 채택했으나, 고전 문화와 상관없는 자신들만의 문화를 유지했다.	정복자들은 고전 문화를 이슬람화하였으나, 그리스어는 아랍어나 터키어로 대체되었다.

으나, 그리스어를 구사하는 기독교화된 로마 문명(비잔티움)은 발칸
과 소아시아 지역에서 계속 명맥을 유지하다가, 1071년 만지케르트
Manzikert 전투에서 비잔틴군이 투르크 유목민들에게 패배하면서 최후
를 맞이했다. 그러나 아랍과 투르크인들은 자기들보다 문명 수준이
높은 다수의 문명국을 지배한 소수의 지배자였는데, 그들의 통치기를
거치면서 도회적이고 문화적이고 상업적인 고대 문화를 보존하면서
한층 더 가다듬은 문명. 즉 이슬람화된 고전 문명을 형성하였다. 반면
에 서유럽을 침입한 자들은 공동체 전체가 들어온 경우로서, 그들은
자신들이 정복한 문명권의 사람들과는 전혀 다른 관점과 가치관을 가
지고 있었다. 물론 말을 탄 전사들과 같이 쳐들어오긴 했지만, 그들

중 절대다수는 로마 제국 국경 너머에서 살던 생계형 농부로서, 약탈할 수 있으리라는 희망 때문에 들어왔거나, 스텝 지역에서 침입한 훈족the Huns 같은 말을 타고 다니는 유목민을 피해서 도망쳐 온 사람들이었다. 이들은 현재의 프랑스, 스페인, 이탈리아 지역에 정착해서 농사를 짓기 시작했다. 그들은 제국의 서쪽 지역에 있던 로마 시민권자들보다 숫자상으로 많지 않았다. 그들은 빠른 시일 내에 기독교도가 되었으며 정복자의 언어인 게르만어보다는 정복당한 이들의 언어인 라틴어를 일상어로 삼았다. 그러나 생활 방식 측면에서 보면, 중동과 지중해 지역에서 제국의 치세가 이어진 3천 년 동안 발전해 온 자국의 생활 방식은 사라지고, 침입자들이 갖고 있던 생활 방식이 널리 퍼졌다. 이렇게 되자 서유럽 지역에서 고대문명은 명을 다하고 사라졌다.

말馬이 다시 돌아오다

거의 완전히 붕괴하였던 서유럽 사회는 수백 년이 흐른 뒤에 안정적인 사회 구조를 회복할 수 있었으나, 정치 군사 권력은 극단적으로 분산되어 있었다. 봉건 시대의 권력 기반은 국가(이 시기에는 제대로 꼴을 갖추지도 못했다)가 아니라 땅이었다. 각 지역에 거주하는 영주에게 할당되거나 그가 자력으로 획득했던 땅은 수십에서 수백 평방 마일이었다. 왕국에서 중앙 정부라고 부를 만한 권력 집단이 동원할 수 있는 군사적 수단으로는 봉건 영주를 불러 모으는 일 - 이것도 그들이 소집에 응해야 가능했다 - 이 유일했는데, 이 회합도 영주들이 그 집단에 계속 속해 있을 경우에만 유효했다. 그리고 이즈음, 동방과 서방 양쪽 모두의 전장에서 기사cavalry가 나타나기 시작했다.

무슬림이 지배하던 동방에서 벌어진 전투는 15세기까지도 여전히

2차 십자군 전쟁 당시 기사들의 싸움을 그린 14세기의 세밀화. 윌리엄William of Tyre이 쓴 해외의 역사Histoire d'Outremer에 실려 있다.

유목민 스타일이었다. 먼 거리에서 전투를 위해 빠르게 이동할 수 있도록 가벼운 무기로 무장한 기마병들이 안전을 보장할 만큼 충분한 거리를 확보한 채 복합 활로 공격하는 방식이었고, 가까운 거리에서 적과 부딪쳐야 하는 아주 드문 경우를 대비해서 칼과 가벼운 창을 지니고 있었다. 반면에 서방에서의 전투는 중무장한 기병 간의 싸움으로 발전했는데, 이들은 그들의 무게를 감당할 수 있도록 품종을 개량한 말에 올라타고 느릿느릿 움직이면서, 돌격할 때의 물리적인 힘으로 승부를 결정짓는 방식이었다.

12세기 십자군 전쟁이 시작될 당시만 해도 기독교 세계의 기사는 말을 탄 밀집대형 부대mounted phalanx처럼 전쟁을 벌였다. 그러니까 2.4미터의 키에 시속 38킬로미터의 속도로 움직이는, 무장한 밀집대형이었다. 이런 밀집대형 부대는 적을 한 번 공격하고 나면 끝이었는데, 상대가 굳이 그와 똑같은 방식으로 싸울 생각을 하지 않는다면 이런 공격은 쉽게 피할 수 있었다(이런 이유로 기독교 십자군은 결국 유럽으로 돌아가야 했다). 서유럽의 인구와 발전 양상, 사회적 역량이 어느 정도 로마 제국 시대의 수준까지 올라왔던 중세 후반에 보병대가 다시 전장에 나타나기 시작했으나, 무기류에서는 주목할 만한 기술 발전이 없었다.

5장 | 절대군주와 국지전

보병대가 돌아오다

보병대는 백년 전쟁(15세기 초)이 후반부에 접어들 무렵에 전장에 다시 나타났는데, 영국군 내의 긴 활을 맡은 궁수들은 땅에다 바깥쪽으로 향하는 말뚝을 박아서 돌진해 오는 기사단의 말을 막아내고, 말에서 내린 적군을 공격했다.

긴 활(새롭게 만든 석궁)에서 발사되는 화살은 상당히 먼 거리에서도 쇠사슬을 엮어 만든 적군의 갑옷을 뚫을 수 있을 정도였다. 그래서 말을 탄 기사들은 화살이 튕겨 나갈 수 있도록 조각들을 비스듬하게 박고 굴곡까지 준 판금 갑옷plate armor을 입어야 했는데, 이런 갑옷을 타고 다니는 말에게까지 입힌다는 것은 무리였다. 왜냐하면 갑옷의 무게가 너무 무거웠기 때문이었다. 1415년, 백년 전쟁 막바지에 벌어진 아쟁쿠르Agincourt 전투에서, 전투 중 말에서 떨어진 프랑스 기사들은 실제 27킬로그램이 넘게 나가는 판금 갑옷을 걸친 채 걸으며 싸움해야 했다. 좀 더 정확히 말하자면, 그 갑옷의 무게 때문에 제대로 공격도 못 해보고 목숨을 잃었다.

교훈은 분명했다. 쇠로 만든 옷을 입은 채 말에서 굴러떨어지는 기병이 아니라, 제대로 된 보병이 필요하다는 교훈. 16세기에 이르면 전투는 다시 중무장 보병대 중심으로 돌아갔는데, 이들의 싸움 방식은 알렉산더 대왕에게도 아주 익숙한 스타일이었다. 만약에 그가 해당 언어를 익히고, 화기류에 관한 간단한 교육만 받았더라도, 이탈리아 전쟁이 막바지였던 1544년, 토리노와 그리 멀지 않은 체레졸레Ceresole에서 충돌한 양쪽 부대 어느 쪽에서나 전투를 지휘할 수 있었을 것이다.

총기류의 등장

밀집대형 보병대는 본질적으로 예전과 하등 다를 바 없어서, 그들이 갖고 다니던 창pike은 고대의 창spear을 좀 더 세련되게 다듬은 정도였지만, 프랑스 진영은 창병 맨 앞줄 뒤에 화승총병arquebusiers(발화장치가 달린 무거운 장총. 무게가 20그램인 탄환이 발사된다)을 한 줄 배치했다. 블레즈 드 몽뤽Blaise de Montluc 대위는 이렇게 설명한다.

> 이런 방법으로 우리는 앞줄에 있는 병사를 다 죽여야 했다. 그러나 적도 우리만큼 기발했기에 그들 또한 창병들이 서 있는 맨 앞줄 뒤쪽으로 권총부대를 배치해 두고 있었다. 양쪽 모두 서로 가까이 접근하기 전까지는 발포하지 않고 기다리다가, 서로 가까워지면서 학살이 시작되었다. 한 발 한 발 발포되면서 양쪽 진영의 맨 앞줄이 쓰러졌다. 두 번째 줄과 세 번째 줄에 있던 병사들은 앞에 쓰러져 있는 동료의 시체를 밟고 서서 서로 부딪쳤으며, 뒤쪽에 있던 병사들은 계속해서 그들을 밀어붙였다. 우리가 거세게 밀어붙이자 드디어 적이 무너졌다.[51]

이탈리아 전쟁, 장총을 짊어진 16세기 보병대가 진격하고 있다.

화기류가 추가되긴 했지만 여전히 밀어붙이는 식의 싸움이었는데, 16세기 사람들이 쓰는 말로는 '창으로 밀어붙이기' 싸움이었다. 프랑스군과 그들이 고용한 스위스 용병 쪽에서는 지형적 이점을 이용하여 언덕 위에서 아래로 밀어붙이며 공격하였으며, 프랑스 기사단은 독일 보병대Landsknechte의 측면을 공격하자 그들의 전열이 무너지면서 한 곳으로 잔뜩 몰리는 바람에 창을 휘두르며 전투할 공간을 확보하기가 어려워졌다. 결국 독일 보병대는 열 명 중 일곱 명에 해당하는 5만 명이 죽었다. 전열의 왼쪽에 있던 이탈리아 보병대는 목숨을 부지하려고 이미 전장을 이탈하였고, 황군의 우측에 있던 스페인군은 전열 뒤쪽의 작은 숲으로 후퇴하다가 프랑스 기사단에게 섬멸되었다. 그 기사단 뒤에는 프랑스 보병대가 받치고 있었다.

그들이 겨우 400걸음 정도 떨어진 곳에 있는 우리를 발견했을 때, 우리 기사단이 공격을 개시하려 하자 그들은 즉각 창을 집어 던지며 우리 기병대에 항복했다. …무장한 채로 잡힌 적의 기병 한 명이 보병대 15명에서 20명가량에 둘러싸인 채 살려달라고 애원하는 모습이 보였는데, 우리 보병들이 자기들을 다 잡아 죽이려 한다고 생각했기 때문이었다. 상당히 많은 수 – 거의 절반 – 가 죽었고, 나머지는 포로로 잡혔다.

블레즈 드 몽뤽[52]

이제 역사는 완전히 한 바퀴 돈 셈이다. 체레졸레에서 벌어진 광경은 세부적인 차이만 빼고 보면, 그보다 4천 년 전의 움마의 성벽이나 2천 년 전의 이소스에서 벌어진 광경과 구별하기 어려울 만큼 닮았다.

용병의 시대

대포라는 저주스럽고 끔찍한 무기가 없었던 시대는 복이 있나니, 내가 단언컨대, 대포를 만든 자는 그걸 발명한 대가로 지금은 지옥에 처해 있을 것인즉, 이 무기야말로 비겁한 겁쟁이가 용맹한 신사의 목숨을 빼앗는 수단이기 때문이도다.

미겔 데 세르반테스Miguel de Cervantes, 『돈키호테』

16세기 세상에서 가장 강력한 무기였던 공성용 대포는 100미터 정도 떨어진 곳에 있는 사람 예닐곱 명 (서로 가까이 붙어 있다면) 정도를 죽일 수 있었다. 그 후로 5백 년도 지나지 않은 오늘날, 대포에 상응하는 무기인 대륙 간 탄도 미사일은 만 킬로미터 이상 떨어진 곳에 있는 수백만 명을 죽일 수 있다. 하지만 그때부터 오늘에 이르기까지 발전해 온 양상 속에서 테크놀로지가 지배한 시기는 아주 최근에 불과하다.

150년 전까지만 해도 서방이 사용하는 무기는 특별한 게 없었다.

화약류를 사용했던 이슬람, 오스만, 사파위 왕조(페르시아), 무굴 제국 등은 화기류 개발에서 앞서 나갔기에, 비교적 이른 시기부터 화승총과 대포를 전술상의 핵심 무기로 삼을 수 있었다. 이런 화기류로 무장한 세계 최초의 상비 보병은 1440년대 오스만 제국의 메흐메드 2세 Mehmed II 휘하의 친위 보병단Janissaries이었다.[53]

15세기~16세기를 거치면서 유럽에서는 절대 권력을 추구하는 야심 찬 군주들에 의해 근대적 중앙 집권형 국가가 형성되었다. 그들로서는 권력을 장악하기 위해서라면 봉건 귀족의 군사력부터 제거해야 했는데, 이들 귀족의 군사력은 국가에 기사단을 공급해 온 원천이기도 했다. 결국 해법은 고대에 있었던 고전적인 군대를 다시 창설하는 방법뿐이었는데, 실전에서는 이 군대가 더 효율적이었다. 그러나 그보다 중요한 점은, 그동안 전쟁이 터지면 자기는 나서서 싸우지 않겠다거나 말을 내놓지 않겠다는 식으로 왕에게 압력을 행사하던 귀족층이 더 이상 영향력을 발휘할 방도가 사라졌다는 사실이다. 왕은 군대 조직을 보병단 중심으로 재편하게 되면 귀족의 도움이 필요치 않았고, 그들의 압력을 받을 필요도 없게 되어 정치적으로 군주에게 매우 유리했다.

반면에 군주들로서는 일반 백성이 무기를 보유하거나 군사훈련을 받는 것을 탐탁지 않게 생각했다. 백성들이 새로 배운 군사 기술이나 숫자상의 우위를 활용해서 군주의 절대 권력에 도전할 수 있었기 때문이다. 이에 왕들과 여왕들은 돈만 준다면 어느 정부에든 충성을 제공하는 용병을 고용하는 쪽으로 선회했다. 유럽에서도 스위스처럼 가난한 사람들이 모여 사는 나라에서는 잘 훈련된 용병단을 수출하는 일이 국가 차원의 산업으로 발전했지만,[54] 용병 운영에 드는 비용이 상당히 높은 편이었기에 군대 규모를 축소하였다. 16세기 전쟁에 참여한 병력 규모는 양쪽 모두 평균 만 명 선에 불과했다.

유럽 전역의 군대는 그 당시 가장 강력한 군사 대국이자 17세기 초

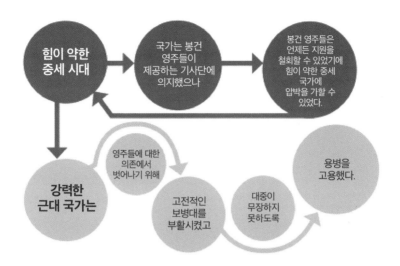

반까지 강성했던 스페인 군대를 모방했다. 스페인군은 창을 사용하는 탄탄한 보병 연대 테르시오tercios(밀집대형 부대)로 구성되었는데, 연대는 16열, 20열, 때로는 30열까지 이르렀다. 대열의 한쪽에는 소총 부대가 있고, 전열의 앞쪽에는 쉽게 이동하기 어려운 묵직한 야포도 배치했지만, 화약류 무기는 부차적인 역할만 감당했다.

이들의 무기는 대단히 번거로운 화기류였음에도 세계 최초로 질산염, 유황, 숯을 섞어서 폭약을 발명한 중국군의 무기에 비하면 성능이 우수한 편이었다. 아주 이른 시기인 1232년에 중국군은 낙양(洛陽)성을 공격하는 몽골 군대에 맞서, 철로 만든 통에 화약을 가득 채워 투석기로 발사하는 이른바 '천둥 폭탄'을 무기로 사용했다. 그 뒤로 25년이 채 지나기 전에 그들은 '화승총fire lance'을 개발했는데, 200미터 정도 떨어진 거리에서 화약을 대나무 관에 가득 채운 다음 작은 총알을 수없이 발사하는 방식의 초기 총기류였다. 몽골군이 이런 중국 무기를 모방해서 만들어 사용하다가 유럽으로 전파한 것으로 추정되며, 유럽에서는 1320년대에 이르러 최초의 금속 총기류가 만들어졌다.[55]

천둥 폭탄이 터지다: 중국 화승총이 나타나 있는 가장 오래된 그림

중국이 인쇄술에서 항해용 선박에 이르는 다른 기술 분야에서는 1500
년경에 이를 때까지 유럽과 어깨를 나란히 하거나 앞서 있었던 점을
고려할 때, 어째서 화기류를 더 이상 발전시키지 못했는가 하는 것은
역사에서 풀리지 않는 상당히 중대한 수수께끼이다. 중국의 가장 큰
적이었던 몽골이나 다른 유목 민족들이 더 이상 자신들의 기술을 발
전시키지 않았던 것이 주된 원인이 아니었을까 추측한다(유목민들이
스스로 기술을 발전시키는 경우는 드물다). 어떤 이유였든 간에 중국
은 화승총 단계에서 더 나아가지 못했던 반면, 유럽과 이슬람 제국은
불과 200년 안에 화기류를 발전시켰다. 성벽을 향해 500킬로그램이 넘
는 무쇠를 날릴 수 있는 초대형 대포나 사정거리가 90미터 이상 되는
10그램짜리 총알을 발사할 수 있는 휴대용 화승총(초창기의 장총)을
개발했다.

　이들 새로운 화기류는 전투보다는 공성전에서, 육지보다는 해상에
서 큰 힘을 발휘했다. 1453년에 와서 그때까지 거의 천년의 세월 동안

세상에서 가장 큰 도시였던 콘스탄티노플의 성벽을 무너뜨린 것은 튀르크 군의 대포였다. 그들은 발포를 계속하면서 성벽 아래로 깊은 홈을 파고 들어갔으며, 그 무게를 이기지 못하고 마침내 성벽은 무너졌다. 해상에서는, 넓은 기둥을 갖추고 대양에서 운항하기 적합하게 제작된 서유럽 선박이 화기류를 배치할 수 있는 이상적인 플랫폼 역할을 했다. 1500년대 초기에는 근접전에 대비해서 대포를 배 옆쪽에 배치하였고, 두세 척의 배가 갑판 위에 배치된 대포를 쏘아서 겨루는 결투를 통해 전투의 승패가 결정되는 양상이 300년간 계속되었다. 그러나 육지의 전장에서 화약류를 사용하는 무기가 나타나기까지는 시간이 좀 더 필요했다.

화승총 같은 초창기 화기는 석궁과 거의 비슷한 사정거리였는데, 숙달되는 데 필요한 시간은 석궁보다 짧았고, 그 충격의 정도도 만족스러웠지만, 17세기가 될 때까지 화승총은 전투에서 부차적인 무기로 사용하였다. 여전히 군 전력에서 가장 핵심은 화기류를 든 기사단의 공격으로부터 자신을 방어할 수 있도록 잘 훈련된 창병 부대였으며, 창병으로 이루어진 상대방의 밀집보병대와 부딪쳐서 겨루는 승부가 전체 전투의 향방을 좌우했다.

하지만 이렇듯 통제도 어렵고 속도도 한층 느려터진 형태로 이어지던 고전적인 전투방식은 '삼십 년 전쟁'을 계기로 완전히 변모하게 된다.

'삼십 년 전쟁', 800만 명이 죽다

16세기 중반 이후 프로테스탄트 종교개혁으로 인해 유럽 각지에서는 폭죽이 터지듯 잇달아 종교전쟁이 이어졌는데, 1562년부터 1598년 사이에 열 번이나 이어진 내전으로 인해 3백만 명이 희생된 프랑스와,

1568년부터 80년간 스페인의 통치에 반발해 전쟁을 이어간 네덜란드가 대표적인 사례였다. 그러다가 이들 국지적인 전쟁이 1618년 이후, 유럽 전체가 연루되는 최초의 전쟁으로 비화하였다. 삼십 년 전쟁이 끝나는 1648년까지 전투 양상은 백 년 전에 비해 크게 달라지지 않았으며, 총 8백만 명이 목숨을 잃었다.

물론 종교적 열정은 진심이었지만, 실제로 전쟁을 수행하는 주체는 교회가 아니라 각국 정부였다. 이러다 보니 아무도 의도하지 않았지만, 필연적으로 유럽 각국이 유럽 대륙 전체를 조망하며 게임을 벌여야 하는 사태 즉, 한 국가의 힘이 강해지면 자동으로 다른 모든 국가의 안전이 위험해지는, 말 그대로 힘의 균형을 추구하는 시스템a balance-of-power system이 형성되었다. 스웨덴과 스페인처럼 멀리 떨어져 있어 서로 전쟁을 벌여야 할 특별한 이유가 없는 국가들조차도 독일의 전쟁터에서 만나 서로 싸움을 해야 하는 상황이 생기자, 나중에는 제로-섬 관계인 힘의 균형을 찾는 일이 종교보다 더 중요하게 작용했다. 이런 이유로 전쟁의 후반부에 와서 가톨릭 신앙을 따르는 합스부르크 왕가(스페인과 오스트리아)의 힘이 너무 강해지자, 같은 가톨릭 신앙을 따르는 프랑스 왕가가 쇠약해진 프로테스탄트 국가들과 연합해서 '힘의 균형'이 회복될 때까지 전쟁을 질질 끌고 가는 사태가 이어졌다.

삼십 년 전쟁은 대부분 독일 영토에서 벌어졌기에, 이런 전쟁의 대가를 지불해야 했던 당사자도 독일이었다.

승리에 취해서 군대는 완전히 전열이 흐트러지고 통제 불능 상태가 되었다. 정오가 가까워질 무렵, 갑자기 스무 군데 이상 되는 곳에서 동시에 화염이 치솟았다. 틸리Tilly와 파펜하임Pappenheim 장군으로서는 어떻게 불이 났는지 원인을 알아볼 여유조차 없었다. 깜짝 놀란 그들은 지쳐서 술에 취해 널브러져 있던 군사들을 다시 불러 모아 싸울 수밖에 없었

페허가 된 마그데부르크Magdeburg에 입성하는 틸리 장군, 1631년 5월 25일

다. 바람이 너무 강해서 몇 분 만에 도시 전체가 용광로처럼 변했고 나무로 만든 집들은 연기와 화염 기둥에 휩싸여 무너져 내렸다. 군대를 보호하기 위해 지르는 고함소리가 가득했고, 제국군[11] 장교들은 병사들을 화염에서 탈출시키려고 안간힘을 썼지만 소용이 없었다. 단박에 막사 전체가 불타면서 자욱한 연기를 뿜어냈고, 약탈물을 챙기겠다고 우물쭈물하거나 길을 잃고 우왕좌왕하거나, 술에 취해 지하에서 곯아떨어져 있던 병사는 모두 희생되었다.

C. V. 웨지우드C, V. Wedgwood, 『삼십 년 전쟁』[56]

1631년, 4만 명명명의 시민을 죽음으로 몰아넣었던 마그데부르크 성의 약탈은 끝없이 이어지던 전쟁 중 하나에 불과했다. 용병들은 시도 때도

---

11 신성로마제국의 군대

없이 독일 국경을 넘어왔고, 그들이 지나간 자리에는 질병까지 퍼졌다. 굶주린 피난민과 도망쳐 나온 무법자들이 도시 외곽을 배회했고, 그 때까지 농사를 짓고 있던 농부의 집에서 먹을 것을 훔치기도 하고 인육을 먹는 사례까지 나왔다. 1648년, 대학살에 마침표를 찍는 웨스트 팔리아 조약이 체결될 즈음, 독일 인구는 2,100만 명에서 1,300만 명으로 3분의 1 이상 줄어들어 있었다.

그러나 그 뒤로, 유럽에서 끝없이 확대되던 전쟁이 갑자기 그치게 된다. 그 이후로 19세기 초까지 유럽에서 벌어진 그 어떤 전쟁도 그 정도 규모의 희생자를 내지 않았으며, 20세기 중반까지 민간인 희생이 병사의 희생을 넘어서는 전쟁 역시 두 번 다시 일어나지 않았다. 그러나 1648년 이후 유럽 제국의 통치자들이 보여준 절제력은 단순히 막대한 사망자 숫자 때문에 나온 것이 아니었다. 삼십 년 전쟁에서 희생된 자들의 절대다수는 독일 농부였는데, 이들에게 신경을 썼던 통치자는 아무도 없었다. 물론 전사한 35만 명의 병사는 그보다 한층 심각한 문제이긴 했는데, 그만한 병력을 훈련시키고 유지하려면 막대한 비용이 들기 때문이었다. 실제로 전쟁에서 살아남은 통치자들이 그 이후 전쟁에서 자제력을 발휘하게 된 가장 큰 이유는 전황을 매우 심각하게 받아들였기 때문이었다. 이런 상황이 계속되어 통제할 수 없는 상황까지 가면 국가와 왕조 전체가 사라질 수 있다는 뼈아픈 교훈의 힘이 가장 크게 작용한 것이다. (삼십 년 전쟁 중에 실제로 많은 국가와 왕조가 사라졌다)

모든 왕조의 최우선 목표는 생존이며, 삼십 년 전쟁은 전쟁에서 살아남은 군주들에게 서로 협력해야 – 적어도 어느 정도는 – 한다는 교훈을 가르쳤다. 서로 갈라져 싸울 수도 있고, 국경 지방의 도시나 해외 식민지를 점령할 수도 있으며, 심지어 상대의 힘을 약화시키거나 배신할 수도 있지만, 통치자들끼리 모이는 사교 클럽에 속한 그 누구도

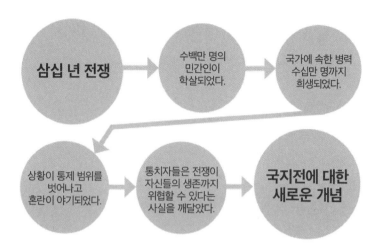

두 번 다시 게임판에서 완전히 사라질 만큼 무참하게 패배해서는 안 되는 일이었다(폴란드는 예외였는데, 이 나라는 주변 열강이 만장일치로 합의하여 분할 점령해 버렸다). 그 후로 전면전보다는 한층 더 국지전에 집중하는 시대가 도래한다.

스웨덴의 혁신

삼십 년 전쟁의 전쟁터에서 마침내 화기류가 등장했지만, 화기류에 커다란 발전이 있어서 등장한 것은 아니었다. 전술상의 변화 때문에 등장했던 것인데, 이런 전술상의 변화를 주도한 자는 구스타프 아돌푸스Gustav Adolphus 스웨덴 국왕이었다. 스웨덴 왕국은 인구가 150만 명에 불과했기에 주변 강대국에 비해 항상 불리한 입장이었는데, 그는 무기 사용 방식의 변화를 통해 이 약점을 해결하고자 했다. 그런 변화로 인해 **마침내 알렉산더 대왕이 지휘할 수 없는 최초의 군대가 나타났다.**

그 당시까지만 해도 유럽의 전쟁터에서는 아직도 서로 어깨가 맞닿을 만큼 좁게 선 창병들이 전열을 이루고 있는 배치가 주류를 이루고 있었지만, 구스타프 아돌푸스는 이들은 잘만 하면 총을 쏘아 무너뜨리기에 아주 좋은 타깃이라고 생각했다. 다른 사람들이라고 그런 생각을 하지 않았을 리는 없었지만, 그들에게는 이런 식으로 유리한 입장에 이를 수 있는 근본 전술 변화를 도입할 만한 용기와 권력이 없었다.

용기와 권력 둘 다 있었던 구스타프 아돌푸스는 자신의 창병 부대 3분의 2를 소총부대로 바꾸고, 딱 세 줄(한 줄은 서 있고, 또 다른 한 줄은 엎드리고, 나머지 한 줄은 무릎을 꿇은 자세)을 배치해 일제 사격을 쏟아붓는 훈련을 시켰다. 그리고 그는 말 24필을 동원해야 옮길 수 있을 만큼 무겁고 기동력이 떨어지는 야포를 걷어 내고, 말 한 두 마리만으로도 끌고 다닐 수 있는 가벼운 대포를 배치하고, 다 채운 탄약통을 사용했다. 그래서 한층 빠른 속도로 움직일 수 있었을 뿐 아니라, 공격을 당할 때도 훨씬 더 많은 양을 발포할 수 있었다.

스웨덴 국왕의 군대는 적과 물리적으로 접촉할 필요도 없이 90미터 이상 떨어진 곳에서도 소총부대의 일제 사격과 대포를 사용해 상대방 창병 부대를 무너뜨릴 수 있었다. 총알과 대포가 적의 진영에 구멍을 내고 나면 기사단이 돌격해서 궤멸시키는 전술이었다.

1630년, 거의 다 쓰러져 가는 프로테스탄트 진영을 구출하기 위해 독일에 도착한 스웨덴군은 상대방인 '제국군'(즉 스페인과 오스트리아)의 구식 군대 전열을 손쉽게 허물어뜨렸다. 구스타프 아돌푸스 자신은 1632년 전사했고, 스웨덴의 개입은 그리 결정적인 역할을 하지 못했다. 하지만 그 후 유럽의 다른 나라 군대들은 스웨덴 국왕이 고안한 혁명적인 전술을 재빠르게 채택하였다.

군사훈련

이제는 차가운 강철이 아니라 화기류가 전투의 승패를 결정한다.

J. F. 푸이세구르J. F, Puysegur, 1748년[57]

1700년경, 창병은 사라지고 모든 보병은 부싯돌로 작동하는 소총을 소지했는데, 이 소총은 과거에 비해 성능이 상당히 많이 개선되어 일분에 두 번 장전하고 발포할 수 있었다. 90미터 정도의 거리에 있는 목표를 정확히 맞출 수는 없었지만, 그래도 문제가 되지는 않았는데, 개별 목표를 향해 사용하는 무기가 아니었기 때문이다. 보병 부대의 임무는 일제 사격을 가하는 것이었다. 수백 개의 부품(병사들)이 작동하면서 30초마다 한 발씩 발포하는 기관총에 비유할 수 있는 무기였다.

1745년 퐁트누아 전투battle of Fontenoy 당시, 푹 꺼져 있던 길에서 올라온 영국 근위대는 불과 90미터 앞에 서 있던 프랑스 보병대와 마주쳤다. 프랑스 장교들은 영국군을 지휘하던 찰스 헤이Charles Hay에게 먼저 발포하라고 제안했지만, 그는 "아니오, 경들, 우리는 절대 먼저 발포하지 않소. 당신들부터 하시오."라고 대답했고, 프랑스 군이 일제 사격을 가할 때까지 계속 전진했다. 프랑스 군이 재장전할 동안, 살아남은 영국군은 계속 진격해서 거의 서른 걸음 앞까지 와서야 응사했는데, 단 1초 만에 프랑스군 장교 19명과 600명의 병사가 죽거나 다치자, 나머지 프랑스 군은 전열을 이탈해서 도주하기 시작했다. 벙커힐 Bunker Hill 전투 당시 미국 독립군에게 주어진 "상대방 눈의 흰자가 보이기 전까지는 사격하지 말라."는 유명한 명령도 결코 허세가 아니었다. 그 시대의 전술상 표준적인 지침이었다.

18세기의 전투에서 병사의 임무는 100미터도 안 되는 거리에서 발포하는 적과 마주 보면서 자신이 소지한 소총을 장전하고 발사하는

1630년에 폰 발하우젠von Wallhausen이 쓴

『보병 훈련 교본L'Art Militaire pour l'Infanterie』에 실려 있는 소총 작동법

데 필요한 수십 가지 복잡한 동작을 연마하는 것이었다. 병사들이 이 일을 할 수 있으려면 여러 해 동안 가혹하다고 할 정도의 훈련을 거듭해야 했다. 프로이센군의 훈련 지침에는 "전투 중에 달아나려고 전열을 이탈하는 병사가 발견된다면 그의 뒤에 서 있는 부사관은 그 자리에서 총검으로 찔러 죽여야 한다."라고 명시되어 있다.[58]

'우리가 전쟁 중인 줄 전혀 몰랐어요'

18세기 전투에서 발생한 사상자는 고대의 전쟁과 비교할 수 없다. 1704년 블레넘Blenheim에서 벌어진 전투에서는 하루 중 딱 다섯 시간만

싸웠는데도 승리한 쪽에서 12,500명의 사상자가 나왔고(전력의 24%), 패배한 쪽에서는 2만 명이 죽거나 다쳤다(전력의 40%). 칠 년 전쟁 (1756년~1763년) 동안 프로이센군은 18만 명의 병사가 죽었는데, 이 숫자는 애초에 전쟁을 시작할 때 보유했던 병력의 세 배에 해당한다.[59] 그렇지만, 삼십 년 전쟁과 프랑스 혁명 사이의 150년의 기간(1648년 ~1789년)은 범위가 한정된 국지전의 시대였다.

전쟁의 규모는 점차 커졌지만 – 삼십 년 전쟁 당시에는 양쪽 모두 각자 1만 명에서 3만 명 규모였으나 18세기에 벌어진 대형 전쟁에서는 한 쪽이 10만 명 선으로 확대되었다 – 전쟁이 시민사회에 끼치는 정치 경제적 충격은 그리 크지 않았다. 영토의 변방 지역에서는 지배자가 바뀌는 경우가 있었고, 왕권의 주인이 바뀌기도 했지만, 유럽 전역에서 인구와 산업이 발전하면서 번영하였고, 일반 시민의 의식 속에서 전쟁은 그다지 중요한 자리를 차지하지 않았다. 그 예로 칠 년 전쟁(1756년 ~1763년)이 한창일 때, 영국계 아일랜드인 소설가 로렌스 스턴Laurence Sterne은 런던에서 적국인 파리로 들어가는 데 필요한 여권을 챙기지 못했는데도 ("우리가 프랑스와 전쟁 중인 줄 전혀 몰랐어요."), 프랑스 해안에서 그를 막아서는 자는 아무도 없었고, 그가 베르사유에 도착한 후에는 오히려 "프랑스 외무부 장관이 정중하게 여권을 보내왔다."[60]라고 말했다.

귀족과 부랑자들

1700년경, 유럽의 거의 모든 왕국은 정부로부터 급여를 직접 받는 정규병으로 구성된 상비군을 보유했다. 용병과 달리 정규군은 평화로울 때도 급여를 지급해야 하지만 용병보다는 한결 신뢰할 수 있었고, 비상시에 군주가 일반 시민들에게 입대해 달라고 요청하지 않아도 되었다. 그 대신 대부분의 유럽 군대는 귀족과 부랑자들로 구성되었다.

새롭게 중앙집권적인 권력을 장악한 군주들은 오래된 귀족 계급에 새로 생긴 군대의 장교직을 독점하도록 허용하여 그들을 매수했다. 부의 원천이 토지에서 상업으로 옮겨가던 시대 변화 속에서 귀족은 자신의 권력 기반을 상실하고 있던 참이었는데, 자신의 위신과 체면을 지킬 방안이 생긴 것이다. 그들 휘하의 병사들은 사회 계층 상 그들과는 정반대 쪽인 하위 계층에서 공급되었다. 그들 병사 중에 가장 높은 신분이라고 해봐야 자기 소유의 땅이 없는 소작농이었고, 최악은 술 주정뱅이나 완전한 범죄자들이었다. 다들 이런 병사를 통제하기 위해서는 채찍은 물론이고 교수형에 처하는 조처도 필요하다고 믿었다. 프리드리히 대제Frederick the Great는 "모름지기, 일반 병사라면 적보다는 자기 상관을 무서워해야 한다."라는 말을 남겼고,[61] 웰링턴Wellington은 자기 휘하의 부대에 관해 "나는 적들이 그들을 두렵게 느끼는지 잘 모르겠다. 하지만 나는 그들이 정말 두렵다."라고 언급했다. 훈련받은 병사를 개인적으로 경멸할 수 있겠지만, 국가 차원에서 보면 전투 중에 이들의 목숨을 함부로 탕진하기는 어려운 값비싼 재화였다.

제약조건

각국은 전쟁을 시작할 때 보유하고 있는 병력으로 전쟁을 계속해야 할 때 제한된 병력이라는 문제가 생겼다. 전투에서 쓸만한 병사로 만들려면 복잡한 교육 과정은 물론이고 맹목적이고 즉각적인 복종심까지 주입해야 했다. 이를 위해서는 조금만 잘못해도 물리적인 형벌을 가해 강인한 정신을 갖추게 하고, 여러 해에 걸쳐 반복 훈련을 통해

셀렌베르크Schellenberg 전투에 참전한
말버러Marlborough 공작 휘하의 공성 부대. 1704년

숙달하게 만드는 데 많은 시간이 필요했기 때문이었다. 사정이 이렇다 보니, 최대치의 전력을 유지하기 위해서는 평화로운 시기에도 군대를 계속 유지해야 했고, 그러려니 비용이 치솟았다. 그뿐만 아니라 전투가 임박하면 병사들이 도망치려 해서 더욱 그러했다.

이 시기의 유럽 군대는 병사들더러 알아서 먹고살라고 할 수는 없었다. 병사들 스스로 먹을 걸 구해야 하는 군대는 무너질 수밖에 없다. 그렇기에 전투가 벌어질 때는 전장 가까이에 부대가 먹을 막대한 식량을 저장할 중앙 창고를 미리 지어야 했다. 빵을 굽는 데 필요한 야외용 오븐은 저장고에서 최대 100킬로 정도까지는 이동할 수 있었고, 빵을 실은 수레는 거기서 다시 60킬로미터까지는 더 나아갈 수 있었지만, 이게 최대치였다. 이론상 그 어떤 군대도 중간에 또 다른 창고를 짓지 않고는 적진 속으로 160킬로미터 이상 들어갈 수 없었다. 병사들은 아주 엄격한 통제하에 있었음에도 (그리고 꼼꼼한 보급 체계가 갖추어졌음에도), 칠 년 전쟁 기간에 러시아군에서는 8만 명, 프랑

스 진영에서는 7만 명이 굶주림 때문에 달아났다.[62]

게다가, 들판에 풀이 돋아있는 시기(5월부터 10월 사이)에만 군사 작전을 전개할 수 있었는데 주로 전쟁에 동원되는 말의 먹이 때문이다. 예를 들어 10만 명의 병사가 움직인다면 4만 필의 말이 같이 움직여야 했기 때문이었다. 4만 필의 말이면 하루에 800에이커(100만 평) 정도의 풀밭을 훑어 버리기 때문에 부대로서는 항상 새로운 목초지로 이동하는 데 많은 시간을 쏟아부어야 했다.[63] 그래서 대부분의 전쟁은 요새가 여러 군데 설치되어 있고 경계가 분명한 접경지에서, 주로 공성용 포위 작전 위주로 벌어지기 마련이었다. 1708년 포위 작전을 벌인 말버러 공작의 부대는 18기의 대형 대포와 20기의 공성용 박격포를 가지고 있었는데, 이들 무기를 움직이려면 3,000대의 마차와 16,000필의 말이 필요했고, 50킬로미터의 길을 이동해야 했다. 그래서 양쪽 진영은 각자의 병사를 소모하기에는 그들이 매우 값비싼 재화였기에 실제 전투는 쉽게 벌어지지 않았고, 서로 상대의 보급로를 끊겠다며 물러나라고 위협하는 식이었다. 1732년에 프랑스군의 색스Saxe 사령관은 이런 말을 남기기까지 했다. "나는 맞붙어 싸우는 전투를 좋아하지 않는다. …나는 유능한 장수라면 실제 전투는 한 번도 하지 않고 평생 전쟁을 이어갈 수 있어야 하는 것이라고 확신한다."[64]

이처럼 전쟁에 따르는 숱한 현실적인 제약조건은 전쟁에 참여하는 당사국이 힘의 균형을 추구하는 체제 속에서 살고 있다는 사실 때문에 한층 더 심각해진다. 즉 그 어느 열강도 완전히 패배해서는 안 되는 것이었다. 큰 승리를 거두는 자가 전체 체제를 장악하지 못하도록 다른 열강이 힘을 모아서 맹공을 퍼붓게 되어 있었기 때문이다. 그러나 이 체제가 가진 약점은, 주요 플레이어가 연루된 전쟁이 터지면 다른 모든 국가도 전쟁에 끌려 들어가게 되고, 이렇게 되면 '세계 대전world war'으로 비화할 가능성이 상존한다는 점이다. 이 용어 자체는 만들어

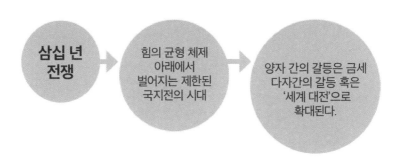

진 지 얼마 안 되지만, 개념 자체는 그 전부터 늘 있었다. 삼십 년 전쟁 이후 350년간 유럽에서 벌어진 거의 모든 주요 전쟁은, 전쟁이 일어난 원인이 무엇이었든 간에, 순식간에 확전되어 그 당시의 모든 열강을 전쟁으로 끌어들이곤 했다.

유럽 제국들이 지구상의 거의 모든 땅을 지배한 18세기가 되면서, 순전히 지리적인 차원에서 봐도 세계 대전이라고 부를 만한 전쟁이 벌어졌다. 예를 들어 7년 전쟁 기간에는 프랑스, 오스트리아, 스웨덴, 러시아가 연합해서 영국, 프로이센, 하노버와 맞서 싸우기만 했던 게 아니라, 호주 대륙을 제외한 모든 대륙에서 전쟁이 벌어졌다. 평화 조약을 체결하면서 최대 승자인 영국은 캐나다, 세네갈, 서인도 제도 일부를 차지했다. 또한 클라이브Clive의 군대가 인도 지역 대부분을 점령하였지만, 쿠바, 필리핀 제도, 아르헨티나는 스페인에 돌려줘야 했다. 7년 전쟁이 현대적인 의미의 세계 대전에 부합하지 않는 유일한 측면은 살상 무기의 치사율과 사상자의 규모가 낮았기 때문이다.

'세계 정복'

유럽은 말 그대로 세계 정복을 이루었다. 이들의 세계 정복은 두 단계로 진행되었으며, 첫 번째 단계는 아주 손쉬웠다. 16세기에서 17세기에 걸쳐 석기 문명 단계였던 아메리카 대륙을 정복할 때는 그다지 높은 수준의 과학기술이나 조직력이 필요하지 않았다. 인구밀도가 높은 유라시아 도시에서 1만 년의 세월을 거치면서 치명적인 전염병이 확산하여 총을 쏘기도 전에 아메리카 원주민 대부분이 죽었다. 1500년대를 지나면서 아메리카 인구는 전염병으로 인해 90%가 감소했고, 버려진 경작지는 대부분 숲으로 변하였다(원주민들은 대부분 농사를 지었다). 그리고 새로 자라기 시작한 나무들은 대기 중에 있는 이산화탄소를 다량으로 흡수함으로써 '소(小)빙하기'가 찾아왔다.[65]

실제 정복 과정에서는 군대의 무력을 동원할 수밖에 없었지만, 유럽의 말과 철제 무기는 원주민들을 압도했으며 침략자들의 무자비한 행동 또한 원주민들을 얼어붙게 만들기에 충분했다. 다른 문명권 – 중동의 오스만 제국, 인도의 무굴 제국, 중국 제국 - 역시 대양을 항해할 수 있는 배와 상업적인 목적만 갖고 있었다면 아메리카 원주민 정도는 쉽게 정복할 수 있었다. 무슬림 역시 대륙에 진출했다면 강력한 힘을 발휘할 수 있었을 것이다. 실제로 그들의 군대는 유럽의 기독교도와 대등한 힘이 있어서, 1683년에만 해도 오스만 제국군은 이스탄불에서 파리까지 오는 거리의 중간에 있는 비엔나를 포위하고 공격할 수 있었다.

이 당시 유라시아 대륙의 다른 지역이나 아프리카 대륙에서 유럽군은 대포가 닿을 수 있는 거리 너머의 내륙까지는 진입하지 못했다. 그들의 배는 무적이었지만 군대는 그렇지 못했기 때문이었다. 세계 정복의 두 번째 단계(1700년~1900년)에서, 영국은 인도의 대부분을 정복하고, 오스만 제국의 국경은 오스트리아와 러시아의 압박에 밀려 축소되었으며, 아프리카는 식민지 지배하에 들어가는 등 군사력이 한층 더 필요해졌다. 이 시기의 후반부에야 비로소 유럽의 무기 기술이 괄목할 정도로 발전하기 시작했다. 그러나 이들 무기를 사용하기 위해 유럽이 도입한 엄격한 규율과 냉혹할 정도로 효율적인 조직력, 거기에 유럽이 축적한 부의 지원까지 더해지면서, 유럽군은 다른 라이벌 국가가 따라오지 못할 정도로 강력해졌다.

그랬기에 프랑스 혁명 이전의 마지막 세대 유럽인들에게 전쟁은 아무리 참혹하더라도 감당해 볼 만한 폐해였다. 구세계Old World의 다른 지역은 하나씩 하나씩 유럽의 수중으로 들어갔지만, 유럽 도시들은 약탈당하지도 않았고, 시민들 역시 지나친 세금에 시달리지도 않았으며, 자식을 입대시켜야 하는 압박을 느끼지도 않았고, 전쟁 때문에 나라 전체가 사라진다거나 혼란에 빠질 일도 없었다. 전쟁이라는 제도 자체가 통제하에 있었고 제한적이고 합리적으로 (극단적으로 합리성을 추구하던 그 시대의 기준으로 보더라도) 운영되었다.

그러나 18세기 당시만 해도 이 모든 제약조건이 얼마나 허약한지 아는 사람은 별로 없었다.

6장 | 대규모 전

1790년~1900년

혁명

힘의 균형 상태는 앞으로도 계속 요동칠 것이며, 그에 따라서 우리 자신은 물론이고 이웃 국가의 번영도 부침(浮沈)을 거듭할 것이다. 그러나 이런 부분적인 사건이 우리 모두의 행복을 망가뜨릴 수는 없다. …평화의 시기에는 수많은 라이벌 국가 간 경쟁을 통해 지식과 산업 발전이 가속화되며, 전쟁에 들어서면 절제되고 치명적이지 않은 싸움 속에서 유럽의 힘이 단련된다.

에드워드 기번Edward Gibbon, 1782년[66]

지금, 이 순간부터 우리의 적이 공화국 영토에서 모두 쫓겨 나갈 때까지, 모든 프랑스인은 군을 위해 부역해야 한다. 젊은 남자는 전투에 나서야 한다. 결혼한 남자는 무기를 만들고 보급품을 실어 날라야 한다. 여성은 천막과 옷을 만들고 병원에서 봉사해야 한다. …공화국이 소유한 건물은 막사로 운영되고, 광장에는 병기 공장이 들어선다. …사용할

기번이 묘사한 다분히 목가적인 세계는 그가 그 글을 쓸 때까지 십 년
도 못 되게 이어져 온 세계였을 뿐 아니라, 대다수 국민에게는 그렇게
목가적으로 여겨지지 않았다. 유럽의 절대군주들은 사회 하층민들 사
이에서 상당한 분노가 들끓고 있다는 사실을 어느 정도 파악하고 있
었기에, 전쟁이 났을 때 군사자원을 지나치게 징발하다 보면 사회적·
정치적 소요가 일어나 자신의 권력까지 흔들릴 수 있다고 봤다. 그래
서 제한된 수준의 국지전 정도가 가장 무난했다. 절대 군주 시대가 지
나 18세기 후반 내내 평등과 민주주의 사상이 유럽 전체를 흔들었으
며, 기번 자신도 썼듯이, 신생 국가 미국에서 이 사상에 기반한 최초의
혁명이 일어나고 있었다.

대규모 군대

1789년에 혁명의 불길이 프랑스에까지 번졌을 당시, 프랑스는 유럽에
서 가장 부유할 뿐 아니라 인구도 가장 많은 국가였다. 유럽의 다른
군주국들은 프랑스 혁명이 자신들에게 치명적인 위협이라고 정확하게
간파했으며, 혁명의 불길을 끄기 위해 프랑스와 싸울 군대를 일으켰
다. 프랑스 국민 공회는 여기에 대응하기 위해 징집령을 발표했고,
1794년 1월 1일 기준으로 프랑스군은 77만 명에 이르렀다.[68] 그 이후 20
년 동안 대규모 군대가 벌인 전쟁으로 인해 유럽은 폐허가 된다.

자유와 평등을 기본 이념으로 삼은 프랑스 혁명은 처음에는 열렬

한 애국주의를 고취해 국민이 징집령을 수용하도록 활용했지만, 그 후로는 애국주의를 병력 착취의 수단으로 사용했다. 무장한 국가nation in arms의 열렬한 군사들은 더 개방적이고 유연한 전열을 유지하면서도 전쟁을 수행할 수 있을 정도의 충성심과 주도적인 의식을 가지고 있었으며 숫자도 많았기에 구체제 국가들old regimes에서 보내온 정규군을 압도했다.

새로 구성된 프랑스군은 달아날 위험이 적었기에 알아서 식량을 구하는 일도 가능했으며, 빵이 없으면 들에서 감자를 캐 먹으면 그만이었다. 앞선 시대가 저장고와 보급로의 제약하에서 움직였던 반면에 이들은 그런 제약에서 벗어나 한층 빠른 속도로 더 먼 곳까지 이동할 수 있었다. 이제 더 이상 100마일(90킬로미터)이 현실적인 최대치 거리가 아니었다. 달아날 위험도 없었으므로, 후퇴하는 적을 섬멸하기 위해 전열에서 이탈하여 적을 추격하는 것도 허락하였다. 서로 승부를 가리지 않고 끝나는 전투도 없어졌다. 열두 살이었던 1793년에 혁명군을 대상으로 공격하는 작전을 처음 목격한 프로이센 장교 카를 폰 클라우제비츠Karl von Clausewitz는 이렇게 표현한다. "정치적 광신에 북받치다시피 한 엄청난 규모의 프랑스인들이 우리를 깔아뭉갤 듯이 밀려왔다."[69]

나폴레옹이 황제로 즉위한 1804년 이후로 혁명의 민주주의 이념은 더 이상 거론되지 않았다. 그 대신, 프랑스는 전 유럽을 장악하는 것을 전쟁의 목표로 삼았다. 그 후로도 나폴레옹은 십 년 동안 끝없이 전쟁을 벌이고 승리함으로써 프랑스의 민족주의 감정을 계속 고취하였고, 필요하다면 강제적인 조처도 활용했다. 그렇게 하여 그는 1804년부터 1813년까지 240만 명의 병력을 징집했으며, 이들 중에 제국이 막을 내린 후에 집으로 돌아간 자는 절반이 채 되지 않았다. 그 자신이 "군대는 죽기 위해 만들어지는 거야."라고 말했던 적도 있었지만, 시간이 갈수록 자발적으로 징집에 응하는 자들은 줄어들었다. 1810년에 오면,

프랑스의 제국 근위대를 사열하는 나폴레옹 1세. 1811년 6월 1일, 파리.

한 해 동안 프랑스가 징집한 자 중의 80%는 원해서 들어온 병력이 아니었다.[70]

여전히 전쟁에는 막대한 비용이 들었지만, 혁명 정부가 세운 중앙 집권형 정부는 이전의 프랑스 군주정에서 감히 엄두도 내지 못했을 정도의 경제력을 동원할 수 있었다. 새로 지은 국가 소유의 무기 공장은 가격과 임금을 철저히 통제할 수 있었기에 유리한 점이 많았다. 설비, 식량, 말은 징발하면 그만이었고, 그 비용은 나중에 정부가 책정한 가격으로 지급하거나 아예 지급하지 않기도 했다. 초기에 계속 승리하면서 해외에서 자금이 쏟아져 들어온 덕에 한동안 전쟁 비용은 충분히 감당할 수 있었다.

이에 비해 프랑스와 전쟁에 돌입한 군주들은 훨씬 힘든 싸움을 벌여야 했는데, 혁명군과 비슷한 규모의 군대를 만들어야 했음에도 전체 국민을 대상으로 징집할 엄두를 내지 못했기 때문이었다. 게다가 정규군에게 필요한 물자를 구입하려면 시장 가격대로 돈을 내야 했

나폴레옹이 가지고 있던 이점

인기 많은 국수주의적 혁명 정부	전통적 군주
비용이 적게 드는 민간인 징집을 도입할 수 있었다.	국민이 좋아하지 않는 징집을 시도할 엄두도 내지 못했다.
군대의 규모를 키울 수 있었다.	병사들에게는 시세에 따른 임금을 지급해야 했고, 이에 따라 국고에 큰 부담이 갔다.
병사들이 알아서 먹고살도록 풀어주더라도 도망치지 않는다고 믿을 수 있었다.	병사들이 계속 자기 자리를 지킬 것이라고 믿을 수 없었으므로 방대한 보급 체계를 유지해야 했다.
필수 재화의 가격을 통제할 수 있었고, 군이 필요하다면 무엇이든 징발할 수 있었다.	군에서 필요한 물품을 조달하려면 시장 가격대로 다 지급해야 했다.

고, 이에 따라 재정에 막대한 부담이 생겼다. 결국 다른 국가들에도 자금 지원을 해야 했던 영국은 전쟁을 위해 1799년에 와서 세계 최초로 소득세를 도입할 수밖에 없었다.

그러나 그 정도로도 충분하지 않았다. 나폴레옹과 그의 휘하에 있는 장수들은 거의 모든 전투에서 승리를 거두었는데, 나폴레옹 자신의 탁월한 지도 능력 뿐만 아니라, 전쟁에서 희생되면 그만인 사병[12]이 한없이 공급되었기 때문이었다. 여러 제국의 왕이나 귀족들로서는 나

---

12 원문에서는 '총알받이 cannon fodder'라는 표현을 쓰고 있다.

폴레옹에게 협력한다고 자기 자리를 보존할 수 있었던 것도 아니었다. 처음부터 프랑스 혁명군은 자신들이 정복한 나라에서는 군주제를 폐지하고 (친프랑스적인 인사들만 선발해서) 공화정으로 체제 변화를 시행했다. 나폴레옹은 여기서 한 발 더 나가, 정복한 나라를 통째 병합하거나, 자기 인척이나 프랑스군 장교를 통치자로 세운 뒤 위성 국가로 삼았다. 유럽의 군주들로서는 자신의 권좌를 계속 지키려면 백성들을 무장시키는 위험을 감수할 수밖에 없었다. 그리고 일부 국가는 실제로 그 길을 택했다.

매스 미디어

18세기 후반부터 19세기 초까지 기술상의 커다란 변화는 없었고, 새로운 부가 창출된 일도 없었다. 보병이 가지고 다닌 활강 소총smoothbore musket[13]은 몇 세대째 똑같은 모습이었고, 전열함ship-of-the-line[14]도 마찬가지였다. 중대한 변화는 군대가 아니라 정치 영역에서 일어났다. 마침내 인류 최초로 대중 사회가 귀족 지배층을 무너뜨리고 평등이라는 오래된 기본 원리를 부활시키기에 이르렀다.

15년도 안 되는 시간 사이에 민중 혁명이 아메리카(인구 3백만 명)의 영국 식민지 지배층을 무너뜨리고, 그다음에는 유럽 최대 국가인 프랑스(인구 3천만 명)의 지배층까지 무너뜨렸다. 이들 국가가 추구한 공적인 가치는 위계질서에 따라 움직이는 개미총보다는 수렵 채집 사

---

13 활강 소총 - 총신 안에 강선이 없는 총

14 전열함 - 포 74문 이상을 갖춘 함을 말하며, 지금의 전함에 해당한다.

회를 이루고 살았던 선조들 쪽에 가까웠던[15] 최초의 대형 국가들이었다. 그렇다면 이런 변화는 왜 하필 이 시대에, 그리고 이슬람 제국이나 중국이 아닌 유럽에서 일어났을까?

여기에 대한 답은 최초의 대중 매체인 인쇄술의 발명에 있다. 본래 중국에서 처음 발명된 활자 인쇄술이 서구에서 더 큰 영향력을 발휘한 데는 몇 가지 이유가 있지만, 가장 중요한 요인은 문해력literacy의 차이였다. 서양에서 일어난 종교개혁은 하나님과 개인의 관계, 그리고 성경에 담긴 하나님의 말씀을 읽고 이해하는 일을 그 무엇보다 중요하게 간주했으며, 이를 위해서는 글을 읽고 쓰는 능력이 절대적으로 필요했다. 반면에 오스만 제국과 중국에서 읽기와 쓰기는 아주 오랜 기간 특별한 계층에게만 필요한 기술로 남아 있었다. 1900년대까지도 중국 인구 중에 단 10%만이 글을 읽고 쓸 줄 알았고, 1935년에 투르크인 중에 글을 읽을 줄 아는 이들은 15%에 불과했다. 그러니까 그 지역에는 잠재적인 독자층이 없었던 셈이다. 반면 1700년에 영국 남성 중 40%는 글을 읽을 줄 알았고, 뉴 잉글랜드에서는 70%정도였다.[71]

아직 신문이 많이 발간되지 않았지만, 책이나 특정 주제에 관한 소책자(팸플릿)는 주변에서 얼마든지 접할 수 있었다. 15세기에 유럽에서 출간된 책은 천만 권이었고, 16세기에는 2억 권, 17세기에는 5억 권, 18세기에는 10억 권에 이르렀다.[72] 톰 페인Tom Paine이 쓴 49쪽짜리 『팸플릿상식Common Sense』이 1776년 필라델피아에서 출간되었는데, 미국이 평등의 원리를 기반으로 독립적이고 민주주의적인 공화국을 건설해야 한다는 주장을 담은 이 책에서 그는 이렇게 선언한다. "우리에게는 세상을 완전히 새로 시작할 힘이 있다." 이 책은 석 달 만에 13개 식민지에서 12만 부가 팔렸으며, 미국인 중 절반이 읽었다. 여기서 주목할 것

---

15 평등이라는 가치를 말한다.

은 바로 그들이 '글을 읽을 수 있었다'는 사실이다.

상식

읽고 쓰는 능력을 갖춘 이들이 늘어나고, 인쇄된 책이 널리 유통되던 시기에, 정말 중요하게 봐야 할 부분이 있다면, 그건 바로 평등한 사람들끼리 목표와 수단을 주제로 토론할 수 있는 역량이 복원되고 있다는 사실이었다. 이 역량은 수렵 채집 사회에서 의사결정을 가능하게 한 가장 근본적인 토대였으며, 이제 그들의 먼 후손 격인 서구 대중 사회에 와서 새롭게 복원되고 있는 것이다. 물론 수백만 명의 사람이 한곳에 모여서 의미 있는 토론을 하는 일은 여전히 불가능했지만, 생각해야 할 주제에 관한 책을 읽고 서로 토론한다는 것은 대중 사회 전체에 활력을 불어넣는 게 가능해짐을 의미했다. 봄Boehm이 제시한 '뒤집힌 지배 계층 구조reverse dominance hierarchy'의 보다 확산된 버전이 실현되면서 대중 사회와 평등주의 가치관이 공존할 수 있게 되었다.

그리고 실제로도 그렇게 되었다. 대중 사회가 사람들이 많아서 초래되는 문제를 극복하고, 공통의 문제를 토론할 수 있는 역량을 다시 확보하고, 함께 의사결정을 할 수 있게 됨으로써, 과거 문명국가에서 존재하던 피라미드 형태의 권력과 특권 구조 – 대중은 전혀 좋아하지 않는 구조 – 는 더는 어쩔 수 없이 받아들여야 하는 필요악이 아니게 되었다. 사회는 자기 운명을 스스로 결정할 수 있으며 – 다른 말로는 민주주의적으로 운영될 수 있으며 – 실제로 그렇게 되자 사람들은 자신들이 위계질서보다는 평등을 선호해 왔다는 사실을 새삼 자각하게 되었다. 혁명이 촉발되었고, 많은 혁명이 무참하게 끝났지만, 계속해서 새로운 혁명은 일어났다. 오늘날 세계 인구의 상당수는 다양한 수준의 민주주의 사회에서 살고 있으며, 그들 외의 사람들 역시 대부분 민주주의를 표방하는 사회에서 살고 있다.

혁명을 겪었던 프랑스가 여실히 보여주듯, 평등주의 가치관이 부활한다고 그 가치관을 옹호하는 자들이 저절로 평화에 이르는 것은 아니었다. 따지고 보면, 수렵 채집 생활을 했던 우리의 선조라고 평화롭기만 했던 것도 아니었다. 민주주의가 온 세상에서 가장 우세한 정치 형태가 되기만 한다면 대단히 흥미롭고 새로운 세계가 열릴 수 있었으나, 그건 여전히 그 뒤로도 한참 후의 일이다. 유감스럽지만, 시민혁명이 그 시대 유럽 국가에 끼친 가장 중요한 효과를 꼽자면, 민족주의nationalism라는 이름으로 더 잘 알려진 사이비 평등주의pseudo-egalitarianism를 활용해서 어떻게든 시민들을 전쟁에 끌어들이는 방법을 제공했다는 점이었다.

대두되는 민족주의

나폴레옹이 프랑스의 황제로 즉위한 이후, 그에게 공격받는 나라들로서는 자국 백성을 무장시키는 쪽이 더 안전하다고 생각했다. 혁명은 끝났고, 프랑스군은 더 이상 해방군이 아니었으며, 그저 내 나라에 쳐들어온 이방인일 뿐이었다. 살아남은 왕들은 학습 곡선을 따라, 자국민의 마음에서 싹트고 있는 민족 감정을 잘 활용하면 프랑스군에게 저항할 동력으로 삼을 수 있겠다는 자각에 이르렀다. 예를 들어, 5년 이상 프랑스군의 점령하에 있던 스페인에서도 시민으로 구성된 저항군이 추방당한 왕을 위해서 민족주의 차원의 게릴라전(소규모 전투)에 돌입했다. 포르투갈에 주둔한 웰링턴 공 휘하의 영국군에게 지원받은 그들이 여러 해 동안 전투를 벌여서 죽인 프랑스군 병사의 수는 나폴레옹이 러시아 원정길에서 참패해 죽은 병사의 수에 육박했다.

대륙의 모든 나라를 장악한 나폴레옹이 마침내 1812년에 44만 명의 병사를 이끌고 러시아를 침공했을 당시, 민족주의는 러시아에서도 큰 힘을 발휘했다. 러시아 역사가들은 이 전쟁을 '위대한 애국 전쟁 Great Patriotic War'이라고 불렀다. 잔혹하게 진행된 그 전쟁을 견뎌낸 민족주의적 적대감은 이전에 제한된 국지전만 벌였던 직업 군인의 시대에서는 찾아볼 수 없었던 감정이었다. 모스크바가 함락되기 전, 최후의 저항선이었던 보로디노Borodino에서 벌어진 전투는 아래에 소개한 두 명의 목격자 글에 상세히 묘사되어 있다. 여기서 러시아는 3만 5천 명을, 프랑스는 3만 명의 병력을 잃었다.

> 협곡의 꼭대기에 도착했을 당시 우리는 우리 앞쪽에 있던 포대와 그 옆에 배치된 다른 여러 포대에서 발사된 포도탄에 맞아서 엉망이 된 상태이긴 했지만, 그 어떤 것도 우리의 진격을 멈추게 할 수 없었다. 나 역시 다리를 다쳤지만, 우리 전열에 쏟아지는 포탄을 피해 병사들과 함께 몸을 피했다. 적의 공격에 전열 전체가 통째로, 때로는 소대원이 뭉텅이로 쓰러지면서 전열에 커다란 구멍이 듬성듬성 생길 지경이었다. …러시아군이 우리를 제압하려 했으나, 우리는 30야드(27미터) 떨어진 거리에서 일제 사격을 하며 뚫어냈다. 그리고 우리는 보루를 향해 돌진한 다음, 총안銃眼[16]으로 기어들어 갔다. 나는 돌 한 조각을 떼어낸 다음에 진입했다. 러시아 포병들은 지렛대와 장전기를 손에 쥐고 우리에게 달려들었으며, 우리는 그들과 육박전을 벌였다. 그들은 놀라울 만큼 용맹한 적이었다. 숱한 프랑스군이 참호 속으로 뛰어들어 거기 있던 러시아군과 뒤엉켰다.
>
> 샤를 프랑수아Charles François 대위, 30연대[73]

---

16   총안 - 성벽 따위에 안쪽을 바깥쪽보다 넓게 뚫어 놓은 구멍

1812년 러시아에서 철수하는 나폴레옹군Grande Armée.
요한 클라인Johann Klein의 그림

온몸에 벌집이 난 병사들이 산처럼 쌓여 있는 광경은 보기에도 끔찍했
다. 프랑스군과 러시아군이 한데 뒤엉킨 채였고, 다쳐 몸을 움직일 수
없는 이들이 말과 박살 난 대포의 잔해와 함께 쌓여 있었다.
　러시아 전쟁부 장관이자 총사령관이자 육군 원수, 미하일 바클라이 드 톨리
Michael Barclay de Tolly, 1810년~1815년 [74]

나폴레옹은 보로디노 전투를 포함한 모든 전투에서 승리를 거두었고
모스크바까지 점령했으나 러시아군은 패배를 인정하지 않았다. 드 톨
리의 명령에 따라 그들은 프랑스군에게 넘겨주지 않기 위해 농작물은
물론이고 자신들이 저장하고 있던 식량까지 없애버렸고, 혹독한 겨울
추위 속에서 보급이 부족해진 나폴레옹은 철수하지 않을 수 없었다.
러시아에서 살아 돌아온 프랑스군은 수천 명 선에 불과했다.

프로이센의 등장

나폴레옹은 1814년에 입대할 병사들을 한 해 일찍 소집하고, 징집 면제 사유를 전부 폐지함으로써 1813년 봄에 마지막으로 한 번 더 대규모 병력을 충원했으나, 점차 병력이 부족하게 되었다. 그러다 보니 신병 중의 일부는 일주일 훈련을 받고 곧장 실전에 투입되기도 했다. 그런데 더 심각한 사태는 프로이센이 드디어 징집을 시작한 것이었다. 유럽 전역을 통틀어 프로이센보다 전제적이며 계급을 중시하는 불평등한 나라는 없었는데, 1813년에 제정한 법률에 따라 모든 프로이센 남자는 20세가 되면서부터 3년간 정규군으로 복무해야 했고, 제대 후 2년간은 언제든 동원할 수 있는 예비군으로, 그 뒤 14년 동안은 예비군Landwehr으로 지내야 했다.[75]

  나폴레옹과의 전쟁에 돌입하면서 프로이센군 개혁가들은 그때까지의 프로이센 사회의 모든 관습과 규칙을 허물고, 농민, 부르주아, 귀족 모두에게 평등하게 수여될 수 있는 철십자 훈장을 제정했다. 훈장 제정을 위한 칙령에는 이렇게 명시되어 있다.

> 나폴레옹으로 인해 이 나라의 모든 것이 위태로워진 작금의 상황 속에서 이 나라 전체를 고양하는 용맹한 정신을 가진 자에게는 특별한 훈장을 수여하여 이를 기념하고 길이 전파할 필요가 있다. 이 나라가 엄혹한 시대의 강력한 악에 맞서 위축되지 않고 이겨낼 수 있었던 불굴의 정신은 지금 이렇게 모든 국민의 가슴을 뜨겁게 하는 위대한 용기를 보여준 자에 의해 증명된 바, 이 정신은 오직 왕과 조국에 대한 참된 신앙과 헌신에 기반하기에 존속할 수 있었다.[76]

프로이센군 개혁가들은 애국심과 의무감을 한꺼번에 묶어서 제시하

에드가 윈트라스dgar Wintrath에게 수여된
2급 철십자상 증서. 1918년 10월.

면 굳이 모든 시민의 평등이라는 혁명적인 이상을 내세우지 않더라도
징집이 가능할 뿐 아니라, 일상생활에서는 맛보지 못하던 평등을 전쟁
터에서는 맛볼 수 있다고 생각하도록 유도할 수 있다고 봤다. 그리고
그들의 계산은 들어맞았다.

　프로이센군 개혁가들에게 '나에게 내 나라의 군대를 달라'고 요청했
던 블뤼허Blücher 육군 원수는 마침내 1813년에 군대를 지휘하게 되었다.
방위군(예비군)이 창설되면서 그의 군대는 세 배로 커졌으며, 이들은
나폴레옹을 무너뜨리는 결정적인 역할을 했던 두 번의 전투 즉, 1813년
라이프치히Leipzig 전투와 1815년 워털루 전쟁에서 큰 역할을 했다.

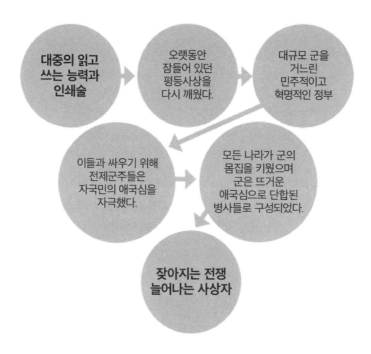

대중의 읽고 쓰는 능력과 인쇄술

오랫동안 잠들어 있던 평등사상을 다시 깨웠다.

대규모 군을 거느린 민주적이고 혁명적인 정부

이들과 싸우기 위해 전제군주들은 자국민의 애국심을 자극했다.

모든 나라가 군의 몸집을 키웠으며 군은 뜨거운 애국심으로 단합된 병사들로 구성되었다.

잦아지는 전쟁 늘어나는 사상자

예비군은 처음에는 그저 그런 전력이었으나, 실전 경험이 쌓일수록 전 방 부대 못지않게 변모해 갔다.

블뤼허Blücher 육군 원수[77]

혁명군이나 나폴레옹 군이 벌인 전투는 18세기 평균적인 전투에 비해 규모가 커졌지만, 그들 역시 기본적으로는 여전히 똑같은 무기를 사용하고 똑같은 양상의 전투를 이어갔다. 다만 전투의 빈도에서 차이가 있었다. 고대의 전쟁이나 삼십 년 전쟁 당시만 해도 일 년에 3~4회 정도 전투를 벌였으며, 양쪽 진영 다 합쳐서 10만 명이 넘는 병사가 부딪치는 경우는 드물었다. 1792년에서 1814년 사이에는 이런 전투가 49회 있었으며, 이보다 규모는 작지만 중요한 전투가 군사작전이 전개되는 여러 전선에서 평균 일주일에 한 번은 벌어졌다.[78] 적어도 4백만 명이 목숨을 잃었고, 대다수는 병사였는데, 이것은 그전까지는 유례가 없는 사태였다. 그럼에도 유럽 사회는 붕괴하지 않았다. 유럽 각국은 부를 일구었고, 사회를 하나로 묶는 기술이 발전했으며, 대중이 열정적으로 전쟁에 참전하도록 동기를 부여하는 기법도 발달시켰는데, 이런 놀라운 동기 부여는 다른 어떤 문명사회도 해내지 못한 일이었다.

폭풍전야

> 사상자 따위에는 신경도 쓰지 않고 가차 없이 무력을 행사하는 자라야 자신보다 무력의 강도가 약한 상대방을 제압할 수 있다. …전쟁의 철학 속에 절제의 원리를 도입하는 짓은 어불성설이다. 전쟁이란 극단까지 밀어붙이는 폭력적인 행위이다.
>
> 카를 폰 클라우제비츠, 1819년[79]

카를 폰 클라우제비츠는 나폴레옹 전쟁을 겪은 프로이센 참전 용사로서, 그가 쓴 『전쟁론』은 후대 병사들에게 복음과 같았다. 그러나 19세기 이후에도 무력을 전개할 때는 한 가지 제약조건이 붙었는데, 아무리 참혹한 전쟁이라도 민간인은 전쟁의 공포에서 비켜 있어야 한다는 것이었다.

여기에는 세 가지 이유가 있었다. 첫째, 아직도 무기와 장비 생산 시설은 군대 자체보다 중요하지 않았다. 둘째, 당시 군에는 상대의 생산 시설을 공격할 만큼 멀리 날아가는 무기가 존재하지 않았다. 셋째, 병사들 자신이 민간인은 공격하려 하지 않았다. 불행한 일이지만, 첫 번째 조건과 두 번째 조건이 변하기 시작하면서, 마지막 조건은 더 이상 장벽으로 작용하지 않았다.

나폴레옹이 다시 권좌에 올랐다가 1815년 워털루에서 무너진 이후로 40년 동안 유럽 국가 간에는 평화의 시기가 이어졌다. 프랑스 혁명이 너무 극단으로 치우쳤다는 보수적인 반감이 컸으며, 혁신적이면서도 위험천만한 제도였던 민간인 징집 제도도 폐지되었다. 이제 유럽 대부분 국가는 소규모 직업 군인 체제로 되돌아갔다. 그러나 19세기 중반인 1854년~1870년 사이에 전쟁이 빈발하면서, 영국을 제외하고 해군을 운영하던 유럽의 주요 국가들은 징병제를 다시 가동했으며, 이즈음 전쟁에 새로운 기술이 도입되었다.

미국 남북 전쟁

이 세기 중반에 터진 가장 큰 전쟁은 유럽이 아닌 곳에서 발생했다. 그건 바로 미국 남북 전쟁이었는데, 합계 62만 2천 명이 사망했으며, 이 수치는 두 차례의 세계 대전, 한국, 베트남, 아프가니스탄, 이라크에서 나온 사망자보다 많을 뿐 아니라, 무엇보다 미국 인구가 지금의 10분의 1 정도일 때였다. 양측 모두 징병제를 시행했고, 그렇게 형성된 군대는 매우 큰 규모였다. 전쟁이 이어진 4년 동안 인구 총 3,100만 명인 나라에서 북군은 거의 2백만 명, 남부 연합군은 백만 명의 병력을 끌어모았다. 이들 병사 중 5분의 1이 전사한 것이다.

전쟁이 발발하기 십 년 전부터 새로 개발된 라이플 소총 덕분에 보병의 사격 거리가 다섯 배로 늘어났으며, 그 뒤 몇 달 후부터 보병대는 가능한 한 자연적 엄폐물 뒤에 숨기 시작했다. 실제로는 보병이 발포할 수 있는 거리는 평균 116미터 정도로 활강 소총을 사용하던 때와 거의 차이가 없었다. 하지만 정확도가 크게 향상되었기에 거의 모든

병사가 조준사격을 했다. 목표에 명중하는 비율이 상당히 높았다.[80]

　가능한 한 엄폐물 뒤에 숨는 습관이 생기면서 1862년 8월에 있었던 2차 마나사스Second Manassas 전투도 그 양상이 바뀌었다. 스톤월 잭슨 Stonewall Jackson 장군이 이끄는 버지니아 군은 철도 공사를 하느라 생긴 절개지 뒤에 숨어서 자신들보다 세 배나 많은 북군의 공격을 받아냈다. 한참 북군이 공격하고 있을 당시, 어느 북군 장교가 검은 포연을 뚫고 부대보다 앞서 말을 타고 철도 절개지 입구까지 기적일 정도로 부상 없이 도착했다. 몇 초 동안 거기 그대로 서 있던 그의 손에는 칼이 들려 있었지만, 이런 용맹함이 아무런 쓸모가 없듯, 칼도 마찬가지였다. 그의 아래쪽에 있던 남부군 병사들이 "저 자를 죽이지 마! 죽이지 마!"라고 고함쳤다.[81] 그러나 그 뒤 몇 초 만에, 그들보다 덜 낭만적인 병사들이 그와 그의 말을 총으로 쏘아 버렸다.

> 나는 지금껏 두 개의 큰 전투에 참여해서 총알이 내 옆을 휙휙 스쳐 가는 소리를 들었지만, 부상자나 전사자, 포로를 구하는 반란군은 한 명도 보지 못했다. 챈슬러즈빌 전투Battle of Chancellorsville 당시 전열의 맨 앞에 서 있던 장교가 했던 말이 기억난다. "우리가 있던 곳에서는 반란군을 한 명도 보지 못했다. 연기와 덤불뿐이었으며, 나뒹굴고 있는 것은 우리 병사들이었다." 지금 나는 그 말이 무슨 뜻인지 충분히 이해한다. …병사를 참호 속에 투입한 다음, 그의 뒤쪽 언덕에 성능 좋은 포대를 배치하기만 하면, 그리 우수하지 않은 병사라 할지라도 자신보다 세 배나 많은 적군도 이겨낼 수 있다.
>
> 　　　　　　　　　　　　　　시어도어 라이먼Theodore Lyman 대령, 1869년[82]

미국 남북 전쟁 현장에서는 2차 마나사스 전투에서의 대학살을 가능하게 했던 총구 장전식 단발 소총과 함께, 거의 모든 현대적 무기의 전신前身에 해당하는 무기가 사용되었다. 후장식後裝式에 탄창이 달린 라이플 타입의 7연발 헨리Henry 소총이나, 손으로 크랭크를 돌리는 초기 기관총 모델인 개틀링Gatling 기관총, 라이플 스타일의 후장식 대포, 잠수함, 쇠로 만든 전함, 심지어 열기구를 사용한 초창기 공중 정찰기까지 투입되었다. 대륙 전역에 뻗어 나가 있던 미국 철도 덕에 부대는 먼 거리를 신속하게 이동할 수 있었고 - 미국 남북 전쟁은 보병대가 걷지 않고 목표지에 도착할 수 있었던 역사상 최초의 전쟁이었다 - 지휘 장교들은 전신電信을 활용해 넓은 지역에 퍼져 있던 여러 부대에 이동 명령을 내릴 수 있었다.

어떤 의미에서 보면, 남북 전쟁은 적당한 때에 일어났다고 할 수 있다. 10년이나 15년만 늦게 일어났다면, 그사이에 개발된 다양한 신무기가 대규모로, 그것도 우수한 최신 모델이 투입될 수 있었고, 그랬다면 전쟁의 양상은 1차 세계 대전과 비슷해졌을 것이다. 남북 전쟁 당시만 해도 신 무기류는 그리 많이 개발되지 않은 단계였고, 성능도 좋지 않았다. 특히 대포의 성능이 형편없어서, 사정거리가 보병이 휴대하는 라이플 소총보다 길지 않았다. 사망 원인이 명확히 밝혀진 미군 전사자 144,000명 중의 108,000명이 소총 탄환에 맞아 사망했으며, 12,500명만이 포탄의 파편에, 7,000명은 칼이나 총검에 사망했다.

그로부터 20년이 지난 후에 야전포는 1.6킬로미터 거리에 있는 목표물을 정확히 맞힐 수 있게 발전하고, 포탄이 터지면 천 개의 파편이 반경 6미터 안에 있는 적을 섬멸하게 되면서, 전쟁의 양상은 완전히 달라졌다. 현대화된 대포는 없었지만 남북 전쟁이 막바지에 이를 무렵의 전장은 불길할 정도로 현대적인 전쟁터의 모습과 많이 닮아 있었다. 1865년 피터즈버그Petersburg 주변 전선에 지어진 참호 - 땅을 파서 만든 대피호, 철조망, 청음 초소가 갖춰져 있었다 - 는 1차 세계 대전에서 나타난 참호 모습 그대로였다.

버지니아 피터즈버그 전투를 앞두고 참호 속에서 대기 중인 병사들, 1865년

남북 전쟁은 무기나 병력이 빈약한 상대와 싸우더라도 결정적인 승리를 쟁취하기가 쉽지 않다는 점을 보여줬다. 북군은 남군보다 병력이 네 배나 많았고 (남부 연합은 자신들이 보유한 수많은 흑인 노예를 병력으로 동원하지 않았다), 산업 자원 측면에서는 여섯 배나 많았다. 남부가 분리 독립하기 1년 전, 북부는 미국 전체 강철 생산량의 94%, 석탄의 97%, 화기류의 97%를 생산하고 있었다.[83] 그런데도 남부를 굴복시키기까지 치열한 전쟁을 4년이나 지속해야 했다.

그뿐만 아니라, 무자비한 경제전쟁까지 동원해야 했다. 전쟁을 시작할 때부터 북부는 남부의 해외 무역을 강력히 봉쇄했다. 전쟁이 막바지에 이를 무렵, 윌리엄 테쿰세 셔먼William Tecumseh Sherman 장군(남부 연합의 제퍼슨 다비드 대통령은 그를 가리켜 "아메리카 대륙의 흉노

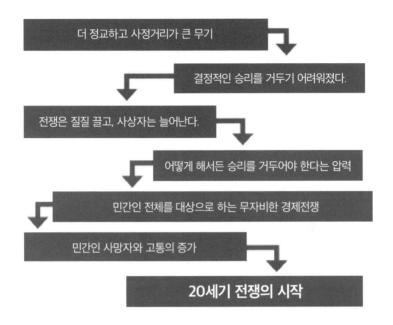

더 정교하고 사정거리가 큰 무기

결정적인 승리를 거두기 어려워졌다.

전쟁은 질질 끌고, 사상자는 늘어난다.

어떻게 해서든 승리를 거두어야 한다는 압력

민간인 전체를 대상으로 하는 무자비한 경제전쟁

민간인 사망자와 고통의 증가

20세기 전쟁의 시작

족 아틸라Attila[17]"라고 불렀다)은 광활한 최 남부 지역까지 경제적으로 조여갔다. "우리는 적대적인 군대만이 아니라 적대적인 민간인들과도 싸우고 있다."라고 셔먼은 말했다. "늙은이들이나 어린애들이나, 부자나 가난한 자 모두, 전쟁의 혹독함을 느끼게 해줘야 한다."[84]

자신이 구사하는 '초토화' 작전이 비도덕적이라고 비난하는 자들을 향해 셔먼은 간단하게 대답했다. "나의 잔혹함과 비정함을 비난하는 자들에게 내가 할 말은 단 한 가지, 전쟁은 전쟁이다. …만약에 그들이 평화를 원한다면, 그들 자신은 물론 그들의 친족들도 지금 당장 전쟁을 멈춰야 한다."[85] 그는 시대를 앞서 태어난 자였다.

---

17   5세기 전반, 동양에서 유럽에 침입한 흉노족의 왕

7장 | 총력전

끝없이 이어진 전선

처음에는 무자비한 학살이 벌어진다. 워낙 심각한 수준에서 벌어지는
학살이라 부대원들을 밀어붙여서 전투에서 결정적인 승기를 잡는 일은
불가능하다. 물론 그들은 처음에는 예전 같은 전투 환경에서 싸운다고
생각하기에 밀어붙이려 하겠지만, 머지않아 그런 노력을 단념해야 한다
는 사실을 깨닫는다. 그 뒤로는 점. …전투 자원 부족이라는 압박에 시
달린다. …향후 전쟁에서는 모두 참호전을 벌이게 될 것이다.

이반 블로흐 I. S. Bloch, 1897[86]

바르샤바 은행가이자 열렬한 평화주의자인 이반 블로흐가 1897년에
러시아에서 출간한 책에서 내놓은 향후 전쟁의 양상에 대한 예측은
논리적으로 흠잡을 곳이 없었다. 열강은 전쟁이 벌어지면 징집한 수백
만 명의 병사를 철도를 이용하여 전방까지 실어 날랐다. 병사들에게
지급된 총기류의 성능이 향상되었고, 공격하는 쪽보다 수비하는 쪽이

훨씬 강력해졌으므로, 전쟁은 필연적으로 교착상태에 이를 수밖에 없었다. 그런데도 직업 군인들은 블로흐의 책을 그다지 주의 깊게 들여다보지 않았다. 여전히 그들은 초기의 전투에서 승리하게 되면 개전 6개월 이내에 전쟁을 끝낼 수 있다고 확신했으므로 1914년에 전쟁이 시작되자 모든 군대가 동시에 공격을 개시했다. 그러나 예상과 달리 교착상태에 빠지고 말았다.

1차 세계 대전은 무역이나 해외 식민지 문제 혹은 정복자를 막기위해 일어난 전쟁이 아니었다. 1914년, 전쟁을 원하거나 계획한 자는 아무도 없었다. 대개 양국 간에 벌어지는 전쟁이라면 상당히 구체적이고 합리적인 원인이 있게 마련인데 말이다. 반면에 야노마모 부족이나 20세기 유럽 열강처럼 여러 나라가 연루된 하나의 체제 안에서는 전혀 의도하지 않았더라도 체제 전반에 파장을 불러일으킬 만한 전쟁이 발발할 가능성은 항상 존재한다.

프랑스는 자기 나라보다 빠른 속도로 인구 증가와 산업 성장을 지속하던 독일을 두려워했기에 독일 건너편에 있는 러시아와 동맹을 맺었다. 이제 프랑스와 러시아에 둘러싸이게 된 독일은 오스트리아-헝가리 제국과 동맹을 맺었는데, 발칸에 있는 작은 땅을 놓고 러시아와 경합 중이던 오스트리아-헝가리 제국도 독일의 지원이 필요한 상태였다. 독일이 점차 강해지는 것에 위협을 느낀 영국도 프랑스, 러시아와 '우호 조약entente'(동맹에 가깝다)을 체결했다. 이 모든 것은 과격하고 공격적인 행태가 아니라 만약의 사태를 대비한 신중한 행보이긴 하지만, 어느 한 나라가 심지어 동맹에 속하지 않은 다른 나라와 전쟁에 돌입하게 되면 (1914년의 오스트리아-헝가리 제국과 세르비아처럼), 양쪽 동맹에 속한 모든 나라가 심각한 전쟁에 휩쓸릴 가능성이 컸다.

한 달 남짓 지났을 무렵, 실제로 그런 일이 벌어졌는데, 이들이 포함된 체제 전체가 그토록 쉽게 폭발할 수 있는 상태였던 탓이다. 그렇게 생각해서는 안 되는 데도 다들 전쟁의 향방을 결정짓는 중요한 전투는 초기이므로 누구보다 선제공격하는 것이 매우 유리하다는 (잘못된) 생각을 하고 있었다. 병력 이동을 불가능하게 만들고 1차 세계 대전에 참전한 병사들을 죄다 참호 속에 숨게 만들었던 주요 화기류 - 수동식 노리쇠가 있는 연발 소총, 공랭식 및 수랭식 기관총, 장거리 속사포, 가시철조망 등 - 는 초기 모델들로 이미 미국 남북 전쟁터에서 선보이기 시작했고, 1904년에서 1905년에 걸쳐 벌어진 러일전쟁 당시에는 상당히 발전된 모습으로 나타났다. 그러나 이 두 차례의 전쟁은 모두 유럽 바깥에서 벌어진 전쟁이었던 까닭에 유럽 국가들은 신경 쓰지 않아도 되는 전투였다. 블로흐의 경고에도 불구하고, 1914년에 시작된 세계 대전에 참전한 병사 중에서 그 사이에 전쟁의 양상이 어떻게 변했는지 제대로 파악하고 참전한 자는 극소수였다.

> 우리는 우리가 숨어있는 참호 위로 총탄이 한없이 쏟아지며 내는 소리를 듣고 앉아 있었다. 105밀리, 150밀리, 210밀리, 모든 구경의 '시한 충격 기폭장치'가 동원되었다. 이 참혹한 재앙 속에서 우리를 파묻어 버릴 기세로 발사된 포탄 소리가 들려왔다. 소름 끼치는 굉음 속에서 우리는 공포에 질려 서로를 쳐다봤다. 모두 몸을 잔뜩 웅크린 채 그 소리에 짓눌려 버둥거렸고, 헬멧이 서로 부딪치며 소리가 났다. 우리는 술에 취한 사람들처럼 비틀거렸다. 참호 기둥이 흔들리고, 숨이 막히는 연기가 대피호 안에 가득 찼고, 촛불은 꺼졌다.
>
> 프랑스 참전 군인[87]

독일군은 1914년 8월 첫 2주 동안 예비군이 보강되면서 병력이 여섯 배로 늘어났다. 8월 중순에는 148만 5천 명의 병사를 프랑스와 벨기에 접경지까지 기차로 실어 날랐다. 프랑스, 오스트리아, 러시아 역시 이와 비슷한 규모의 조직을 갖추었지만, 10월에 들어서면서 모든 군대가 진격을 멈춰야 했다.

기계류 무기 – 1분에 600발이 발사되는 속사포와 기관총 – 에서 나오는 치명적인 총탄이 공중에서 비처럼 쏟아졌기 때문이었다. 땅 위로 올라와서 움직이는 자는 어김없이 표적이 되었다. 살상이 기계적으로 이루어지면서 기계의 포로 신세가 된 병사들은 땅을 파서 참호를 만들고, 그 속에 갇혀 지낼 수밖에 없었다.

1915년 초, 비로소 모든 군의 지휘 계층은 자신들이 지금까지와는 완전히 다른 전략적인 문제와 마주하고 있다는 것을 깨달았다. 우회 공격할 수 있는 적의 측면 따위는 이제 존재하지 않았고, 영국 해협부터 중립국인 스위스 국경까지 760킬로미터에 이르는 거리에 양쪽의 참호가 한없이 이어져 있을 뿐이었다. 전방이라고 하면 서로 수백 미터 정도는 떨어져 있었지만, 어떤 곳에서는 100야드(90미터)도 안 되는 거리를 사이에 두고 대치하기도 했다.

끝없이 이어진 전선은 단순한 수학의 결과물이었다. 지난 19세기 후반에 급속도로 발전한 화기류 덕에 보병대는 좀 더 넓은 전선을 책임질 수 있었다. 더는 서로 어깨와 어깨를 나란히 할 필요가 없었다. 1899년에 벌어진 남아프리카 전쟁에서 보어인들[18]은 3야드(2.7미터)당 소총수를 한 명만 배치해도 영국군의 공격을 충분히 막아낼 수 있었다. 그들이 가지고 있는 총은 사정거리가 900미터에 이르고 일 분에 열 발이 나가는 라이플총이었다.[88]

보병 한 사람이 감당할 수 있는 전선의 면적에다 유럽에서 전쟁에 동원할 수 있는 수백만 명의 병력 숫자를 곱하면, 끝없이 이어지는 전선의 길이가 나온다. 이제 군대는 모든 지역을 감당할 수 있어야 했고,

---

18 네덜란드계 남아프리카공화국 사람

실제로 그렇게 했기에, 프랑스만이 아니라 광활한 러시아 전체, 그 뒤로는 이탈리아 북부 지역, 그리스 북부, 튀르키예 북동부, 메소포타미아(이라크), 팔레스타인까지 전선이 펼쳐졌다.

참호 속에 갇힌 자들에게는 처음 접하는 완전히 새로운 유형의 전쟁이었던 셈이다. 공성전을 제외하면 그전까지의 전쟁에서 적군과 접촉하는 기간은 일 년 중 며칠에 불과했다. 그러나 이제는 서로 고함치면 들리는 거리에서 적과 마주 보며 참호 속에 들어앉은 상태 그대로 하염없이 지내야 했다. 하루하루, 적의 손에 죽을지도 모를 위험에 시달리면서, 참호에서 살아가는 비참함도 견뎌야 했다.

> 이토록 처참한 진창에 늘 발을 디디고 지내다 보니 '참호족trench foot'[19]이라고 부르는 질병이 생겼다. 연대마다 발을 절단하는 병사가 수십 명씩 나왔다.
>
> 영국군 참전 용사

> 쥐 떼가 달려든다. 상처 입은 나를 아무도 돌보지 않으면 쥐 떼가 뜯어먹으려고 달려든다. 이곳은 도무지 사람이 살 수 없을 만큼 더럽고 형편없는 곳일 뿐 아니라, 인간이 생각할 수 있는 모든 부패가 나타나는 곳이다.
>
> 영국군 참전 용사

포병전

전선이 끝없이 이어진다는 말은 나와 마주하고 있는 적의 전선을 뚫

---

19 습한 진창 속에 너무 오래 있어서 생기는 동상 비슷한 발병

지 못하는 한 이동할 수가 없다는 것이며, 모든 공격은 정면 공격에 해당한다는 뜻이다. 지휘관들은 다른 엄호 없이 부대를 전진시켜 봐야 부대원 전체를 죽음에 몰아넣게 될 뿐이라는 것을 알고 있었으며, 전선을 뚫으려면 공격하기 전에 적의 참호와 대포에 포격을 퍼부어 그들의 공격력을 무력화하는 방법밖에 없으므로 그들은 참호 속에 있어야 했고, 그렇게 포병전은 계속되었다.

사상자의 절반 이상이 포격으로 사망했으며, 포탄 제조는 수요를 따라가지 못했다. 프랑스는 전쟁 이전만 해도 자국군에게 필요한 77밀리 포탄이 하루에 1만 발 정도라고 추정했다. 그러나 1915년에 오면 하루에 20만 발을 제조했는데도 수요를 채울 수 없었다. 1917년, 3차 이프르Ypres[20] 전투가 개시될 당시 영국군이 19일 동안 쏟아부은 포탄은 430만 발이었고, 무게로는 10만 7천 톤에 이르렀는데, 5만 5천 명의 노동자가 일 년 동안 만들어야 하는 분량이었다.[89]

그렇게 퍼부어도 전선을 돌파하기 어려웠다. 포격을 통해 적의 최전방 참호 속의 기관총을 대부분 파괴해도 적의 방어력은 여전히 건재한 상태였기에 진격은 더뎠으며 값비싼 대가를 치러야 했다. 보병이 공격하여 하루 정도 적의 최전방 참호 앞 열을 차지할 수는 있겠지만, 적의 부대가 그 후방에 새로운 참호 체계를 건설할 수 있는 시간도 하루면 충분하였다. 그래서 3년 넘는 시간이 흐를 동안 서부 전선[21]에서는 어느 쪽도 10마일(16킬로미터) 이상 진격하지 못했다.

…낮에는 폭격당한 마을 위로 불그스름한 벽돌색 먼지구름이 뒤덮여

---

20 벨기에 서부에 있는 소도시로서, 제1차 세계대전 때의 격전지였다.

21 독일 서부 전선을 말한다. 1914년 독일군 침공 이후 4년 동안 전투의 교착상태가 지속되었다.

있고, 밤이면 동쪽 지평선 쪽에서 폭발음이 들리면서 빛이 거품처럼 일어난다. 이 황량한 곳곳에서 노예처럼 갇힌 자들의 얼굴과 형체를 볼 수 있는데, 무겁고 칙칙한 옷에 배어든 땀 위로 하얀 먼지가 덮여 진줏빛으로 보일 지경인 군인들의 행군 대열이다. 깜빡이며 달빛처럼 명멸하는 포탄의 화염 속에서 휘청거리며 이동하는 우울한 얼굴의 행렬, 그리고 그 아래 창백하게 질린 얼굴로 출발선 바닥에 엎드린 채 파도처럼 밀려가는 공격 부대.

나는 그들과 함께 웅크린 채였고, 바로 머리 위로 지나가는 강철 빙하는 내 귀에 대고 고함쳐서, 전달되는 명령조차 한마디도 들을 수 없을 정도로 굉음을 내며 지나갔다. …나는 그들과 함께 진격했다. …다 망가진 거대한 벌집 같은 대형으로 언덕을 오르고 다시 내려갔지만, 내가 속한 열이 무너지고, 다음 열이 나타났다가 다시 무너지고, 세 번째 열이 나타나서 첫 번째 열과 두 번째 열의 생존자와 하나로 합쳐지고, 네 번째 열이 나타나 앞선 생존자들과 함께 엄호 사격을 받으며 진격을 거듭했고, 숨이 차서 헐떡이며 땀에 범벅인 채로 몇 명씩 함께 뭉쳐서 나아갔지만, 몇 달 동안 반복해서 익혔던 훈련 내용은 이미 깡그리 잊어버린 상태였다.

생존자들을 수습할 동안, 저 너머로 잿빛 석탄통 색깔의 적군 헬멧들이 숱하게 어른거렸다. …모든 것을 부술 듯한 기관총에서 어느덧 백 개의 엔진으로 작동되는 증기 기관에서나 나올 법한 빽빽거리는 소리가 날 지경이 되자 서 있는 자는 아무도 없었다. 한 시간 후에 우리 쪽 대포가 다시 첫 번째 목표물을 조준했지만, 전투가 벌어지던 솜강 북쪽 능선에서 병사들은 모두 전사하여, 모든 희망과 신념도 함께 묻힌 뒤였다.[90]

헨리 윌리엄슨Henry Williamson, The Wet Flanders Plain

독가스 같은 새로운 무기는 사상자만 늘릴 뿐이고 교착상태를 해결

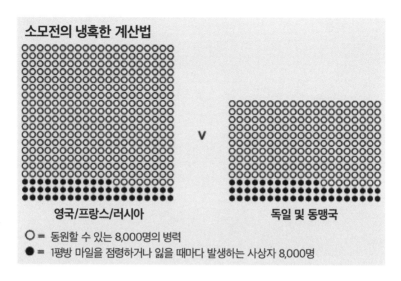

소모전의 냉혹한 계산법

V

영국/프랑스/러시아　　　　　　　　독일 및 동맹국

○ = 동원할 수 있는 8,000명의 병력
● = 1평방 마일을 점령하거나 잃을 때마다 발생하는 사상자 8,000명

하지 못했으므로, 전쟁은 순전히 소모전으로 변해갔다. 1916년에 벌어진 솜강 전투에서 영국군은 5개월 동안 이어진 전투 끝에 45평방 마일의 땅을 차지했지만, 그 대가로 41만 5천 명이 희생되었고 – 아무런 쓸모도 없는 땅 1평방 마일당 8천 명이 죽은 셈이다 – 독일 역시 비슷한 비율의 병력과 전력을 상실했다. 영국, 프랑스, 러시아 진영 쪽이 독일과 그의 동맹국 쪽보다 인구가 두 배였으므로, 이 기조로 전투를 계속한다면 승기를 잡을 수는 있었다. (아무도 이런 주장을 대놓고 펼치지는 못했지만 말이다)

시민

소모전에는 병력만이 아니라 시민까지 가담해야 했다. 젊은 청년들 대부분이 징집 대상이었고 – 프랑스는 전체 국민 중 20%를 군인으로 동원했으며, 독일은 18%였다 – 시민사회의 경제 부문 역시 징발의 대상

영국 포탄 제조 공장에서 선반 작업 중인 여성 노동자

이었다. 노동력과 원자재는 시장이 아니라 정부가 정하는 대로 할당되었고, 식량과 전쟁의 소비재는 배급제도를 통해 시행되었다. 전쟁터로 끌려간 남자들을 대체하기 위해 역사상 최초로 수백만 명의 여성들은 공장 노동자가 되었다. 전쟁에서 승리를 거두기 위해서는 군수품을 비롯한 제조품 공장의 노동자가 참호 속의 병사들만큼 중요한 인력이 되었기에, 이즈음부터 사람들은 '국내 전선home front'이라는 용어를 쓰기 시작했다. **그런데 모든 '전선'은 공격을 받기 마련이며, 실제로도 그랬다.**

경제전은 주로 바다에서 벌어졌다.

양쪽 모두 상대의 해상무역을 즉각적으로 봉쇄했다. 영국은 독일의 항구로 들어가려는 모든 배의 진입을 가로막았고, 이에 따라 전쟁의 마지막 2년 동안 독일에서 영양실조로 사망한 시민의 숫자는 평상시보다 80만 명이 더 나왔다.[91] 해군 병력이 적었던 독일도 잠수함을

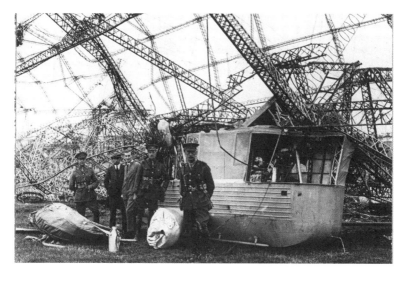

위의 사진: 체펄린은 영국의 신병 모집 포스터에까지 등장했다. 1915년. ('집에 있다가 포탄에 맞아 죽느니 전장에 나가 총알에 맞서 싸우는 편이 더 낫다.')

아래 사진: 에섹스Essex에 추락한 체펄린 L-33의 잔해. 1916년 9월 23일부터 24일 사이의 야간 공습 당시 격추된 두 대 중 한 대

활용해서 영국이 해외에서 가져오려던 식량과 원자재가 들어가지 못하게 막았다. 전쟁 기간에 독일 잠수함 U-보트가 바다에 가라앉힌 화물은 총 1,500만 톤에 이르렀지만, 그럼에도 보급품의 공급을 완전히 막을 수는 없었다. 특히 1917년에 독일이 선언한 '무제한' 잠수함 전쟁 탓에 미국까지 참전하게 되었다. 미국의 참전은 그해 후반에 볼셰비키 혁명이 일어나 러시아가 전쟁에서 빠져나가면서 생긴 연합군의 결손을 상쇄하고도 남을 만큼 충분했고, 1917년 9월에 영국 해군이 부활시킨 유서 깊은 수송 체제convoy system 덕에 영국으로 가다가 난파되는 배의 숫자도 급격히 줄어들었다.

이제 상대방의 경제를 공격할 만한 다른 방법이 하나 더 남아 있었다. 바로 공장과 군수품 제조에 동원된 공장 노동자들을 직접 공격하는 일이었다. 라이트 형제가 최초로 비행에 성공한 지 불과 12년이 흐른 후에 독일은 수백 킬로미터를 날아가 적국의 도시에 포탄을 투하할 수 있는 체펠린zeppelin 비행선을 보유하고 있었다. 독일은 실제로 그 비행선을 사용했다.

> 요점은 열두 대에서 스무 대가량의 체펠린 비행선을 꾸린 다음, 전체가 잘 조직된 한 팀처럼 움직이도록 승무원들을 반복해서 훈련하는 일이었다. 비행선 한 대에 300발의 포탄을 실을 수 있어 여러 대를 동원하여 밤에 동시에 공격하는 것이다. 그렇게 되면 한 번에 6,000발을 비처럼 런던에 쏟아부을 수 있다. 도덕적으로 옳으냐 아니냐 여부는 제쳐두고, 기술적인 관점에서 내 의견을 묻는다면, 나로서는 분명히 효과가 있다고 말할 수 있다.
>
> 에른스트 레먼Ernst Lehman 대위, 독일 체펠린 비행단[92]

런던에 처음으로 공습이 벌어진 날은 1915년 9월이었는데, 체펠린 L-15

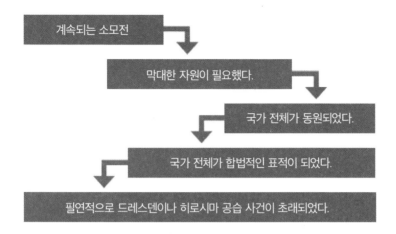

계속되는 소모전

↓

막대한 자원이 필요했다.

↓

국가 전체가 동원되었다.

↓

국가 전체가 합법적인 표적이 되었다.

↓

필연적으로 드레스덴이나 히로시마 공습 사건이 초래되었다.

가 하룻밤 사이에 15발의 고성능 폭탄과 50발가량의 소이탄을 투하했고, 이에 따라 17명의 사상자가 발생했다. 그 이후의 공습에는 더 많은 체펄린과 엔진이 두 개 달린 폭격기, 세 개 달린 폭격기까지 동원되었으나, 전쟁 기간에 공습으로 죽거나 다친 영국 시민은 4천 명 선에 불과했다. 그럼에도 이때의 공습은 그 이후 이어진 로테르담, 드레스덴, 히로시마는 물론, 20세기에 도시를 파괴한 모든 공습의 본보기가 되었을 뿐 아니라, 핵을 통한 억제 전략에서도 참고하는 선례로 쓰였다. **1915년 이후, 모든 사람이 합법적인 표적이 될 수 있었다.**

지상의 배

공포는 참호 속에 있는 이들 사이에 전류처럼 빠르게 퍼져 나갔다. 머리 위로 탱크가 휘젓듯이 모습을 드러내자, 용감한 병사들이 땅 위로 기어 올라가서 탱크 지붕으로 수류탄을 던지거나, 총을 쏘거나, 탱크에서 바깥을 보기 위해 뚫어 놓은 구멍 속으로 칼을 마구 쑤셔 넣는 등 자살 행위에 가까운 공격을 퍼부었다. 그들은 모두 포탄에 맞아 쓰러지거나 밟혀 으깨졌고, 나머지는 공포에 질려 양손을 들고 항복하거나, 다음 열의 참호까지 연결된 통로 쪽으로 급하게 탈출했다.

탱크와 처음 마주한 독일 보병, 1916년[93]

참호에서 발생하는 문제를 해결할 방법은 참호가 나타난 지 한두 달이 지났을 무렵인 1914년 후반에 영국군 참모 장교 스윈튼E. D, Swinton 대령이 찾아냈다. 그들에게 필요한 것은 너무나 단순 명백했는데, 쏟아지는 기관총 사격에 뚫리지 않고, 대포가 장착되어 있으며, 무한궤도식 바퀴가 달려 있어서 포탄이 떨어져 움푹 들어간 땅이나 철조망, 참호 따위를 얼마든지 타고 넘어갈 만한 운송 수단이 그것이었다. '지상의 배landships'라고 불렸던 탱크의 초기 모델은 1916년 후반에 서부

실전에 배치된 탱크를 찍은 최초의 공식 사진. 플레르 쿠르슬레트Flers-Courcelette 전투, 1916년 9월 15일. 사진 속 탱크 기종은 마크-I 모델이다.

전선에 배치되었지만, 실제로 대규모로 전투에 투입된 것은 1917년 11월에 있었던 캉브레Cambrai 전투로서, 476대가 투입되었다.

캉브레에서는 독일의 최후방 예비부대까지 전면적으로 공격하는 종합 화기 운영 계획이 처음으로 수립되었고, 화력을 강화하기 위해 150개의 포대도 은밀하게 추가 투입하였다. 완벽한 기습 작전을 목표로 삼았기에, 추가로 투입된 포대는 그때까지 일상적으로 사용하던 '목표물 확인' 방식(몇 번 발포한 뒤에 목표물에 제대로 적중했는지 확인하는 방식)으로 발포하지 않았다. 대신에 공중 정찰기, 정확한 좌표 설정, 탄도 계산 기술까지 전부 활용하면서, 공격 당일 아침 천 개의 대포에서 한꺼번에 발포를 시작했다. 이것은 대규모 '예측 사격predicted fire'이 실시된 최초의 공격이었으며, 이 공격으로 독일의 전선은 거의 완전히 뚫렸다. 그러나 독일군은 놀라울 만큼 빠르고 격렬하게 반격했고, 무너진 곳도 메웠다.

캉브레에서 영국군은 탱크와 예측 사격의 힘으로 여섯 시간 동안 4천 명의 사상자를 내면서 10킬로미터를 진격했다. 같은 해 초기에 벌어진 3차 이프르Ypres 전투에서 영국군이 그와 비슷한 거리를 진격하는 데 삼 개월이 걸렸고, 사상자는 25만 명에 달했다. 참호전의 교착상태가 끝난 이후로 독일도 똑같은 방식으로 전선을 돌파했지만, 탱크에 대한 의존도는 덜했다. 1917년 9월, 러시아 전선의 리가Riga를 공격할 때부터, 독일의 게오르크 브루흐뮐러Georg Bruchmueller 대령은 기습과 재빠른 돌파 작전을 위해 영국군과 비슷한 공식을 독립적으로 고안해 냈다. 즉, 사전 경고 없이 막대한 양의 간접 사격과 예측 사격을 퍼부으면서 보병대의 '돌격부대'가 적의 방위거점을 우회해서 방어지역 깊숙이 침투하여 혼란과 공포를 유발하고, 궁극적으로는 적이 스스로 퇴각하도록 몰아가는 전술이었다.

독일군 탱크는 그 숫자나 성능 면에서 영국군에 비할 바 아니었지

1차 대전 당시 독일 소년병

만, 그럼에도 독일은 1918년 봄에 공격을 시작했는데 (3년 동안 방어만
한 뒤였다), 대규모 미국군이 프랑스에 도착하기 전에 전쟁의 승부를
결정짓기 위해 모든 걸고 벌인 도박이었다. 1918년 3월 아라스Arras에서
벌어진 전투 첫날 독일군은 6,608문의 대포에서 320만 발을 발포했고,
그들이 2주일 동안 점령한 땅은 연합국이 전쟁 기간 내내 공격해서 점
령한 땅보다 넓었다. 그 뒤로 좀 더 빠른 속도로 공격을 이어갔고,
1918년 봄에 연합군은 전쟁에서 완전히 패배할 상황까지 몰렸지만, 독
일군은 파리나 영국 해협 해안까지는 끝내 이르지 못했다. 1918년 3월
부터 7월 사이 독일군 사상자 숫자는 백만 명까지 치솟았다.[94]

　그 후로 연합국 측이 반격을 개시했는데, 영국, 캐나다, 호주군이
공격의 선봉에 섰으며, 진격하는 속도는 독일군에 못지않았다. 만약에

전쟁이 계속되었다면, 1919년에는 항공기가 적의 전선을 폭격하고 수천 대의 탱크로 밀어붙이면서 중무장한 보병이 그 뒤를 따라간다는 계획이었지만, 그럴 필요는 없었다. 1918년 11월이 되자 독일군은 와해되고 있었고 수병들의 반란까지 일어나면서 베를린이 휴전을 제안하였기 때문이다.

엄청난 승리, 나쁜 평화?

그런데 이때 맺은 평화 조약은 왜 '전쟁 책임'을 묻는 문구부터 시작해서, 막대한 배상금에다, 나라 전체를 무장 해제하는 등 그토록 극단적으로 진행되었을까? 그리고 평화는 왜 고작 20년 정도만 지속되었을까?

국가 간의 라이벌 관계, 군사적 위협에 대한 두려움, 영토 분쟁 등 1차 세계 대전을 촉발한 요인들은 150년 전에 벌어진 7년 전쟁을 유발한 요인들과 비교해 봐도 크게 달라진 것은 없었다. 그러나 앞선 전쟁에서는 소수의 직업 군인들이 보이지 않는 곳에서 서로 싸움을 벌일 뿐이었고 시민들은 전쟁에 크게 신경 쓰지 않았다. 전쟁에서 패한 쪽은 승자에게 영토 일부를 내주면 그만이었고, 그 뒤로는 곧 평화가 회복되었다. 십만 명가량의 병사가 희생되더라도 사람들은 그리 중요하게 생각하지 않는 편이었고, 그 어떤 정권도 무너지지 않았다.

그러나 1914년부터 1918년까지 이어진 전쟁은 최초로 벌어진 총력전으로, 유럽 각국 정부는 한쪽이 완전한 승리를 거두고 다른 한쪽이 완전히 항복하는 방식이 아니고서는 끝이 나지 않는다는 것을 깨달았다. 징집된 인원이 6천만 명, 그중에 절반이 죽거나(8백만 명) 다치는(2천만 명) 엄청난 손실을 감당해야 했던 각 나라 국민에게, 이 전쟁이야말로 절대악을 물리치기 위해 일으킨 도덕적인 십자군 전쟁이라는 악의에 찬 선동이 먹혀들어 갔다. 각 나라 정부로서는 이토록 엄청난 전쟁을 촉발한 발칸 반도에서, 이전처럼 사소한 분쟁이나 해결하고, 식민지 몇 군데를 서로 교환하고, 살아남은 병사는 집으로 돌려보내는 식으로는 도저히 마무리할 수가 없었다.

총력전이란 승리 역시 총체적이어야 한다는 뜻이었으며, 정부의 생존 정도가 아니라 유럽 체제 전체의 생존이 걸린 문제였다. 군대가 와해되고 사회적 혁명이 다가오는 것이 눈에 보이는데도 정부는 타협과 절충을 통한 평화의 회복을 거부했다. 그럼에도 와해와 혁명은 어김없이 닥쳐왔다.

와해와 혁명

1917년 초, 러시아 군대가 가장 먼저 붕괴하였고, 러시아 내부에 몰아닥친 심각한 기아 상태는 1917년 3월에 (1차) 러시아 혁명을 불러왔다. 별다른 성과를 거두지 못한 4월의 공격 작전 이후에 프랑스군 전체의 절반가량이 반란을 일으켰으며, 진압 후에는 2만 5천 명이 군사 재판에 회부되었다. 5월에는 이탈리아군 40만 명이 카포레토Caporetto 전장을 버리고 달아나 버렸다. 영국은 정치적 안정이 흔들리고 있었다. 그 달 후반에 런던에 있던 영국군 참모총장이 프랑스에 파병된 영국군 지휘관 더글러스 헤이그Douglas Haig 장군에게 보낸 편지에 이런 대목이 있다. "러시아 혁명의 영향 때문이겠지만 지금 영국이 약간 불안정하다는 사실을 숨길 수 없을 듯하군요."[95]

패배한 진영에 속한 모든 제국 – 독일, 러시아, 오스트리아, 오스만 – 은 전쟁으로 무너졌고, 특히 러시아, 오스트리아, 오스만 제국 3국은 열 개 이상의 나라로 쪼개졌다. 이제 유럽인의 절반, 중동, 아프리카는 근본적으로 완전히 다른 체제 혹은 완전히 다른 나라의 시민으로 살게 되었다. 새로 수립된 소련에서 전쟁 기간에 도입된 전체주의적 통제는 평화 시기에도 이어졌다. 이탈리아와 독일에서도 파시스트 정권이 들어서면서 전체주의적 통제가 시행되었다. 그러나 전쟁에서 패한 국가들은 평화 조약 내용을 전혀 달가워하지 않았기에 20년 후에 전쟁은 다시 불붙었다.

전격전

1차 세계 대전 당시 군대는 참호전으로 인한 교착상태라는 전례 없는 군사적 위기 상황을 돌파할 방도를 찾아냈고, 각국의 전문가들은 탱크를 활용해서 전쟁에 기동력을 불어넣을 수 있는 해법에 대한 치열한 논의를 이어갔다. 최소한 2차 세계 대전 초반(1939년~1941년)에는 독일이 그 해법을 발견한 것처럼 보였다.

탱크의 기동력과 대포 등 무한궤도가 있거나 바퀴가 달린 장비를 충분히 활용하여 적의 방어선 중에서 좁은 부분을 뚫어내는 전격전 Blitzkrieg(번개가 치는 듯한 전쟁)을 전개한 것이다. 지상공격용 전투기(스투카스Stukas)가 가까이에서 엄호하는 형태의 이 군사작전의 핵심은 '스피드'였다. 굳이 적의 전력이 집중된 근거지에 연연하지 않고, 우회해서 계속 전진하는 방식이었다. 단단히 방어진을 갖춘 적지를 몇 시간 안에 돌파하고, 그다음에는 중무장한 부대가 재빠르게 돌격해서 적의 전선 후방을 혼란에 빠뜨리고, 적의 작전 본부와 전선 뒤쪽의 부대와 교신하기 전에 공격하는 것이다. 이론상으로 그리고 실전에서도, 전격전을 실시한 초창기에는 사령부와의 연락은 물론이고 보급로까지 끊긴 것을 알게 된 적의 전선은 대번에 무너져 버렸다.

1939년, 독일이 구사한 전격전은 단 3주 만에 폴란드군 전체를 궤멸시켰는데, 이때 독일군의 희생은 8천 명에 불과했다. 그해 봄, 독일은 프랑스에서 더 큰 승리를 거두었다. 프랑스군과 영국군이 훨씬 우수한 탱크를 더 많이 보유하고 있었음에도, 전술적 우위를 갖춘 독일은 저지대 지방the Low Countries[22]과 프랑스를 6주 만에 점령했다. 질질 끌면서 이어지는 소모전은 옛이야기가 된 듯했지만, 이야기는 그렇게 간단하지 않았다. 탱크로 인해 전선이 끝없이 움직이게 되었고, 이제는 참호 속의 병사보다 시민이 더 많이 희생되었다.

소모전의 귀환

전쟁이 한창일 때, 독일군이 소비에트 연방 깊숙이 들어가 전투를 이어가던 즈음, 또다시 소모전이 시작되었다. 러시아가 전격전에 어떻게 대응해야 할지 터득했던 까닭인데, 바로 참호와 지뢰와 벙커와 대포를 번갈아 배치하면서 몇 킬로미터에 걸쳐 방어선을 펼치고, 대전차 장애물[23]을 설치하여 무장한 선봉대가 진격하는 속도를 늦추게 만들며 조금씩 그들의 전력을 소모하게 하는 방식이었다. 탱크로 인해 양쪽의 승리 확률이 거의 비슷해진 측면도 있는데, 탱크 때문에 공격력이 강화되고 적진을 돌파할 가능성이 높아졌지만, 다른 한편으로는, 탱크로만 계속해서 이동하는 전선을 깨뜨릴 수 없었다. 때로는 적진의 전선을 돌파하는 데 성공하더라도, 적군은 전선을 수십 킬로미터 이상 뒤로 물러나서 다시 전선을 구축하면 그만이었다.

---

22 유럽 북해 연안의 벨기에, 네덜란드, 룩셈부르크로 구성된 지역

23 콘크리트 구조물 등 탱크의 진격 속도를 늦추기 위해 설치하는 장애물

서방 연합군은 1940년 5월부터 1944년 6월까지 유럽 대륙에서는 지상전에 투입된 병력이 거의 없다시피 했기에 가볍게 대응했지만(유럽 대부분 지역을 독일군이 점령한 상태였다), 동부 전선에서는 희생자가 엄청나게 쏟아져 나왔다. 예를 들어, 러시아는 전쟁 기간에 탱크 10만 대, 전투기 10만 대, 대포 17만 5천 문을 제작했고, 그중에 적어도 3분의 2 이상이 교전 중에 파괴되었지만, 총동원령을 내린 산업 사회는 이처럼 막대한 피해를 감수하면서도 버텨낼 수 있었다. 독일의 경우, 자국의 18세에서 45세 사이 남성 인구 중에 3분의 2를 징집했고, 그중에 350만 명이 전사했음에도[96] 1945년 4월까지 전쟁을 이어갔다. 결국 독일은 동부에서는 소비에트 군과 대치하던 전선이, 서부에서는 영국과 미국군과 대치하던 전선이 연이어 무너지면서, 이미 폐허가 된 내부로까지 밀리고 말았다.

시민들 그리고 움직이는 전선

병력의 사상자 규모도 컸지만 더 심각한 것은 민간인의 희생이었다. 전선이 각국의 영토 내부로까지 번지면서, 그 지역에 있는 모든 것을 파괴했다.

죽어 가는 사람에게서 쏟아져 나온 내장이 건물 잔해 위로. 그리고 다른 사람의 몸으로도 튀었다. 단단히 고정한 기관총은 조금 전에 가른 소의 배처럼 마구 불을 뿜으며 굉음을 토했다. 나무들은 박살이 났고, 깨진 유리창으로는 먼지기둥이 쏟아져 나왔으며, 한때 안락했던 거실의 모든 기억을 지워 버렸다. …이 난장판에서 장교와 부사관들은 자기 부대원과 동료를 다시 불러 모으느라 고래고래 고함을 쳤다. 이것이 굉음

바르바로사 작전Operation Barbarossa[24]이 개시될

당시 스프링필드 유니언Springfield Union 지에 실린 헤드라인

과 흙먼지 속에서 독일 전선에 참가한 우리의 모습이었고, 벨고로드
Belgorod 북쪽 변경을 향해 진격하는 우리 쪽 탱크가 일으킨 흙먼지가 구
름처럼 피어올랐다. …이틀째 되는 날 밤. 다 타서 재로 변한 벨고로드
가 살아남은 우리 부대원 수중에 떨어졌다. …내 기억이 정확하다면, 우
리는 그 외곽에 있는 데프레오트카Depreotka라는 지역의 잿더미 속에서
저항을 계속하는 자들을 진압하라는 명령을 받았다. 수색이 거의 끝나
갈 무렵 우리는 땅에 포가 떨어져 생긴 커다란 구덩이에 빠졌고, 아주
오랫동안 아무 말없이 서로를 쳐다보기만 했다. …그 누구도 입을 떼지
않았다. …대기는 여전히 들끓는 듯이 요동쳤고, 타는 냄새로 진동했다.
…넷째 날인가 다섯째 날 저녁, 우리는 미처 알지도 못하는 사이에 이미
벨고로드를 벗어나 있었다.

기 사제르Guy Sajer, 독일군으로 징집된 알자스인.[97]

    1941년 10월, 독일군은 침공 3개월 만에 러시아 남부에 있는 인구 3
만 4천 명인 도시 벨고로드에 처음 도착했고, 운이 좋았다. 이틀간 교
전이 있었으나, 건물 대부분과 시민 대다수 모두가 화를 면했다. 독일

---

24 1941년 독일의 소련 침공 작전 암호명

제6군이 스탈린그라드에서 패배하고 전선이 서쪽으로 물러나는 와중에 소련군은 1943년 3월에 이 도시를 탈환했다. 이때도 별다른 피해 없이 넘어갈 수 있었다. 독일군이 워낙 급하게 퇴각하는 바람에 이곳을 파괴하지 못했던 까닭이다.

위에서 언급된 사제르의 글은 1943년 7월에 독일이 세 번째로 이 도시에 진입할 당시 상황을 묘사하고 있는데, 독일이 결행한 마지막 대규모 공격이었던 쿠르스크 전투Battle of Kursk에서 대독일 사단Gross Deutschland Division이 벨고로드를 다시 장악할 때였다. 탱크 6천 대, 대포 3만 문, 병력 2백만의 독일군이 160킬로미터에 걸쳐 이어진 전선에서 전투를 벌였다. 그러나 독일의 무장한 선봉대는 결국 폭넓게 전선을 형성한 러시아군에게 막히게 되고, 소련군은 8월 중순에 반격을 가해 벨고로드를 재탈환하는 데 성공한다. 독일은 이번에는 도시를 빼앗기지 않으려고 애썼지만, 도시 안에서 벌어진 시가전 끝에 병사 3천 명이 죽었다. 전투가 끝났을 때, 폐허로 변한 벨고로드에서는 인구 3만 4천 명 중에 단 140명만 살아있는 것으로 집계되었다. 나머지는 도망가거나 징집되거나 사망한 것이었다.

벨고로드는 군사적인 중요성이 전혀 없는 지역이었지만, 전선이 그곳을 네 번이나 통과한 탓에 완전히 초토화된 것이다. 그와 똑같은 상황이 유럽에 있는 다른 수천 개의 마을과 도시에서도 벌어졌다. 2차 대전 당시 죽은 병사는 1차 대전 때 죽은 병사의 두 배가 넘었을 뿐 아니라, 죽은 병사의 두 배에 가까운 민간인들까지 죽음으로 몰았다. 이 때 죽은 민간인 중 6백만 명의 유대인은 후대에 홀로코스트라고 알려진 대학살의 희생자들로서, '인종'을 이유로 나치가 집요하게 살해한 자들이었다. 6백만 명의 유대인 외에 추가로 희생된 4백만 명의 폴란드인, 러시아인, 집시, 동성애자, 장애인 등 역시 나치가 무가치하다고 판단한 시민들이었다. 이들은 엄밀히 말해 전쟁의 일부가 아니었지만,

전쟁이라는 비상 상황은 모든 행동을 정당화하기 마련이었고 이런 사정은 1차 대전 때 아르메니아인을 집단 학살할 때도 마찬가지였다.

평균적으로 보면, 독일의 동쪽에 있는 나라들, 그러니까 격렬한 전투가 장기간에 걸쳐 벌어졌던 지역에서는 2차 대전 기간에 전체 인구의 10%가 희생되었다. 1945년 이후로 끝없이 펼쳐진 전선에서 대규모 정규군들이 맞붙는 전쟁은 드물었지만, 인구가 밀집된 지역으로 전선이 계속 확대되었던 몇 안 되는 전쟁(한국 전쟁 같은 사례)에서는 어김없이 많은 민간인 사상자가 나왔다.

전략적 폭격

지난 전쟁에서는 지상군의 작전으로 인해 여러 나라가 와해되었다. 반면에 미래에는. …공군력이 좌우할 게 분명하다. …무장하지 않은 시민들과 산업 단지를 대상으로 하는 전쟁이 초래될 것이다. …이런 무자비한 공격을 받은 국가의 사회 질서는 완전히 붕괴할 수밖에 없다. …잔혹하고 비인간적이지만, 엄연한 사실이다.

줄리오 두헤Giulio Douhet 장군, 1921년[98]

2차 대전 중에 사망한 칠천만 명 중의 97% 이상은 도시 공습으로 사망하지 않았으며, 폭격으로는 독일과의 전쟁에서 승리할 수 없었다. 그러나 그건 그 당시만 해도 기술력이 아직 충분히 발전하지 않은 단계였던 까닭이지, 기술력만 충분했다면 얼마든지 동원했을 것이다.

'전략적인 폭격' - 적국의 본토를 파괴하는 일 - 은 총력전에서 당연하게 동원되는 공격 방식이다. 이 전술을 열렬히 옹호했던 이탈리아의 줄리오 두헤 장군은 1915년이라는 상당히 이른 시기에, 이탈리아가

5백 대 규모의 다(多)엔진 전투기로 독립적인 폭격부대를 갖춰야 한다고 주장했던 인물이다. 그러나 그의 주장은 이탈리아에서보다 영국과 미국에서 가장 열렬히 받아들여졌다. 이들 국가는 전쟁에서 사람이 희생되는 것보다 돈을 퍼붓는 쪽을 선택하는 기술 지향적인 국가였기 때문이다. 2차 대전 당시 미군의 주 폭격기였던 B-17기는 1935년에 비행 테스트를 마쳤고, 영국 공군의 4발 엔진 폭격기도 같은 해에 설계가 완료되었다.

1940년부터 1941년에 걸쳐 독일군이 영국 도시를 대상으로 결행한 전격전으로 4만 명의 민간인이 사망했지만, 이 숫자는 전체 인구의 천분의 1에 불과했다. (영국은 애초에 희생자 규모가 그보다 14배는 더 될 것으로 예상하고, 대규모 묘지를 마련하는 계획까지 수립했을 정도였다) 단거리용 2발 엔진을 장착한 독일 폭격기는 전투가 벌어지는 현장에서 사용할 목적으로 만들어진 탓에 공습에는 적합하지 않았다.

영국 폭격기는 그보다 크고 멀리 날아갈 수 있었지만, 강력한 독일 공군 방어 체제 때문에 야간에만 폭격할 수 있었고 그 바람에 목표물(공장, 기차역 등)을 정확히 맞히는 경우가 드물었다. 1942년 초에 아서 해리스Arthur Harris 중장이 폭격부대 지휘를 맡으면서, 독일 민간인 말고 좀 더 정확한 목표물을 폭격해야 한다는 그럴듯한 명분을 포기하게 했다. 그렇게 도입된 새로운 정책은 두헤가 처음 주장했던 내용과 거의 일치했다.

1942년 4월에 쾰른에 천 발의 폭탄을 쏟아붓는 것으로 시작된 해리스의 '대중 폭격' 전략으로 3년간 59만 3천 명의 민간인이 사망하고, 330만 채의 집이 파괴되었지만, 비용 대비 효과는 그리 좋지 않았다. 전쟁 후반에는 영국이 보유한 병력과 자원의 3분의 1 이상을 폭격부대에 지원했지만, 영국과 캐나다 공군 요원 5만 5천 명이 전사했다. 피해가 가장 심각했던 시기(1943년 3월 – 1944년 2월)에 30회 이상 공습에

출전한 요원 중 생존율은 16%에 불과했다.[99]

그뿐만 아니라 해리스가 추구했던 목표를 제대로 달성한 때도 거의 없었다.

1943년 7월 28일, 청명하고 건조한 그 여름밤에 영국군이 독일 북부 도시 함부르크의 노동자들이 몰려 사는 지역을 타깃으로 평소보다 많은 양의 폭탄을 한꺼번에 쏟아부었을 때, 전혀 예상하지 못한 새로운 사태가 초래되었다. 화염이 폭풍처럼 번져 나간 것이다. 10제곱킬로미터 넓이의 땅을 불길이 뒤덮었고, 중심부 온도는 섭씨 800도가 넘었으며, 허리케인과 같은 강도의 대류풍이 안쪽으로 불었다. 생존자 중 한 명은 화염 폭풍이 몰아쳤을 때의 소리를 '누군가 교회에 있는 낡은 오르간에서 모든 음을 한꺼번에 내리누를 때 나는 소리'에 비유했다. 지하 대피소에 숨어있던 자들은 아무도 살아남지 못했다. 불에 타거나 일산화탄소 중독으로 사망했기 때문이었다. 밖으로 나온 자들이라고 해도 바람에 휩쓸려 화염의 중심부로 빨려 들어가 버렸을 것이다.

엄마는 젖은 시트로 나를 감싸고 내게 입을 맞춘 뒤, "도망쳐!"라고 말했다. 나는 문가에서 머뭇거렸다. 내 앞에는 온통 화염이었고, 모든 것이 용광로 입구처럼 붉게 타오르고 있었다. 뜨거운 열기가 덮쳐왔다. 불붙은 기둥이 내 발 앞으로 무너져 내렸다. 나는 잠시 몸을 움츠렸지만, 다시 그걸 뛰어넘으려던 찰나에 유령 같은 손이 나타나더니 기둥을 집어 던져 버렸다. 내 몸을 둘러싼 시트는 돛과 같은 역할을 했기에, 나는 마치 폭풍우에 떠밀려 가는 느낌이었다. 마침내 지난번 공습 때 폭격을 맞아 다 타버린 뒤라서 이제는 탈 것이 남아 있지 있지 않았다. 5층짜리 건물 입구에 도착했다. 누군가 뛰어나오더니 나를 양팔로 감싸고 문 안으로 끌고 들어갔다.

트라우트 코흐Traute Koch, 1943년 당시에 15세[100]

1943년 영국의 고모라 작전Operation Gomorrah 이후 폐허로 변한

함부르크의 주거지와 상업지구

두 시간 동안 함부르크 시민 2만 명이 희생되었다. 만약에 영국 공군이 그때 했던 일을 매번 실시했더라면, 그 전쟁을 6개월 안에 끝내는 것도 가능했겠지만, 다행히도 그 화염 폭풍은 1945년 드레스덴에서만 딱 한 번 더 반복되었다. 그렇지만 화염 폭풍으로 초래된 결과는 그렇게 인상적이지 못했다. 평균적으로 7명의 승무원을 싣고 출격하는 영국의 폭격기 한 대당 독일인 3명을 죽이는 꼴이었으며, 그중 한 명은 공장 노동자였다. 하지만 평균 14회 출격을 하고 나면 승무원들도 죽거나 죽지 않으면 포로로 잡혔다. 그뿐만 아니라 공습과 공습 사이에는 시간 간격이 넓었기에 도시는 파괴된 부분을 어느 정도 보수할 수 있었다. 전쟁 중 독일의 생산 설비는 1944년 후반까지 지속해서 증가하였다. 전략적인 폭격은 이론상으로는 설득력이 있지만, 실제로는 비용이 너무 많이 드는 참호전의 공군 버전에 해당했다.

전쟁 중 독일의 생산 설비가 실제적인 타격을 받은 것은 낮에 비행하면서 목표 산업 시설을 정확히 타격할 수 있었던 미군 폭격기 때문이었지만, 미국 제8공군 부대 역시 막대한 사상자는 피할 수 없었다. 그러나 일본과의 전쟁에서는 엄청난 규모의 B-29 폭격기와 '영국식' 전술을 동원한 막강한 세력인 데 비해 일본의 공군 방어체계는 허약했기에, 미국의 사상자 숫자는 얼마 되지 않았고, 화염 폭풍도 자주 발생했다. 드레스덴 폭격 직후인 1945년 3월 9일, 커티스 E 르메이Curtis E. LeMay 장군은 소이탄을 사용해서 도쿄에 사는 민간인을 대상으로 한 최초의 저준위 야간 공습을 결행했다. '공격 목표는 가로 6.4킬로미터에 세로 4.8킬로미터인 면적. …평방마일(2.5제곱킬로미터)당 10만 3천 명의 인구가 몰려 있는 지역이었다. …건물 267,171채가 파괴되었으며, 이는 도쿄 전체 건물의 4분의 1에 해당했다. 100만 8천 명이 집을 잃었다. 조그만 수로에서는 물이 끓어올랐다."[101]

　　1945년, 전략적인 폭격은 오랫동안 기대해 온 성과를 내기 시작했다. '햅Hap'이라는 애칭으로 불렸던 헨리 아놀드Henry Arnold 미국 공군 참모총장은 "미국 제20공군 부대가 일본 도시를 파괴하고 있으며 우리가 감당해야 하는 비용 대비 50배의 효과를 내고 있다."라고 보고했다.[102] 그러나 항복을 받아내기에는 아직 부족했다. 이때 거의 마법 같은 무기를 들고나온 미국이 주문에 걸린 듯이 총력전을 이어가던 일본 정부를 정신 차리게 하지 않았더라면, 모든 자원을 가동해 일본 본토를 공격하고 수백만 명을 더 희생시켜야 했을지도 모른다.

'죽음, 온 세상의 파괴자'

완벽한 윤곽에, 세부적인 부분까지 선명하게 보이는 도시가 다가오고 있었다. 반경 4마일(6.4킬로미터) 정도 되는 도시였다. 그때 우리는 폭탄을 투하할 수 있는 고도인 3만 2천 피트 상공에 있었다. 조종사가 내 어깨 위로 고개를 내밀더니 말했다. "여기가 히로시마 맞아요. 확실해요." 목표물에 정확하게 조준하자 폭격담당자가 말했다. "이제 됐어요. 준비 완료입니다." 그리고 그가 말을 이었다. "저기에 저렇게 있군요."

폴 티비츠Paul Tibbetts 대령,
에놀라 게이Enola Gay[25]에 탑승했던 파일럿

원자폭탄 개발을 위한 미국의 맨해튼 프로젝트는 독일이 이미 원자폭탄 개발을 시작했다는 독일 난민 과학자들의 경고가 나온 이후인 1942년 6월부터 가동되었다. 이것은 사실이 아니었지만, 영국은 원자폭탄 개발을 생각하고 있었으며(영국과 캐나다 양국은 1942년 이후 맨해튼 프로젝트에도 참여했다), 1944년경에는 러시아와 일본도 기초적인 핵무기 개발 프로그램을 가동하고 있었다.[103] 독일은 원자폭탄 개발을 추진하지 않았지만, 순항 미사일의 원조격인 무기(1944년에 영국을 대상으로 사용한 1만 5백 개의 v-1 '비행 폭탄')와 오늘날 핵무기를 공수하는 주요 수단이 된 장거리 탄도 미사일(런던에 투하된 1,115개의 v-2 미사일)을 개발하고 있었다. 적이 먼저 개발할까 봐 두려웠던 전 세계의 핵 관련 과학자들은 모두 불안감을 다스리면서 이 프로젝트에 참여하기로 했다.

그렇긴 했어도, 마침내 1945년 7월에 처음으로 원자폭탄을 실험하기 위해 뉴멕시코로 이동하는 중에도 맨해튼 프로젝트에 참여한 과학자 중 일부는 다른 생각을 하고 있었다. 독일은 이미 패했고, 일본이 폭탄을 제조할 능력이 있다고 생각하는 사람은 아무도 없었다. 그러나 그들의 생각을 바꾸게 하기에는 이미 늦었을 때였다. 7월 16일 오

---

25 1945년 8월 6일 히로시마에 원자폭탄을 투하했던 미국 B-29 폭격기의 애칭

전 5시 50분, 실험은 완벽하게 성공했고, 그들은 자신들이 무슨 무기를 만들어 냈는지 두 눈으로 똑똑히 확인할 수 있었다. 무수히 많은 예측을 했지만, 결과는 숨이 막힐 지경이었다.

> 우리는 이제 세상이 예전 같지 않다는 것을 깨달았다. 어떤 이들은 웃음을 터뜨렸다. 눈물을 흘리는 이들도 있었다. 대부분은 아무런 말이 없었다. 나는 힌두교 경전 바가바드 기타Bhagavad Gita의 한 구절을 떠올렸다. 비슈누가 왕자에게 자기 의무를 다해야 한다고 설득하면서 깊은 인상을 남기기 위해 여러 개의 팔이 달린 형상으로 "나는 죽음이며, 온 세상의 파괴자"라고 말하는 대목. 나는 우리 모두 그렇게 느끼고 있다고 생각했다.
>
> 로버트 오펜하이머Robert Oppenheimer,
> 로스 앨러모스Los Alamos 소재 연구팀 대표

이때 군은 이제는 전략의 핵심부가 된 '도시 파괴' 작전을 수행할 때 원자폭탄이 비용 대비 효과가 좋은 수단이라는 점을 눈으로 확인했다. 총비용 20억 달러만 들이면 되는 이 수단은 폭격부대나 제8공군 부대를 운영하는 쪽보다 비용이 적게 들고, 훨씬 강한 충격을 줄 수 있었다. 1945년 8월 6일, 티베츠 대령이 이끄는 승무원들이 히로시마에 원자폭탄을 투하했고, 단 한 대의 전투기가 투하한 단 한 발의 폭탄으로 5분 만에 7만 명이 사망했다. 그 후에 티베츠는 이렇게 말했다. "저 아래에 있던 도시는 흔적도 없이 사라졌고, 내 눈에 보이는 것이라고는 그저 거대한 지역이 – 내가 동원할 수 있는 표현은 이것뿐인데 – 펄펄 끓는 검은 덩어리에 뒤덮인 광경이었다."

> 태양이 박살 나면서 폭발한 듯했다. 노란 불덩어리가 사방으로 쏟아져 내렸다. 그 후로 강둑에는 다친 사람들이 너무 많아서 걸어 다닐 수조차

1945년 8월 6일, 현지 시각 정오 무렵, 히로시마 상공을 뒤덮은 불기둥 구름

없었다. 여기는 폭탄이 떨어진 곳에서 불과 1.6킬로미터 떨어진 곳이었다. 사람들이 입고 있던 옷은 죄다 찢겨 나갔고, 열선에 노출된 온몸은 화상으로 뒤덮여 있었다. 누더기 조각이 주렁주렁 매달린 듯한 모습이었다. 몸에 생긴 물집에서는 진물이 터져 나오고, 피부는 너덜너덜했다. 내장이 몸 밖으로 쏟아져 나온 이들도 있었다. 눈이 먼 사람도 있었다. 등이 터져서 등뼈가 보이는 사람도 있었다. 다들 마실 물을 찾고 있었다.

오치Ochi 부인

만약에 내가 다시 한번 이와 비슷한 상황에 부닥쳐서, 내 조국이 전쟁에 돌입하여 우리의 미래가 위협당하고, 상황이 그때와 같다면, 나는 그 일을 다시 하는데 일 분도 머뭇거리지 않을 것이다.

폴 티베츠 대령

심각한 문제

티베츠 대령이야 그렇게 단언했지만, 지금 우리 시대 강대국 간의 전쟁은 종말을 향해 가고 있다. 지금도 약소국이나 아직 국가 단위로 올라서지 못한 공동체 정도야 조직적인 폭력을 동원해서 정치적 목적을 일부 성취할 수 있겠으나, 강대국들이 조직적인 폭력이라는 습관을 포기하지 않는다면, 문자 그대로 멸망할 수 있는 시대가 되었다.

그래도 작은 위로가 될 법한 사실 두 가지가 있다. 첫째, 그 전과 달리 아주 오랜 세월 동안 강대국들이 서로 싸우는 것을 자제하고 있다는 사실이다. 둘째, 두 번의 세계 대전을 거치면서 온 세상 사람들이 이제는 전쟁을 영광스럽게 생각하기보다는 심각한 문제로 인식하고 있다는 점이다.

8장 | 핵전쟁에 관한 짧은 역사
1945년~1990년

문화 지체

> 대통령님, 저는 우리 머리가 조금 헝클어지는 정도가 될 거라는 말을 하
> 려는 게 아닙니다. 운이 좋으면 천만에서 2천만 명 이상은 죽지 않을 거
> 라는 말씀을 드리는 겁니다.
>
> 1963년 스탠리 큐브릭 감독이 만든 영화 <닥터 스트레인지 러브
> 혹은 내가 어떻게 걱정을 멈추고 핵폭탄을 사랑하는 법을 배웠는가>에
> 등장하는 '버크' 터지슨Buck Turgidson 장군
>
> (조지 C. 스콧George C. Scott 분)

큐브릭 감독이 내세운 터지슨 장군은, 오랫동안 미국 공군 전략 사령
부 수장으로 복무하면서 핵전쟁을 해야 한다고 열렬히 주장했던 커티
스E. 르메이Curtis E. LeMay 장군을 희화한 인물이었다. 2003년에 제작된
기록 영화 <전쟁의 안개Fog of War>에 나왔던 전前 국방장관 로버트S. 맥
나마라Robert S. McNamara는 "르메이는 이 나라 사람들과 맞서 싸우려면

결국은 핵무기를 쓸 수밖에 없으며, 그것도 나중에 해서는 안 되고, 우리가 상당한 우위에 있을 때 써야 한다는 의견이었다."라고 술회했다. 르메이는 핵무기로 인해 근본적으로 바뀐 것은 별로 없다고 생각했다. 그는 소비에트 연방에 비해 미국이 보유한 핵무기 숫자가 17배가 많은 상황 자체는(1960년대 초반의 상황) 전략적으로 유리한 자산이라고 생각했다. 그는 문화 지체cultural lag[26]의 희생자였다.

냉전 시기 중에서도 가장 위험했던 때는 바로 르메이 같은 자들이 권력의 중심부를 차지하고 있던 초창기였다. 그 뒤로 전쟁 억지력의 기본 개념을 이해하고 있는 이들이 그들을 조금씩 대체하면서 세계는 그나마 안전한 곳이 되긴 했다. 하지만 지금도 여전히 세계는 심각할 만큼 위험한 상태이다.

핵무기는 지난 75년간 강대국의 전략적 사고를 지배해 왔다. 그러

---

26 가치관, 종교, 규범 따위의 비물질 문화의 변화가 기술을 포함한 물질 문화의 변화 속도를 따라가지 못하는 현상

나 우리는 실전에서 핵무기 여러 발을 사용하면 어떤 일이 벌어지는지 전혀 알지 못한다. 1945년에 아주 작은 핵무기 두 발이 일본 도시에 떨어졌을 뿐이고, 그 이후로는 사용된 적이 없다. 비유하자면, 핵전쟁에 관한 토론을 벌이는 전략가들은 섹스에 관해 이야기하는 처녀들과 같다. 핵전쟁에 관한 이론이나 원칙을 갖고 있지만, 실제로 전쟁이 벌어지면 어떤 일이 일어나는가에 대해서는 아주 끔찍하다는 정도 외에는 알지 못하기 때문이다. 그들은 심리적 효과나 전자기적 효과, 기후에 미치는 효과에 대해서도 제대로 알지 못한다. 지금 우리가 가지고 있는 모든 유용한 증거는 지난 45년간(1945년-1990년) 미국과 소련이 대립하던 이른바 냉전 시대에 얻은 것들이다.

> 나는 원자폭탄이 사용되는 다음 전쟁에서 어느 쪽이 승리하게 될지는 아무런 관심이 없다. 지금까지 우리 군의 가장 중요한 목표는 전쟁에서의 승리였다. 그러나 이제부터는 전쟁을 회피하는 것을 가장 중요한 목표로 삼아야 한다. 그 외의 유용한 목표는 딱히 존재하지 않는다.
>
> 버나드 브로디Bernard Brodie, 1946[104]

버나드 브로디는 히로시마에 첫 번째 원자폭탄이 투하될 즈음에 예일 대학 국제 관계 연구소에 합류했다. 미국학계는 핵전쟁을 막기 위한 '세계 정부' 창설이라는 공상에 젖어 있었다. 그런데 그런 공상이 이루어질 리가 없다고 생각한 브로디는 몇 명 안 되는 동료들과 함께, 핵으로 무장한 채 독립적으로 움직이는 완고한 민족국가들로 이루어진 이 세상에서, 모두가 안전하게 생존하는 데 필요한 규칙이 무엇인지 연구하기 시작했다. 1945년 9월과 11월 개최된 두 차례의 회의와 수많은 비공식 논쟁 끝에 그들은 완전하고 결정적이며 논란의 여지가 없는 핵 억제력nuclear deterrence 이론을 만들어 냈다.

"원자폭탄에 관한 모든 논의는 그런 폭탄이 세상에 실제로 존재하며, 그 파괴력이 상상을 초월할 정도라는 사실 앞에서 무색해진다."라고 브로디는 썼다. 원자폭탄을 막아낼 수 있는 효과적인 방어체계는 있을 수 없다. 공중전에서 방어란 소모전 양상으로 작동하기 마련이어서 완벽하게 방어할 수는 없다. 그래서 단 몇 발만 놓치더라도 초래되는 피해는 막대할 수밖에 없다 1944년 런던을 때린 v-1 순항 미사일 공격을 아주 잘 방어했던 하루를 예로 들더라도, 영국 공군은 101발의 공격 중의 97발을 막아냈다. 그러나 브로디가 말하듯. 그렇게 놓친 4발이 원자폭탄이었다면 그때 런던에서 살아남았던 자들은 방어가 훌륭했다고 생각하지 않을 것이다.

그리고 어느 나라에든 핵무기로 공격할 만한 표적은 얼마 안 될 뿐 아니라 그 표적 대부분은 도시인데, 몇 개 안 되는 이 표적만 파괴되어도 사회 전체가 무너진다. 그렇기에 어느 수준 이상으로 올라가면 양쪽이 보유한 핵무기 숫자의 상대적 차이는 의미가 없어진다. 한쪽이 보유한 2천 기의 핵무기가 상대방 경제 전체를 무너뜨리기에 충분하다면, 한쪽이 6천 기를 가지고 있고 다른 쪽이 2천 기를 가지고 있다고 해도 별 차이를 만들어 내지 못한다.[105] 그러므로 군사적으로 의미 있는 유일한 정책은 핵 억제력을 논의하는 것뿐이다. 핵으로 무장하고 있는 상대국에 핵을 사용하는 방안은 생각해 볼 가치도 없는 일이어서, 양쪽 모두 보복을 당할 수밖에 없고, 적국의 도시가 우리 도시보다 몇 시간 혹은 며칠 앞서 파괴된다고 얻을 수 있는 것은 별로 없다. 평상시 군이 추구해야 할 가장 중요한 목표는 자국 핵무기 시스템이 핵 공격을 받을 때도 파괴되지 않도록, 여러 곳에 분산해서 숨기거나 땅에 파묻어 두는 일이다. 핵 공격에 맞서 안전을 확보하는 유일한 대비책은 핵무기로 보복할 능력을 확보하는 것이다.[106]

| 무기가 적은 쪽은
불리하다. | **재래식 전쟁** | 더 많은 무기를 가진 쪽이
힘의 균형을 유지한다. |

핵무기는 파괴력이 워낙 강하기에 양쪽이 보유한 숫자는 큰 상관이 없다.
몇 발만 놓쳐도 피해를 당한다는 위험만으로 충분하다.

여기에다 덧붙일 다른 중요한 사항은 없었다. 1946년 2월에 브로디와 그의 동료들은 핵으로 무장된 이 세계 속에서 전쟁을 초래할 위험이 있는 국제 사회 체제가 바뀔 때까지 평화를 유지할 수 있는 조건에 대해 정리했다. 그러나 몇 명 안 되는 젊은 민간인이 제안하는 군사 정책에 귀를 기울이는 권력자는 아무도 없었다.

엄밀히 말하자면, 1946년까지만 해도 미국 정부로서는 브로디의 제안을 받아들일 필요가 없었다. 아직도 전 세계는 재래식 무기가 대세였고, 단 한 나라 미국만 핵을 보유하고 있었으므로, 핵 억제력이란 일방적인 이야기였기 때문이었다. 실제로 미국 정부와 유럽의 동맹국들은 미국이 핵을 독점하는 쪽이 서방의 군사 안보를 확보하는 저렴한 해결책이라고 봤다. 미국과 소련이 세계 대전에서 같은 연합국에 속해 싸웠던 시절이 끝나고 대립하는 관계로 변해가면서 러시아가 유럽 지역에 재래식 군사력을 새롭게 보강했다면, 미국은 점점 더 많은 원자폭탄을 제조했다. 1949년에 러시아가 처음으로 원자폭탄을 실험하자 미국은 한층 강경하게 나오면서 원자폭탄보다 강력한 수소폭탄(열핵폭탄thermonuclear weapons)을 개발했다. 1950년대를 거치면서 미국은 소련에 비해 적어도 열 배는 많은 핵무기를 보유하고 있었을 뿐만 아니라, 만일 소련이 이해하기 어려운 행동을 한다면 일차적으로 소련의 도시들을 대상으로 핵무기를 즉시 사용하겠다고 공개적으로 반복해서 천명했다.

> 기본적으로 미국의 핵 정책은 전쟁 초기부터 핵무기를 사용하겠다는
> 점을 분명히 하는 정책이었다.
>
> 로버트 맥나마라, 미국 국방장관, 1961년~1968년[107]

미국 국무장관이었던 존 포스터 덜레스John Foster Dulles는 그보다 앞서 1954년 1월 어느 연설에서 이 정책을 '대규모 보복' 이론으로 부르면서, 미국은 '자신이 선택한 곳에서 자신이 선택한 수단으로 즉각 보복할 수 있는 막강한 역량을 갖고 있다.'고 발표했다. 심지어 소련이 핵무기를 사용하지 않더라도 전 세계 어디서든 미국의 이익을 침해하는 군사작전을 실행할 경우, 미국의 핵무기를 대규모로 사용하여 소련 본토

대규모 보복
핵이든 아니든 상관없이
위협과 공격을 한다면
핵을 사용해서 즉각적이고
압도적으로 대응

최소한의 억제력
핵 공격을 억제하는 데 필요한
만큼의
핵무기만 보유함.
'먼저 사용하지 않는다'라는 정책

에 보복한다는 뜻이었다.

그것은 버나드 브로디와 그의 동료들이 제안한 '최소한의 억제력'과는 정반대되는 정책이었는데, 그때만 해도 그들 중 상당수가 캘리포니아 산타 모니카에 있는 미국 공군이 설립하고 자금을 대는 싱크탱크인 '조사 개발 협회RAND: Research and Development Corporation'에서 민간인 출신 국방 전문 분석가로 일하고 있을 무렵이었다. 그들은 소련이 수량은 얼마 안 되더라도 미국 도시까지 보낼 수 있는 열핵폭탄을 보유한 뒤에는 미국이 소련보다 아무리 많은 폭탄을 보유하더라도 큰 의미가 없다는 것을 알았다. 1957년에 접어들자, 소련은 그들이 우려했던 목표에 거의 근접하고 있었다. 이에 그들은 자신들의 상사를 통해 그때도 여전히 미국 전략 공군 사령부를 지휘하고 있는 르메이 장군에게, 계속해서 규모가 커지고 있는 소련의 폭격부대가 머지않아 지상에 있는 전략 공군 사령부를 '진주만 공습' 때처럼 공격할 것이라는 경고를 보냈다.

르메이는 시큰둥하게 나왔다. 그는 미국 정찰기가 소비에트 영공에서 하루 24시간 내내 비밀스럽게 정찰 업무를 이어가고 있다고 가볍게 응수할 뿐이었다.

> 러시아인들이 공격하겠다고 비행기를 모으고 있는 게 내 눈에 띄기만 하면 이륙하기 전에 죄다 박살을 내줄 참이다. 나는 이게 우리나라의 정책인지 아닌지는 아무런 관심이 없다. 이건 나의 정책이다. 그리고 나는 내 정책대로 할 것이다.
>
> 커티스 르메이 장군[108]

르메이 장군이 일 처리에 철저했으리라는 점은 의심할 여지가 없지만, 그렇다고 소비에트의 도시 대부분을 파괴하는 식으로 일을 마무리하지도 않았는데 그랬더라면 러시아의 원한을 샀을 것이며, 그렇게 해서 초래될 러시아의 보복을 원하는 자는 아무도 없었다. 그러나 과연 그가 (a) 나중에 보니 그의 정찰부대가 소비에트의 움직임을 오판했을 뿐이고 애초에 그들은 공격할 계획이 없었던 것으로 판명되거나 (b) 전 세계가 암흑과 추위에 뒤덮이게 되었을 때, 이런 사태에 대해 사과했을지는 불분명하다.

1950년대가 끝나갈 무렵, 워싱턴의 민정 당국은 미국의 전략이 내포하고 있는 문제점에 대해 우려하기 시작했다. 1957년에 드와이트 아이젠하워Dwight Eisenhower 대통령도 이렇게 말했다. "이런 식의 전쟁은 절대로 해서는 안 된다. 불도저로도 수습할 수 없을 만큼 많은 시신이 거리에 널려 있게 될 것이다."[109]

일 년 후, 존 포스터 덜레스는 국방부로 가서 합동 참모 본부 인원이 모인 자리에서 대규모 보복 정책을 포기하겠다고 공식적으로 밝혔다.[110]

그뿐만 아니라 아이젠하워 행정부는 대규모 보복 정책으로 전쟁을 억제할 수 없다면, 재래식 무기라도 강화해야 한다는 의견마저 거부했다. 아이젠하워는 1955년부터 1957년까지는 소련이 실제보다 더 많은 폭격기를 보유하고 있다('폭격기 격차bomber gap')는 식으로 노골적으로 정보를 조작하고, 1957년부터 1960년까지는 미사일에 대해서도 똑같은 방식으로 허위 정보('미사일 격차missile gap')를 만들어 내던 전략 공군 사령부의 의견을 깡그리 무시해 버렸다. 본인이 직업 군인 출신이었기에 군이 어떤 식으로 움직이는지 잘 알고 있었던 아이젠하워는 르메이가 자신을 속여서 전략 공군 사령부가 더 많은 폭격기와 미사일을 보유하도록 국방비를 늘리게 만들려 한다는 점을 알아차렸다. 아이젠하워는 지금 당장 큰 전쟁이 일어날 일은 없다고 판단했고, 여러 측면에서 지금 이미 소비에트에 충분히 두려운 존재인 미군의 위력을 여기서 더 강화하는 비상 계획contingency plans은 추진하고 싶지는 않았다. 1960

년까지 미국은 6천~7천 기가량의 열핵폭탄을 보유하고 있었고, 이들 모든 것은 히로시마에 투하된 폭탄보다 수십 배 강력한 위력이었다.[111]

확산

원자폭탄을 갖지 못한 나라는 진정한 의미에서 독립된 국가라고 할 수 없다.

샤를 드골, 프랑스 대통령, 1968년[112]

독일이 원자폭탄을 개발하기 전에(그들은 이걸 두려워했다), 타국보다 먼저 개발해야 한다는 생각에 사로잡혀 광란에 가까운 질주를 이어가던 시기에 영국과 캐나다는 미국이 주도하는 맨해튼 프로젝트에 자원해서 자국 과학자, 테크놀로지, 우라늄 광석까지 막대한 자원을 투입했다. 그렇지만 그 프로젝트를 통해 개발될 핵무기를 어떻게 나누어 가질 것이냐에 관해서는 협의한 바가 없었다. 미국 정부는 핵무기를 공유할 의도가 전혀 없었는데, 여기에 대해 영국과 캐나다 양쪽의 반응은 극명하게 갈렸다. 캐나다는 전쟁에서 큰 역할을 감당했음에도 불구하고 세계적인 차원에서 군사적 역할을 하려는 의도가 없었기에, 자국 안전에 핵무기는 필요하지 않다는 결론에 이를 때까지 특별한 논쟁도 일어나지 않았다. 반면 영국은 자국에서 불과 640킬로미터 떨어진 독일 한복판에 소련군이 주둔하고 있어서, 만약의 경우를 대비해서라도 핵무기가 필요하다는 결론에 이르렀다.

영국과 똑같은 결론에 도달한 프랑스는 독자적인 핵무기 개발 프로그램을 가동했다. 1950년대 후반, 모스크바와 사이가 틀어진 중국 공산당 역시 소련의 핵 공격을 억제하기 위한 핵무기 개발을 시작했는데,

다들 '최소한의 억제력'을 갖추려는 시도였다. 당시 이들 중에 그 어느 나라도 미국처럼 소련의 모든 미사일 격납고와 작은 마을까지 겨냥한 핵무기를 갖출 능력은 없었으며, 그럴 필요성도 느끼지 못했다.

프랑스는 '소비에트라는 거대한 곰의 한쪽 팔을 뜯어내는' 능력 정도를 생각했고, 영국은 명백하게 '모스크바라는 판단 기준'에 따라 자국의 핵무기 능력을 구축했다. 그들은 자신들이 모스크바를 파괴할 만한 역량만 있으면 러시아가 영국을 목표로 핵을 쓰지 못하리라고 봤다. 그뿐만 아니라 이들 두 나라는 자신들에게 핵무기가 있으면, 소련이 재래식 무기로 유럽을 공격할 때 워싱턴이 자신들을 포기하지 않게 하는 데 도움이 되리라고 생각했다. 미국이 아무리 '대규모 보복'을 천명한다고 해도 실제로 전쟁이 벌어지면 미국 도시를 불바다로 만들 수 있는 핵전쟁에 돌입하기보다는 서유럽을 포기하는 쪽을 택할 우려가 있었다. 하지만 영국과 프랑스가 독자적으로 핵무기를 갖춘다면 이런 사태를 충분히 방지할 수 있다고 생각했다. 그리고 양국은 자신들이 보유한 미사일이 기습 작전 한 방에 죄다 파괴되는 일을 막기 위해서 미국처럼 핵무기 중 일부를 잠수함에 실어서 바다에 배치했다.

1980년대에는 영국과 프랑스 모두 핵무기 확장에 열을 올렸으며, 그 결과 두 나라 모두 1,000개의 목표물을 타격할 역량을 갖추었다. 핵무기 숫자를 늘리는 일에 신중한 편이었던 중국도 최소한의 핵 억제력 정책에 따라 핵미사일 일부를 최대한 빨리 잠수함에 실어 바다에 배치했다. 추정하건대 1960년대 중반경에 처음 핵무기를 보유하게 된 이스라엘은 그 후로 오랜 시간이 지날 때까지 잠수함에 싣지는 않았는데, 그들은 아랍의 기습 공격으로 핵무기가 파괴될 일은 없다고 판단했던 까닭이다. 그때나 지금이나 아랍권에서 핵무기를 보유한 나라는 없으므로 이스라엘은 '대규모 보복' 정책을 추구하되 공개적으로 천명할 필요는 없었다. 모든 아랍국가는 만약에 이스라엘이 재래식 전쟁에서 패하면 곧 핵무기를 꺼내리라 생각했다. 입증되지 않았지만 여러 증거를 종합해 보면, 1973년에 이집트와 시리아가 맞서 싸운 전쟁[27]에서 공포에 질려 있었던 전쟁 초창기의 이스라엘은 실제로 핵무기를 사용하려고 준비하고 있었다.

1968년에 핵무기 금지 조약이 체결되면서, 핵을 보유한 5대 열강은 자신들이 보유한 핵무기를 다른 나라에 이전하지 않고 백여 개의 다른 나라들은 핵무기 개발을 하지 않기로 합의함으로써 핵무기 보유국이 한 나라에서 여섯 나라로 늘어났던 20년의 세월이 마침내 막을 내렸다. 이스라엘은 자신들의 핵 보유 여부에 관해 줄곧 침묵을 지켰지만, 30년이 지난 후인 최근에 또 다른 나라가 핵보유국 지위를 공개적으로 선언하였다.

제한적인 핵전쟁의 오류

나는 그들이 너무나 위험하고, 타락한, 괴물 같은 인간들이라고 생각했다. 그들은 인류 전체를 파멸에 빠뜨릴 기계를 만들어 냈다.

대니얼 엘스버그Daniel Ellsberg, 1916년

1961년에 출범한 케네디 행정부('미사일 격차'라는 신화가 선거에서 이기는 데 큰 도움이 되었다)는 조사 개발 협회RAND에서 근무 중이던 분석가들을 통째로 국방부로 데려왔다. 그중에 한 명이었던 대니얼 엘스버그는 미군의 여러 부대가 보유 중인 핵무기가 조준하고 있는

---

27 1973년 이집트, 시리아 등이 이스라엘을 기습 공격했었던 4차 중동전쟁. '욤 키푸르 전쟁'이라고도 부른다.

목표물을 표기한 최초의 '단일 통합 작전 계획Single Integrated Operational Plan(SIOP)'을 볼 수 있었다. 그때 그는 큰 충격을 받았다. 전략 공군 사령부의 작전 계획은 소비에트와 중국에 있는 모든 도시와 주요 군사 설비를 목표로 미국이 보유한 핵무기 전부를 한꺼번에 발사하는 계획이었으며, 여기에는 동부 유럽 대부분까지 포함되어 있었다. 두 번째 타격을 위해 남겨두는 분량이 전혀 없었으므로, 비록 전쟁에 가담하지 않았어도 중국은 물론이고 소련이 점령 중인 동부 유럽의 위성 국가들 역시 남겨둘 수가 없었으며, 이 공격으로 3억 6천만 명에서 4억 2천5백만 명이 사망하게 된다. 이것은 그 당시 세계 전체 인구의 10분의 1에 해당하는 수치였다. 미군의 모든 부대가 자신이 보유한 핵을 일차적으로는 모스크바에 발사하려 했으므로, 소련의 수도는 모두 170발의 원자폭탄과 수소폭탄의 세례를 받게 될 참이었다.[113]

케네디 행정부의 국방장관이었던 로버트 맥나마라는 엘스버그가 들었던 것과 똑같은 작전 계획에 관한 브리핑을 받고 마찬가지로 충격을 받았지만, 전략 공군 사령부는 이런 반응을 예상하고 민간인 입장에서 충격이 덜할 정도로 수위를 조절한 새로운 계획을 다시 내놓았다. 공군이 제시한 새로운 시나리오에는 소련이 서유럽을 공격하면 미국은 재래식 무기로는 막아낼 수 없으므로 핵무기를 사용해서 소련 폭격기의 저장소, 미사일 기지, 잠수함 기지를 타격하되, 소련의 도시는 타격 목표에서 제외하고 핵무기 중 일부는 남겨두는 것으로 되어 있었다. 이렇게 되면 소련도 대응에 나서겠지만 미국 도시를 때리지는 못할 것이라고 봤다. 미국은 선제 타격을 통해 - 소련도 핵무기로 반격하겠지만 - 싸움에서 승리할 수 있고, 그 후로는 소련이 항복하지 않으면 도시를 하나씩 선택해서 타격하겠다고 말한다는 식이었다. 그렇게 되면 모스크바는 당연히 항복할 것이고, 전쟁에서 희생되는 미국인은 고작 3백만 명, 소련인은 5백만 명에 불과할 것이라는 계산이었다.

1952년에 나온 앤서니 리조Anthony Rizzo 감독의 영화

<덕 앤 커버Duck and Cover >의 포스터

"그는 영리해서 등에 은신처를 짊어지고 다닌다,
당신도 피할 곳을 찾아야 한다."라는 내용의 문구가 실려 있다.

맥나마라는 애초의 작전 계획보다는 덜 미친 듯한 이 '반격' 작전에 설득되어 전략 공군 사령부에 이 기조를 유지하고, 아울러 핵전쟁이 발발하면 '잘 통제된 대응을 하고 협상을 위한 휴지기를 갖는다.'는 독트린도 만들라고 지시했다. 그해 말, 수정된 전략안인 '작전 계획-63'에 따르면 지휘관은 미국의 미사일 공격 목표를 언제든지 바꿀 수 있고, (한 번에 50발씩 쏘게 되어 있던 기존의 방침과 달리) 한 발 혹은 몇 발만 발사할 수 있다. 이제 미국은 이론상으로는 도시를 배제하고 '제한된 핵전쟁'을 수행하는 셈이었다. 러시아가 그러자고 동의해 주며 한 말이다. [114] 맥나마라는 실제로는 이 전략을 신뢰하지 않았지만 –

그는 케네디 대통령과 존슨 대통령에게 어떤 경우라도 핵을 먼저 사용해서는 안 된다고 은밀하게 조언했다. - 공식적으로는 이 새로운 작전 계획에 근거해서 미국 본토에서 핵폭탄이 터지더라도 억제력과 합리성을 근거로 행동할 것을 분명히 했다. 그러나 얼마 안 있어 일어난 사태는 이런 생각이 얼마나 현실과 동떨어져 있는지 여실히 드러냈다.

쿠바 미사일 위기

1961년 후반, 소비에트 연방 서기장 니키타 흐루쇼프Nikita Khrushchev는 소련이 대륙 간 탄도 미사일을 잔뜩 보유하고 있다고 주장했지만, 미국이 새로 쏘아 올린 정찰 위성의 정보를 통해 이 주장이 순전히 허세라는 사실을 확인했다. 당황스럽고 수치스러웠던 흐루쇼프는 1962년에 소련과 새롭게 동맹 관계를 맺은 쿠바의 영토 내에 은밀히 단거리 미사일을 배치하는 도박을 벌였는데, 이렇게 되면 미국 도시들이 소련 미사일의 사정거리 안에 들어오고, 전략적 격차도 해소될 수 있었다.

미국이 이 미사일을 발견하면서 이른바 쿠바 미사일 위기 사태가 터졌다. 미국은 쿠바 봉쇄령을 발포했고, 흐루쇼프가 미사일을 거두어들이지 않으면 침공하겠다는 뜻도 밝혔다. 심각한 위기가 실제로 닥치자 반격 작전이니 제한적인 핵전쟁이니 하는 개념에 집착하는 사람은 아무도 없었다.

소비에트의 전력이 약한 편이긴 했지만, 미국이 무슨 수를 쓰더라도 흐루쇼프가 보낸 폭격기와 미사일 중에 최소한 몇 대는 방어막을 통과할 것이고 그렇게 되면 주요 도시가 초토화될 판이었다. 그제야 다들, 제대로 된 분별력을 갖춘 브로디가 제안했던 핵 억제력 개념을 생각해 냈다. 10월 22일, 케네디 대통령은 미국은 "쿠바에서 서반구에

 안에 텍스트:
NUCLEAR WARHEAD BUNKER
UNDER CONSTRUCTION
SAN CRISTOBAL SITE 1

PREFABRICATION MATERIALS

쿠바 산 크리스토발San Cristobal에 건설 중인

핵탄두 저장고, 1962년 10월 23일

있는 나라를 향해 그 어떤 핵미사일이라도 발사하는 즉시 이를 소련
이 미국에 가하는 공격으로 간주하여 '소련에 대한 전면적인 보복 대
응'을 가하겠다."[115] 라고 천명한다.

그러나 케네디 대통령은 보복하기 전에 어느 정도 시간이 있다고
믿었다. 왜냐하면 미국이 긴급 수집한 정보에 따르면 쿠바에 배치한
소련의 미사일에는 아직 핵탄두가 장착되어 있지 않았기 때문이다. 케
네디는 핵탄두를 싣고 쿠바로 들어오는 소련의 배를 중간에 가로채기
로 하고, 또 다른 한편으로는 모스크바가 물러서지 않는다면 쿠바를
공격할 계획도 계속 추진했다. 끔찍할 정도로 위태로웠던 13일간의 시
간이 지난 후, 모스크바가 물러섰다. 흐루쇼프는 케네디에게 보낸 편

지에서 미국이 쿠바를 침공하지 않을 것을 약속하고, 몇 달 전에 소련을 겨냥해 터키에 배치한 미국의 미사일도 철수한다면 쿠바에서 소련 미사일을 철수하겠다는 메시지를 전해 왔다.

그 시기에 미국 측 인사 중에서 자신들이 핵전쟁에 얼마나 가까이 다가가고 있었는지 파악했던 자는 아무도 없었다. 만약 흐루쇼프가 그런 타협안을 제시하지 않았더라면 미국은 쿠바를 공격했겠지만, 워싱턴에 있던 이들은 설령 그렇더라도 핵무기가 실제로 사용되기 전까지는 아직 몇 단계 과정이 남아 있다고 생각했다. 삼십 년이 지난 후에야 로버트 맥나마라는 그 당시 워싱턴에 있던 모든 이가 상황을 완전히 오판하고 있었다는 사실을 알았다.

> 1992년 1월, 쿠바 아바나에서 피델 카스트로를 만난 자리에서야 비로소 나는 쿠바 미사일 위기 사태가 터졌을 당시 90기의 전술 핵탄두를 포함해 총 162기의 핵탄두가 이미 쿠바에 들어와 있었다는 것을 알았다. 그 이야기를 들으면서 나는 내 귀를 의심했다. 그래서 나는 이렇게 물었다. "카스트로 대통령님, 제가 드리고 싶은 질문이 세 가지 있습니다. 첫째, 핵탄두가 이미 들어와 있는 것을 그때 알고 계셨습니까? 둘째, 알고 계셨다면, 미국이 공격해 온다면 흐루쇼프에게 핵을 쓰자고 제안하실 생각이었습니까? 셋째, 만약에 그가 핵을 쓴다면 쿠바는 어떻게 되는 것이지요?"
>
> 그는 이렇게 대답했다. "첫째, 들어와 있다는 것을 알고 있었습니다. 둘째, 나는 핵을 쓰자고 흐루쇼프에게 얘기했을 겁니다. 셋째, 쿠바는 어떻게 되느냐구요? 완전히 파괴되었겠죠."
>
> 우리는 정말이지 전쟁에 이토록 가까이 다가가 있었다. …그는 계속해서 말을 이어갔다. "맥나마라 장관님, 만약 장관님과 케네디 대통령도 나와 같은 상황에 있었다면 똑같이 했을 거예요." 나는 이렇게 말했다.

너나 할 것 없이 다 같이 죽자고 나서는 위협이야말로 핵 억제력의 본질이지만, 이런 일련의 사건을 겪으면서 그나마 위안이 되는 면도 있다. 쿠바 미사일 위기 같은 핵 대치 상황에서 상황을 오판하였을 때 치러야 하는 대가가 얼마나 심각한지를 깨달은 정치 지도자들이 자신들의 행동에 극도로 신중하고 보수적으로 변했다는 점이다. 사람들 역시 시뮬레이션과 현실 간의 간격에 대해 새삼 서늘하게 깨닫게 되었다.

반면에 수집되는 정보란 항상 불완전할 수밖에 없으며, 일견 합리적으로 보이는 의사결정이 실제로는 치명적일 수 있다는 점도 분명해졌다. 미사일이 작동하기 전에 소련의 사태를 해결하기 위해 미국이 쿠바를 침공했다면 (미국은 실제로 그렇게 할 수 있다고 판단했다), 미국 해군은 해안에 도착하자마자 모스크바의 승인 없이 선제공격할 수 있는 권한을 위임받고 거기 주둔 중이던 소련군 장교가 발사한 전술핵 미사일에 맞아 전멸했을 것이며, 곧 세계 3차 대전으로 이어졌을 것이다. 나중에 케네디 대통령은 쿠바 미사일 위기가 핵전쟁으로 비화할 가능성은 33% 정도라고 봤다.[116]

쿠바 미사일 위기를 겪으면서 미국의 전략을 수립하는 이들이 갖고 있던 '제한된 핵전쟁'이라는 개념은 영원히 폐기했어야 마땅했다. 현실 속에서 위기가 닥쳤을 때, 핵무기를 일단 몇 발만 발사해서 '자신의 결심을 알리'는 식으로 행동할 이는 아무도 없다. 그럼에도 그 후 20년간 미국의 핵전쟁 정책 수립 과정에는 여전히 국지전에서 핵무기를 구사할 수 있다고 믿는 쪽과 그런 방식을 더 이상 신뢰하지 않는 쪽으로 갈라져서 계속 대립했다.

제1진영

쿠바 미사일 위기에서
배워야 할 교훈
따위는 없다.
제한적인 핵전쟁은
충분히 가능하다.
전술적 선제공격이
있어야만 확전되어
자국민 전체가
위협에 빠지는 걸
원하지 않는
적국의 항복을
받아낼 수 있다.

제2진영

제한적인 핵전쟁이란
신기루에 불과하다.
전쟁에서는 우리가 알 수
없는 변수들이 너무 많다.
쿠바 사태는 수집된 정보가
불완전하다는 사실은
물론, 적의 행동 역시 예측
불가능하다는 사실을
가르쳐 준다.
제정신을 가진 이가 선택할
수 있는 유일한 옵션은
최소한의 핵 억제력
전략뿐이다.

엔지니어인가 군인인가?

1980년대가 되면서 핵전쟁에 관한 미국의 독트린은 점점 현실과 동떨어지고 자기 자신에게 과몰입되어, 복잡한 바로크 양식 건축물처럼 변해갔다. 강화 콘크리트로 만든 지하의 지휘 벙커에 앉아 끝없이 감시를 이어가는 미사일 부대원처럼, 현실과는 전혀 부합하지 않게 된 것이다.

문: 실전에서 이 일을 한다면 어떤 느낌이 들 것 같은가요?
답: 우리는 매달 강도 높게 반복 훈련을 했습니다. …그래서 미사일을
실제로 발사해야 한다면 거의 자동으로 처리할 수 있습니다.
문: 생각하지 않고도 할 수 있다는 말인가요?
답: 열쇠를 돌릴 때까지 굳이 생각할 시간이 필요하지는 않습니다.
문: 그 뒤에는 생각하게 된다는 말인가요?

보안 관련 테스트 중인 미니트맨 대륙 간 탄도 미사일 운영원

답: 그럴 거라고 생각합니다.

미니트맨Minuteman 대륙 간 탄도미사일 운영팀 지휘관과의 대화,

화이트맨 공군기지, 1982년

1945년 후반만 해도 폭탄 투하를 맡은 전투기 승무원들은 적어도 자기들 밑에서 불타고 있는 도시(사람들까지는 보지 못하더라도)를 볼 수 있었지만, 미니트맨 대륙 간 탄도 미사일 발사원은 1만 킬로미터 밖에 있는 목표물을 볼 수 없다. 위에서 대화를 인용한 젊은 병사는 입고 있는 옷의 주머니 위에 '전투원'이라는 라벨을 부착하고 있고, 만약 핵을 탑재한 탄도 미사일을 양쪽이 서로 발사하게 된다면 죽을 가능성도 있지만, 그는 군인이 아니다. 차라리 핵발전소에서 근무하는 엔지니어에 가깝다고 할 수 있다. 그는 군인이 아니어서 적의 동태를 끝없이 감시하는 동안 자신이 좋아하는 경영학 석사 통신 과정을 수

강하면서 시간을 보낸다. 일반적인 보병과는 전혀 다를 수밖에 없고, 엄밀히 말하자면 핵전쟁 역시 군의 업무라고 보기 어렵다.

스타워즈

1980년대 초에 이르자 핵을 보유한 5개국은 총 2,500기의 지상 발사용 탄도 미사일, 1,000기가 넘는 잠수함 발사 탄도 미사일, 핵무기를 실을 수 있는 수천 대의 전투기, 여기에다 지상과 해상과 공중에서 발사할 수 있는 크루즈 미사일, 그리고 전장에서 사용할 수 있는 다양한 사거리의 핵무기까지 보유하게 되었다. 전 세계에 총 5만 개 이상의 핵탄두가 존재했고, 이즈음 로널드 레이건Ronald Reagan 대통령은 전략 방위 구상Strategic Defense Initiative('스타워즈') 개념을 발표했다.

스타워즈 계획 입안자들은 핵 공격으로부터 미국을 완벽하게 방어할 수 없다는 걸 알고 있었는데, 1946년에 버나드 브로디가 말한 내용이 여전히 유효했기 때문이었다. 공중(그리고 우주) 방어체계는 소모전의 원리를 따라 가동되므로 발사된 무기 중 일부는 방어막을 뚫고 들어올 수밖에 없다. 만약에 그 일부 무기가 핵무기라면, 아주 적은 숫자만 뚫고 들어와도 치명적이다. 그러나 미국의 대규모 일차 타격이 성공적이어서 소련이 황폐하게 된 이후라면, 그 후에 엉망이 된 소련이 보복에 나선다 해도 미국의 우주 기반 방어체계로 충분히 대응할 수 있다는 식이었다.

레이건 대통령은 자신에게 스타워즈 계획을 도입하자고 설득하는 자들의 의도를 전혀 파악하지 못했다. 그들의 의도는 핵 공격으로부터 나라 전체를 방어하겠다는 뜻이 아니라, 미사일 기지와 다른 주요 전략 시설을 방어해서 제한적인 핵전쟁을 실행해 승리하겠다는 것이

었다. 20년 동안 이어지고 있는 똑같은 이야기였지만 그들은 핵무기를
극도로 싫어하는 레이건을 그런 식으로 설득했고, 마술을 써서라도
핵전쟁의 위협에서 벗어나고 싶었던 레이건은 결국 그들의 말을 받아
들였다. 러시아의 권력자는 레이건 행정부의 국방장관이었던 캐스퍼
와인버거Casper Weinberger와 그 주변의 냉전주의자들이 갖고 있던 생각
을 정확히 파악했고, 그 점에 대해 불쾌하게 생각했다.

> 표면상으로 보면 일반인들은 레이건 대통령이 말하는 방어 계획에 대
> 해 심지어 매력적이라고까지 느끼기 쉽다. …실상은 미국의 전략적 공
> 격력을 최대한 빠르게 발전시키고 업그레이드해서 선제 핵무기 타격 역
> 량을 구축하겠다는 말이다. …다른 말로 하자면, 소련을 무장 해제시키
> 겠다는 뜻이다.
>
> 소련 공산당 서기장 유리 안드로포프Yuri Andropov, 1983년[117]

악의 제국의 종말

냉전은 실제 전쟁으로 이어지지는 않았다. 소련에서는 오랜 기간 통치했던 레오니트 브레즈네프Leonid Brezhnev가 사망한 1982년 이후 주목할 만한 변화가 일어나기 시작했고, 1985년에 들어와 급진적 개혁가인 미하일 고르바초프Mikhail Gorbachev가 권력을 잡았다. 핵전쟁의 위협에서 완전히 벗어나고자 했던 로널드 레이건의 열망도 고르바초프와 마찬가지로 진심이었기에, 1986년 레이캬비크에서 열린 양국 정상 회담에서 레이건은 기습적으로 양국의 모든 탄도 미사일을 없애자는 제안을 내놓아 참모들까지 크게 당황하게 했다. 오직 상대적으로 느리게 움직이는 폭격기와 순항 미사일에만 의존하는 핵 억제력을 보유한다면 이 세계는 그만큼 더 안전해질 수 있다는 것이 그의 논리였다.

양국 참모진 모두 이 제안을 거부하고 말았지만, 1987년에 고르바초프가 최초로 미국에 방문했을 때 두 사람은 최신형 핵미사일이 유럽에 배치되는 무서운 상황을 종식하는 중거리핵전력 조약Intermediate Nuclear Forces treaty에 서명했다. 1988년 6월 레이건이 모스크바를 방문했을 때 그는 냉전은 '당연히' 끝났을 뿐 아니라, 자신이 사용했던 '악의 제국'[28]이라는 표현도 이제는 '과거의 일'이라고 선언했다. 그다음 해에 베를린 장벽이 무너지기도 전에 미국과 소련은 상대를 전략적 적국 명단에서 제외하기에 이르렀다.

이렇게 하여 핵으로 무장한 양국 간에 장기간 이어진 최초의 군사적 대치 상황은 평화롭게 종식되었지만, 그것이 미래를 위한 보장은 아니었다. 냉정히 말하자면 지난 40년 동안 순전히 운이 좋았을 뿐이

---

28   악의 제국Evil empire - 레이건이 소련을 지칭할 때 쓰던 표현. 1983년 3월 8일 미국 플로리다주 올랜도에서 행한 연설에서 그가 처음 사용했다.

제네바에서 처음 만난 레이건과 고르바초프. 1985년 11월.

지 실제 핵무기를 사용할 뻔한 위험한 순간이 여러 차례 있었고, 새로운 테크놀로지가 나올 때마다 이 체제에는 불안정성이 가중되었다.

　게다가, **핵무기를 사용하면 실제로 어떤 일이 일어나는지는 다들 냉전 마지막 단계에 와서야 겨우 이해하게 되었다.**

핵겨울

> 우리는 지금까지 아주 느리고 미처 감지하지 못한 단계를 거쳐서, 온 인류를 파멸에 몰아넣을 기계를 만들어 왔다. 그리고 최근에 와서 그것도 순전히 누구도 알지 못했던 우연한 기회에 만들어 냈다. 그리고 이 기계의 작동 장치를 북반구 전역에 뿌려 놓았다.
>
> 　　　　　　　　　　　　　　칼 세이건Carl Sagan[118]

1971년, 화성 탐사선 마리너Mariner 9호가 보내온 자료를 분석하려던 일군의 과학자들은 화성이라는 행성 전체가 석 달 동안 이어진 거대한 모래 폭풍에 뒤덮여 있다는 걸 발견했다. 사태를 개선할 방안 따위는 달리 없었던 그들은 그렇게 장기간 지속하는 모래구름이 화성 표면의 조건을 어떻게 변화시키는지 계산하면서 시간을 보냈다. 그들이 내린 결론은 이것이었다. 모래구름은 화성 지표면 온도를 급격히 떨어뜨린다. 모래 폭풍이 여전히 심각한 상황에서 그들은 지구상의 화산이 폭발했을 때(화산이 폭발하면서 상대적으로 소량의 모래를 대기 상층부로 밀어 올린다) 비슷한 효과가 발생하는지 파악하기 위해 기상 자료도 검토했다. 그들이 알아낸 바로는 대형 화산이 폭발할 때마다 지구 전체 평균 온도가 낮아지고, 그 상태가 일 년 이상 이어졌다.

이것은 매우 흥미로운 결과였기에 - 그리고 아직도 화성의 표면은 제대로 보이지 않았기에 - 과학자들은 지구와 충돌하면서 폭발하는 소행성으로 인해 대기 중에 상당한 분량의 먼지가 유입될 때 일어나는 결과도 연구하기로 했다. 지난 긴 세월 동안 소행성 충돌은 수없이 많이 있었고, 이런 충돌 중에 적어도 한 번은 생명체의 대규모 멸종을 초래한 단기적이었지만 급격한 기후 변화를 초래했다.

그 후 화성의 모래 폭풍이 가라앉자, 그들은 마리너 9호의 자료를 분석한 후에 흩어졌다. 그러나 그들은 그 뒤로도 서로 연락을 주고받으면서(그들은 각자의 성의 첫 글자를 따서 자신들을 탭스TTAPS라고 불렀다[29]) 자신들이 우연히 발견한 새로운 주제에 관한 연구를 이어갔다. 그리고 12년이 지난 1983년에 와서 연구 결과를 발표했다.

그들이 내린 결론은 **만약에 핵무기 보유국이 서로 핵을 사용할 경**

---

29 이들 다섯 명의 이름은 다음과 같다. R. P. Turco, O. B. Toon, T. P. Ackerman, J. B. Pollack, Carl Sagan

우, 약 6개월 동안 연기와 먼지가 지구 전체나 적어도 북반구 전체를 뒤덮은 상태가 이어지면서 사실상 완전한 암흑 상태에 빠지게 된다는 것이었다. 이 기간에 내륙 지역의 지표면 온도는 40도 이상 떨어진다 (일 년 내내 영하의 날씨가 이어진다). 그리고 성층권에 있던 먼지나 그을음 입자들이 아래로 가라앉으면서 햇빛이 다시 비추기 시작할 때면, 오존층은 열핵폭탄의 폭발로 이미 파괴된 상태라서 두세 배는 강한 자외선이 지표에 도달하게 되고, 햇볕에 노출된 자는 실명하거나 치명적인 화상을 입[119]게 된다고 했다.

대규모 핵전쟁이 일어나면 나토NATO와 바르샤바 협약Warsaw Pact에 가입된 나라에 사는 수억 명의 시민이 희생될 뿐 아니라, 세계 산업, 예술, 과학, 건축 유산 대부분이 파괴될 것이라는 정도는 모두 알고 있었다. 문제는 그 뒤에도 방사능 낙진에다 북반구 농업이 붕괴되는 까닭에 기근과 질병으로 사망할 자들이 추가로 수억 명이 더 나올 것이고, 그보다 더 심각한 것은 '핵겨울'이 찾아온다는 점이었다.

대규모 핵전쟁이 벌어진 뒤에 반년 동안 전 세계에 걸쳐 추위와 어둠이 이어지면 이미 다량의 방사능에 피폭되어 약해진 수많은 동식물이 전멸할 수밖에 없고, 이 암울한 시기가 끝난 후에도 자외선 방사, 기근, 질병으로 인해 수많은 생명이 희생된다. 1983년 4월, 40명의 저명한 생물학자들이 모여 개최한 심포지엄은 다음과 같은 결론을 내렸다.

열대 지역에 있는 동식물 대부분, 북부 온대 지역의 육지에 사는 척추동물 대부분, 식물 대다수, 민물에 사는 생물 상당수와 바다에 사는 일부 생명체까지 죄다 멸종될 가능성이 있다. …열핵폭탄을 사용하는 대규모 전쟁이 생태계에 끼치는 영향만으로도 최소한 북반구에 사는 현재 인류 문명 전체가 파괴될 수 있다. 즉각적으로 20억 명이 사망할 뿐 아니라, 핵전쟁으로 초래될 중장기적 영향으로 북반구에서도 인류가 한 명도 생존하지 못하게 된다.

열강이 서로 핵무기를 사용한다고 할 때 현실적으로 초래될 결과에 대한 거의 모든 예측을 보면, 지구 전체 환경의 변화로 인해 초래될 멸종 사태는 과거에 공룡과 다른 종들의 멸종을 불러온 백악기 말기의 변화와 비슷하거나 그보다 심각할 것으로 예측한다. 그럴 경우, 호모 사피엔스의 멸종 역시 배제할 수 없다.

폴 에를리히Paul R. Ehrlich 외[120]

얼마나 많은 핵무기가 사용되면 이런 영향이 초래될까? 그것은 어떤 형식의 전쟁이 일어나느냐에 달려 있다. 이론가들이 좋아하는 '제한된 핵전쟁'이 일어난다면, 양측이 상대방의 비행장, 미사일 저장고 등은 공격하겠지만, 도시를 타격하는 일은 피하게 된다. 이 경우 핵겨울을 불러오려면 고성능 핵폭탄 2~3천 기가 육상에서 폭발해야 한다. 1980년대 중반 미국과 소련이 비축한 핵무기는 총 13,000메가톤에 달했기에 그런 전쟁을 하기에는 충분했다.

도시를 타격하는 전쟁이 벌어지면 기온이 한층 낮아지는데, 도시가 불타면서 치솟는 수백만 톤의 그을음은 햇빛을 가리는 대단히 강력한 차단제 역할을 할 수 있기 때문이다. 1메가톤 규모의 폭탄 백 개가 백 곳의 도시 상공에서 폭발하는 정도만으로도 이미 넘칠 만큼 충분하게 된다.[121] 현재 인도와 파키스탄까지도 그 수준에 근접하고 있는 마당에, 핵전쟁이 벌어지더라도 도시가 피해를 보지 않을 것이라고 상상하는 자체가 비현실적이다. 정치 지도자들은 물론이고 지휘명령 체계에 속한 인사들과 주요 산업 목표물들까지 모두 도시에 몰려 있기 때문이다. 전쟁이 터지면 도시가 공격받아 불타게 되어 있다.

1980년대 후반, 핵전쟁에 관한 연구가 상당히 많이 이어졌지만, 정부는 이들 연구의 기본 가설을 부정하는 태도를 보였다. 1990년, 탭스

TTAPS 과학자들은 자신들의 연구 결과를 『사이언스』지에 실으면서[122] "핵겨울에 관한 물리학의 기본적인 예측 결과는, 숱한 국제 전문 평가 단의 조사 결과와 여러 과학자의 개인적인 연구 결과를 통해 거듭 입 증되었다."라고 썼다. 1990년 이후로 핵전쟁에 관한 연구가 진척되지 않았는데, 소비에트 연방이 무너지면서 핵전쟁이라는 주제에 관한 관 심이 급격히 식은 까닭이었다.

우리의 사고방식

강대국들이 서로 직접 부딪치는 전쟁이 벌어진 지 어느덧 75년이 지났 고, 이는 1600년대 중반에 형성된 근대 민족국가 체제 수립 이후 가장 긴 휴지기라 하겠다. 그러나 열강은 정책 수단으로서의 전쟁을 포기한 적이 없고, 지금과 같은 과학기술 중심 시대에 강대국 간에 벌어지는 전쟁은 곧장 핵전쟁으로 이어지게 되어 있다. 향후 수십 년에서 수백 년 내에 강대국 간에는 새로운 대립 구도가 형성될 수밖에 없고, 그 대 립은 최초의 전쟁이 일어났을 때처럼 각자 가지고 있는 독트린이 불일 치하거나, 문화 차원의 오해, 혹은 테크놀로지 차원의 오만함 등에서 비롯될 것이다.

이제 우리는 이 논의를 시작할 때부터 갖고 있던 딜레마에 다시 마 주치게 된다. 즉 **전쟁은 우리의 문화 깊숙이 뿌리내리고 있지만, 과학 기술이 고도로 발전한 문명사회와 양립하기는 어려울 만큼 치명적일 것이다.** 1945년에 알베르트 아인슈타인Albert Einstein은 이 사실을 정확히 직시하고 있었다. "모든 것이 변했다, 우리의 사고방식만 빼고."

'모든 것이 변했다, 우리의 사고방식만 빼고.' 알베르트 아인슈타인

9장 | 세 가닥의 전쟁:
핵전쟁, 재래전, 테러리즘

새로운 카테고리

> 적에게 핵무기를 사용하는 쪽은 보복과 충격과 공포를 불러들이게 되
> 고. 보복의 악순환이 이어지면 어떻게 될지 예측하는 것은 불가능하다.
> …우리에게 부과된 합리적 이성의 엄격한 명령에 따르면, 절대 적을 매
> 섭게 타격해서는 안 된다. …이제 전쟁은 예전의 자리로 돌아가야 하고,
> 정치적 목적은 전쟁 이외의 다른 수단으로 추구해야 한다.
>
> 윌리엄 카우프만, RAND 소속 분석가, 1955[123]

예전에는 전쟁이라고 하면 한 가지 유형밖에 없었다. 국가가 군대를
동원해서 정치적 목적을 달성하기 위한 전략에 따라 시행하는 전쟁이
었다. 물론 민중 반란이나 강도질 같은 또 다른 유형의 폭력도 존재했
지만, 그들 사이는 명확히 구분되었다. 그러나 1945년 이후로 전쟁은
돌연 세 가지 양상을 띠게 되었다. 모든 강대국이 준비는 하되 절대 돌
입해서는 안 되는 핵전쟁, 지난 75년 간 대중의 관심 대상이었던 게릴

라전과 테러리즘, 그리고 핵으로 인해 초래된 교착상태 이면에서 지금도 여전히 벌어지는 '재래전'까지.

1945년 이전에 '재래전'이라는 범주가 존재하지 않았던 것은 모든 전쟁이 재래전이었던 까닭이다. 1945년 이후부터는 강대국 간에는 재래전 방식으로도 전쟁해서는 안 되는데, 서로 전통적인 방식 - 군대와 군대가 맞붙어서 땅을 차지하기 위해 밀고 당기는 - 으로 벌이는 전쟁조차도 그들이 보유한 핵무기 탓에 극도로 위험해지기 때문이다. 하지만 그 시절에 강대국들은 전쟁이 벌어질 가능성이 있는 국제 사회 체제 속에 있었고, 그 체제 속에서 각국 정부는 전쟁을 대비하고 필요하다면 전쟁에 돌입할 준비가 되어 있는 크고 강력한 제도와 기관들에 의해 유지되고 있었다. 이것은 해결하기 어려운 딜레마였고, 그 누구도 해결하지 못했다.

2차 세계 대전이 끝난 후 승자이자 '초강대국superpowers' 지위를 얻은 두 나라 즉 미국과 소비에트 연방은 지난 3백년 간 세계를 지배했던 유럽을 나눴는데, 이들 두 나라 세력권의 경계선은 1945년에 그들의 군대가 멈춰 섰던 당시의 전선과 대충 일치했다. 이들은 서로를 적으로 간주하고, 위험이 상존하는 장기적인 군사 대치 상황에 들어갔다. 어차피 어떤 식으로든 일어나기 마련인 적대감을 설명하고 정당화하고 강화하기 위해 서로의 이데올로기 차이를 부각했던 그들로서는 이런 대치 상황이 지극히 정상적이라고 할 수 있다. 두 초강대국 중 어느 쪽도 상대를 공격할 의사는 없었지만, 양쪽 모두 주기상 그다음 세계 대전이 찾아오기까지 50년의 세월이 남아 있었다. 세계 대전을 어떻게 정의하느냐에 따라 달라지겠지만 말이다.

카드 섞기

우리는 통상 20세기에 '세계 대전'은 두 차례만 있었다고 생각하지만, 그 두 차례의 전쟁은 늘 있어 온 여러 전쟁 중에 조금 더 발달한 무기 체계로 싸웠던 전쟁에 불과하다. 정치적 측면에서 말하자면, **'세계 대전'이란 그 당시의 모든 열강이 참여하는 전쟁**을 뜻한다. 1600년부터 1950년 사이에 모든 열강 - 자국 영토 바깥의 상당히 먼 지역까지 대규모의 군대를 파견할 역량이 있는 나라들 - 은 유럽 국가이고 다들 글로벌한 제국을 이루었던 터라 이 시기에 이들이 전쟁을 일으키면 그 즉시 온 세계가 연루될 수밖에 없었다. 그러나 지리는 결정적인 기준이 아니다. 한 전쟁이 세계 대전이 되는 때는 모든 열강이 양쪽 진영으로 갈라져 동맹을 형성하고, 그 전쟁 승패 여하에 거의 모든 운명이 결정되는 때이다. 이런 전쟁이 끝나면 열강 사이의 치열한 논의는 하나의 솥 안에 모조리 다 담기게 되고, 평화 협상을 통해 정리된다.

이런 기준으로 보면 근대사에서 세계 대전은 총 여섯 번 있었다. 1618년~1648년에 있었던 삼십 년 전쟁, 1702년~1714년 사이의 스페인 왕위 계승전쟁, 1756년~1763년 사이의 칠 년 전쟁, 1791년부터 1815년까지 이어진 프랑스 혁명 및 나폴레옹 전쟁, 그리고 1914년~1918년과 1939년~1945년에 일어났으며 실제로 세계 대전이라는 이름까지 얻은 두 차례의 전쟁. 당시만 해도 사람들은 이들 전쟁으로 인해 모든 상황이 최종적으로 '정리되었고', 그 후로 이어지는 상대적으로 평화로운 시기를 지나면서 열강 간의 상대적 지위와 서열까지 결정되었다고 생각했다. 그러나 그들이 미처 깨닫지 못했던 것은 (사람들은 이런 세계 대전을 평생에 한 번 정도 겪지만), 이 '세계 대전'이라는 사태가 대략 반세기에 한 번꼴로 벌어진다는 사실이었다.

19세기에 꽤 길게 이어진 평화로운 시기를 제외하고, 근대 역사 내내 열강은 거의 50년에 한 번씩 서로 전쟁을 벌였으며, 엄밀히 말하자면 19세기의 '기나긴 평화'도 우리가 착각한 결과일 뿐이다. 50년 간격을 두고, 1854년부터 1870년 사이에도 다시 열강이 서로 맞붙었었다. 영국, 프랑스, 터키가 러시아와 맞섰고, 프랑스와 이탈리아는 오스트리아와, 독일은 오스트리아와, 그리고 다시 독일은 프랑스와 전쟁을 벌였다. 다만 이들 전쟁 중에서 첫 번째 전쟁을 제외한 나머지는 육 개월 이내에 한쪽의 결정적인 승리로 끝나는 바람에 더 확대되지 않았기에 모든 열강이 참전하지는 않았다. (두 열강 사이의 전쟁이 길어지면 길어질수록 다른 나라들을 끌어들일 공산도 커진다)

그렇지만, 이렇게 이어진 일련의 소규모 전쟁도 세계 대전과 마찬가지로 국제 사회의 힘의 균형에 중대한 변화를 몰고 왔다. 유럽 한복판에서 통일된 이탈리아와 강력한 독일 제국이 출현했지만, 오스트리아의 쇠퇴가 가속화되었고, 프랑스는 유럽 대륙 내 최강국의 지위를 상실했다. 그 이후 강대국 체제는 오랜 평화의 시기에 돌입했다. 1871년의 프랑크푸르트 조약 이후로는 1815년의 비엔나 회의 이후와 마찬가지로 유럽 열강이 서로 다투지 않는 40여 년의 시기가 이어졌다.

왜 이런 주기적인 패턴이 나타나는가? 열강은 왜 대략 50년에 한 번꼴로 전쟁을 하는가?

한마디로 말하자면 세계 대전은 카드를 다시 섞고 처음부터 새로 시작하는 일이며, 평화 조약을 통해 변화된 국경을 확정하고, 새롭게 재편된 국제 질서 속에서 강대국의 서열까지 정한다. 평화 조약에는 조약 작성 당시의 전 세계 역학 관계가 반영된다. 또한, 방금 끝난 전쟁에서 승자가 패자를 무너뜨린 직후이기에, 이 평화 조약은 즉시 강제적인 효력을 발생한다. 그러나 그 뒤로 수십 년이 흐르면서 국부와 인구가 늘어나는 열강이 있는가 하면, 쇠퇴하는 열강도 생기기 마련이다. 50년쯤 지나게 되면 열강 간의 관계도 마지막 평화 조약이 체결될

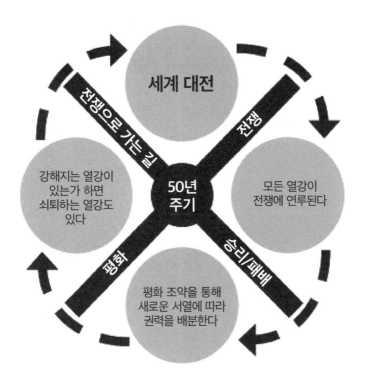

세계 대전

전쟁으로 가는 길

전쟁

강해지는 열강이
있는가 하면
쇠퇴하는 열강도
있다

50년
주기

모든 열강이
전쟁에 연루된다

평화

승리/패배

평화 조약을 통해
새로운 서열에 따라
권력을 배분한다

당시와 비교해서 큰 차이가 난다. 이 시기에 부상하는 열강 중에서 현존하는 국제 사회 체제 내에서 자신에게 할당된 지위에 불만을 품는 국가 혹은 자신들의 입지가 점점 줄어들고 있다고 느끼며 수세에 몰린 국가가 나와서 카드를 새로 섞으려고 시도하게 된다.

50년이라는 숫자 자체에 특별한 마법이 깃들어 있지는 않다. 변화된 현실을 맞이한 열강이 지난 평화 조약에 반영되어 있던 역학 관계를 거부하기까지 대략 그 정도 기간이 걸린다는 뜻이다. 다만 1차 세계 대전 후에 불과 20년 만에 2차 세계 대전이 발발한 까닭에 정상적인 역사의 리듬이 헝클어졌는데, 이것은 1차 세계 대전이 그야말로 최초로 벌어진 총력전이었던 까닭이었다. 승자조차 너무 큰 피해를 본 까닭에 도에 지나칠 만큼 분을 폭발했고, 그 바람에 평화 조약 내용도 유난히 가혹했다. "엄청난 승리는 나쁜 평화를 초래한다."라는 굴리엘모 페레로Guglielmo Ferrero의 말처럼, 1919년에 체결된 베르사유 조약의 극단적인 내용 탓에 세계 열강의 권력관계는 도무지 계속 유지될 수 없을 정도로 틀어져 버렸다. 독일은 비록 전쟁에서 졌다고 해도 프랑스보다 낮은 권력 서열을 그 후로 50년 동안 참아낼 생각이 없었다.

2차 세계 대전도 한 쪽의 일방적인 승리로 끝났지만, 그 이후 열강 사이에 유지된 평화의 시기는 1차 대전 이후에 비하자면 네 배는 길게 이어져 왔다. 1945년 이후의 합의 체제는 실제로는 주기에 맞춰 1980년대 말에 와해되었지만, 새로 체결한 평화적 합의로 대체할 수 있었다. 그렇다면 무슨 이유로 냉전 시대가 50여 년이 지난 후에도 3차 세계 대전으로 이어지지 않았던 것일까?

어리석은 건가 절박한 건가?

전쟁이란 다른 수단을 동원한 정책의 연장선이다.

칼 폰 클라우제비츠[124]

위대한 국가에는 영원한 친구 따위는 없고 영원한 이해관계만 있을 뿐이다.

파머스턴Palmerston 경[125]

지난 천 년간 국가의 기능이 작동하는 비정한 국제 환경에 관한 신념 체계가 계속 축적됐다. 정치권력을 잡은 자들은 국가 안에서 일어났다면 얼마든지 법률로 조정되었을 분쟁이, 국가 간에 벌어지면 대부분 전쟁으로 해결해야 한다는 것을 알고 있는데, 그때만 해도 국제법이

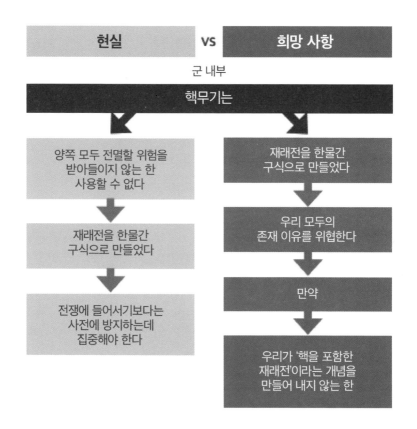

현실	VS	희망 사항

군 내부

핵무기는

양쪽 모두 전멸할 위험을 받아들이지 않는 한 사용할 수 없다	재래전을 한물간 구식으로 만들었다
재래전을 한물간 구식으로 만들었다	우리 모두의 존재 이유를 위협한다
전쟁에 들어서기보다는 사전에 방지하는데 집중해야 한다	만약
	우리가 '핵을 포함한 재래전'이라는 개념을 만들어 내지 않는 한

제대로 정비되어 있지도 않았을뿐더러, 강제력이 없었기 때문이다. 20세기 후반에 이르러서도 군에서 복무하는 자들은 핵무기 때문에 이제 전쟁은 생각할 수조차 없게 되었다고 믿으면서도 동시에 여전히 전쟁은 가능하다고도 믿었다.

전후 40여 년간, 그러니까 한 세대의 군인들이 평생 복무할 만큼의 기간이 지나갈 동안, 강대국들은 중부 유럽을 일종의 유원지로 만들어서 그 안에서는 이제 사라질 위험에 처한 종이 되다시피 한 '재래전'을 계속 보존하고자 했는데, 재래전이 불가능하게 된다면 총력전으로 되돌아갈 수밖에 없었기 때문이었다. 그런데 다음 번의 총력전은 핵을 동원한 총력전이 될 게 분명했다. 그러나 그들이 재래전과 핵전쟁 사이에 그은 구분선이라는 건 겨우겨우 억지로 그려 넣은 아주 엉성한 것에 불과했다.

> 50년대 후반부터 독일에서 사단을 지휘하고, 최초의 핵무기가 모래 위에 솜털구름처럼 나타난 이후로도 나는 항상 죽을 만큼 무서움과 두려움에 시달려 왔다. 핵전쟁을 통제할 수 있다는 가설은 완전한 공상에 불과하다. …단 한 가지 확실한 것은, 전쟁이 터지면 초기에 빠른 속도로 전략상 핵무기 공격을 주고받는 전면전으로 번질 가능성이 매우 크다는 사실이다. 그 누구도 원치 않지만 말이다. 그렇기에 결코 핵무기 따위를 사용해서는 안 된다.
>
> 존 하켓 장군

소련이 미국과 거의 견줄 수 있을 만큼의 핵전력을 보유하게 되었을 즈음에 워싱턴은 핵 공격을 구사할 수 있는 군사작전 수단 중 하나로 간주하던 관점을 포기했어야 마땅하다. 핵전쟁이 벌어지면 양국 모두 실질적으로 다 파괴되기 때문이다. 그런데도 양측은 '중부 전선'(동독과 서독의 경계선)을 따라 지속해서 자신들의 재래전 전력을 현대화하기 위해 힘을 쏟았으며, 심지어 전면적인 핵전쟁에 이르지 않는 수준에서 '전술' 핵무기를 어떻게 사용할 것인가에 관한 이론까지 정교하게 가다듬었다.

> 처음에는 재래전, 그다음에는 핵전쟁, 이렇게 사전에 계획한 대로 단계를 밟아 확전하는 경우는 없다. 그런 식의 확전은 유연한 대응이라는 우리의 철학에 정면으로 배치된다. 유연한 대응이란 적이 미처 예상하지 못한 위험에 직면하게 만드는 것을 말한다. 그러려면 전쟁 초반에

핵을 쓸 수 있어야 한다. 정치가 결정을 내리면, 군은 그걸 실행할 준비를 한다.

페르디난트 폰 센게룬트 에테르린Ferdinand von Senger und Etterlin 장군,

중부 유럽 연합군 사령관, 1982년

장군은 투지에 넘치는 표현을 구사했지만, 나토NATO에게 말하는 유연한 대응이라는 독트린은 유럽에서 전쟁이 벌어졌을 때 양쪽 모두 핵을 꺼내 들기 전, 초기에 얼마 동안만이라도 2차 세계 대전 수준의 '재래전' 양상을 유지하자는 말인데, 소련도 1970년에 같은 정책을 채택했다. 양쪽 모두 기대하는 바는 똑같다. 설령 유럽에서 전쟁이 발생하여 저위력 핵무기를 사용해야 할 경우일지라도 - 예를 들어, 전선이 뚫렸을 때 그곳을 막기 위해 사용하는 경우 - '전장battlefield' 핵무기[30]를 사용하되 최대한 확전을 막고, '전략strategic' 핵무기로 러시아와 미국 본토의 도시들을 무차별 공격하는 상황은 단 며칠이라도 늦춰주기를 원하는 것이다.

이런 계획을 위해 목숨을 바쳐야 하는 병사들의 바람은 어리석은 것인가 아니면 절박한 것인가. 아직도 1945년에 버나드 브로디가 했던 말 - 해야 할 일은 전쟁을 벌이는 게 아니라 전쟁을 회피하는 일 - 의 의미를 제대로 파악하지 못한 자들도 있었지만, 보다 깨어 있는 자들은 핵무기가 '모든 것을 바꾸어 버렸다'는 걸 깨달았다. 그러나 병사들은 국경을 지켜야 한다는 명령을 따라야 했으므로 그들은 자신의 책임에 최선을 다했다. (스콧 피츠제럴드F. Scott Fitzgerald가 했던 말처럼) 서로 모순되는 두 가지 생각을 동시에 머릿속에 가지고 있으면서도 여전히 행동할 수 있는 역량을 갖춘 이들 병사의 정신을 일급 정신의

---

30   전장(戰場) 핵무기 - 사정거리가 짧은 소형 핵병기

아마겟돈 전쟁을 위한 연습.
독일에서 벌어진 나토의 라이언하트Lionheart 군사훈련에 참여한 영국군. 1984년

징표라고 본다면, 이들은 테스트를 통과한 것이다.

중부 전선에서 일어나는 '제한된 핵전쟁'은 참전한 병력 대부분을 몰살할 뿐 아니라, 불과 며칠 안에 중부 유럽의 민간인 수백만 명에서 수천만 명까지도 죽일 수 있다. 그러나 양쪽 모두에게 '전략' 핵무기를 사용해서 북반구 전체를 파멸에 몰아넣기 전에 마지막으로 다시 한번 생각해 볼 짧은 기회를 제공해야 한다. 그러나 그렇지 못할 수도 있다.

냉전 체제가 막을 내리기 전에 마지막으로 벌어진 나토의 군사훈련을 기록한 윈텍스Wintex 83의 훈련 스크립트 상에는 3월 3일에 바르샤바 조약군이 서독 국경을 넘어서 침공하고, 3월 8일에 나토의 지휘부는 소비에트의 침입을 방어하기 위한 핵무기 사용 승인을 상부에 요청했고, 바르샤바 조약문을 대상으로 한 최초의 핵무기 타격 명령은 3월 9일에 내려졌다. 그러니까 이 훈련에서 재래전이 엿새 동안 이어진 셈이다.

재래전 같지 않은 재래전

냉전 시기에는 핵무기에만 집착한 탓에 세계는 병사들에게 닥친 새로운 현실을 미처 간파하지 못했는데, 그건 바로 완전한 재래전이라 할지라도 최첨단 무기가 동원되면서 문제가 매우 심각해졌다는 사실이며, 이 문제는 오늘날에도 여전하다. 최신식 무기 - 전장 감시 시스템, '원샷 킬' 기능을 탑재한 무기, 드론 공격 등 - 가 동원되면서 재래전 양상은 완전히 바뀌었으며, 심지어 전쟁 전문가들은 '군사상의 혁명revolution in military affairs'(RMA)이라는 개념까지 언급하고 있다. 그런 혁명적인 변화가 있긴 했지만, 실제로 벌어진 사태는 전문가들이 말하는 혁명과는 차이가 있다. 군사상의 혁명이 현실에서 초래한 변화는, 최신 무기류가 점점 복잡해지고 값비싸지면서 배치되는 무기류의 숫자는 줄어드는 반면에, 서로를 파괴하는 성능은 우수해지고 있다는 것이다. 이 때문에 전투에 투입된 무기가 파괴되는 비율이 급격히 높아졌다.

서로 대등한 병력을 갖춘 현대 군이 벌였던 심각한 재래전 중에서 가장 마지막에 있었던 전쟁은 1973년 이스라엘이 아랍의 두 나라 이집트, 시리아와 맞붙은 전쟁이었다. 이 전쟁에서 이스라엘은 유선 유도 대전차 미사일 공격을 받아 일주일도 안 되는 시간에 보유 중이던 탱크의 거의 절반을 잃었다. 공군도 두 나라가 보유하고 있는 러시아제 지대공 미사일 공격을 받아 개전 나흘 만에 전체 전투기 390대 중의 100대를 잃었다. 이스라엘로서는 다행스럽게도 전쟁 8일째 되는 날 미국의 대규모 지원을 받아, 수백 대의 탱크와 전투기, 토TOW 대전차 미

아랍-이스라엘 전쟁 중에 수에즈 운하를 건너가고 있는 이스라엘군 탱크,
1973년 10월

사일[31]이 조달되었다. 그러나 전쟁이 터졌을 때 이 정도로 즉각적인 재
보급이 가능한 국가는 많지 않다.

또 하나, 2차 세계 대전 이후로는 실제적인 심각한 위협이 존재하
는 나라를 제외하고는 전 세계 모든 국가의 군대 규모가 급격히 줄어
들었는데, 가장 큰 이유는 돈이었다. 최신식 무기로 무장할 수 있는 병
력 이상의 군대는 유지해 봐야 아무런 의미가 없는데, 평화의 시기에
는 대부분 국가가 이런 무기를 많이 만들어 내야 할 이유가 없었다.
왜냐하면 열강국이 서로 전쟁을 시작하면 돈은 거의 무제한 동원할
수 있었지만, 무기를 생산하는 데 시간이 오래 걸리기 때문이다. 1980
년대에 유럽 '중부 전선'에서 나토NATO와 바르샤바 조약Warsaw Pact 간
에 벌어진 전쟁은 그야말로 (그 시절에 병사들이 쓰던 말로 하자면)

---

31 '토TOW 대전차 미사일'의 TOW는 tube-launched, optically tracked, wire-guided의 약
자

영국산 스피트파이어(왼쪽)와 미국산 F-35B(오른쪽)

'닥치는 대로 벌이는' 전쟁이 될 공산이 컸다. 전쟁이 시작되자마자 양측 모두 도무지 보충할 수 없을 만큼 빠른 속도로 탱크나 항공기 같은 주요 무기 체제를 잃어가는 양상이 벌어질 것이기 때문이다.

전쟁의 하드웨어 부문에서 비용이 얼마나 많이 필요한지 감을 잡으려면 1939년에 영국 공군에 도입된 그 당시 세계 최고 전투기인 스피트파이어Spitfire를 생각해 보면 된다. 그 당시 한 대당 제작비가 5,000파운드였는데, 영국 성인 30명의 평균 연 소득을 합친 금액이었다. 1980년대 초에 스피트파이어를 대체하기 위해 도입된 토네이도Tornado기의 대당 가격은 1,700만 파운드였다(영국인 3,750명의 연 소득을 합친 금액). 최근에 영국 공군이 도입하여 2019년부터 작전을 수행하고 있는 미국산 F-35B 전투기는 엔진과 전자부품까지 포함하면 대당 1억 9천만 파운드에 달한다(영국인 6,785명의 연 소득). 다시 말하면, 인플레이션을 고려하더라도 F-35B 전투기는 스피트파이어보다 225배나 비싸다. 2차 세계 대전 때에 비해 지금 225배 부유해진 나라는 단 한 나라도 없기에, 제작할 수 있는 무기의 숫자는 자연히 적어질 수밖에 없다. 브리튼 전투Battle of Britain[32]가 한창이던 1940년에 영국은 매주 100대

---

32 1940년 런던 상공에서 벌어진 영국과 독일의 전투

이상의 전투기를 만들었다. 반면에 오늘날 영국 공군이 보유한 전투기는 전부 다 합쳐도 120대 정도이다.

물론 현재의 전투기는 2차 세계 대전 당시의 전투기에 비해 성능이 월등하다. 네 배는 빠르게 비행할 수 있고, 군수품을 이전보다 다섯 배에서 여섯 배 이상 실어 나를 수 있고, 적을 감지하고 공격할 수 있는 사정거리 또한 스피트파이어에 비해 백 배는 더 넓어졌으며, 무기 성능도 한층 정교해지고 살상률도 높아졌다. 그러나, 그래서 문제가 더 심각해졌다. 공군이 보유할 수 있는 전투기 숫자는 계속 줄어드는데, 전투기가 파괴되는 속도가 더욱 빨라졌기 때문이다.

보다 최근에 일어난 재래전으로는 1980년에서 1988년 사이에 벌어진 이란-이라크 전쟁처럼 약간은 구식인 무기를 사용하거나, 1982년에 영국과 아르헨티나가 벌인 포클랜드 전쟁처럼 해상 스키밍 대함미사일sea-skimming anti-ship missiles 같은 특정 무기의 성능을 시험하는 전쟁이 있었으며, 미국과 이라크 사이에 있었던 무참할 정도로 일방적인 전쟁도 두 차례(1990년~1991년, 2003년) 있었다. 이들 전쟁으로 볼 때, 현재의 미국군 수준으로 잘 갖추어지고 훈련된 강대국이 서로 맞붙는다면 어떤 일이 일어날지 정확히 알 수가 없다.

예를 들어, 1980년대 유럽에서 전쟁이 벌어졌다면 유럽의 나토NATO 사령관은 3백만 명의 병력에다(그중에 40만 명은 미군), 즉시 투입될 수 있는 예비군 170만 명까지 자기 휘하에 두게 된다. 그리고 맞서 싸우는 소비에트 군도 거의 비슷한 규모이지만, 탱크는 더 많다. 물론 이 정도만 되어도 전 세계를 통틀어 가장 큰 규모의 기계화된 군대이긴 하지만, 20세기에 벌어졌던 두 차례의 세계 대전에 참전했던 열강의 군대 규모에는 비길 수가 없다. 전투로 인해 매일 천 대의 탱크와 수백 대의 전투기가 파괴되겠지만, 양쪽 모두 그 속도에 맞춰 무기를 대체할 수는 없을 것이다. 결국 소모전의 문제가 뚜렷하게 나타날 수밖에 없다.

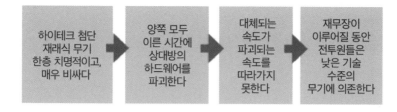

| 하이테크 첨단 재래식 무기 한층 치명적이고, 매우 비싸다 | 양쪽 모두 이른 시간에 상대방의 하드웨어를 파괴한다 | 대체되는 속도가 파괴되는 속도를 따라가지 못한다 | 재무장이 이루어질 동안 전투원들은 낮은 기술 수준의 무기에 의존한다 |

최전선에 배치된 무기는 눈 깜짝할 사이에 파괴되고, 군은 아주 단순한 무기에만 의존할 수밖에 없게 된다. 그러니까 다시 과거의 전쟁 양상으로 돌아가는 것이다. 이미 1914년에 그렇게 싸웠다. 그때도 양쪽 모두 전쟁에 전혀 어울리지 않는 무기로 싸웠고, 그 뒤로는 흔히 말하는 '동면기'에 들어가야 했는데, 상처를 수습해야 할 뿐 아니라 …무엇보다 폭탄 제조 공장의 가동률을 높여야 했다. 지금은 무기가 더 커졌으니 탱크, 전투기, 미사일, 미사일 발사대, 무기가 장착된 모든 종류의 운송 수단 등 거의 모든 것을 다시 만들기 위해 긴 시간을 쉬어야 한다.

존 키건John Keegan, 군사 역사가

게다가 이 모든 것은 '재래전'이 '윈텍스 83' 당시의 엿새보다는 더 길게 이어진다고 가정했을 때 가능한 이야기이다.

1980년대 중반을 기준으로, 나토와 바르샤바 조약 양쪽 모두 합쳐서 10억 명에 가까운 인구를 가지고 있었지만, 재래식 무기로 무장할 수 있는 최전선의 병력은 고작 천만 명, 그러니까 인구의 1퍼센트에 불과했다. 1988년에서 1989년을 지나 냉전 시대가 종식되면서 군대 규모는 더욱 빠르게 줄어들었다. 이렇게 된 데에는 1990년대 들어 러시아가 비록 위태위태하긴 했어도 민주주의 체제로 바뀌어 가면서 양측이 느끼는 위협도 급격히 감소했기 때문이었다. 또 1999년 블라디미르 푸틴Vladimir Putin이 들어서면서 사실상 독재국가로 회귀하는 모양이지만,

양측의 군수산업 복합체의 노력에도 불구하고 당장 군비 경쟁이 다시 촉발되지 않았고, 위성 국가들을 상실한 러시아가 지정학적으로 서부 유럽의 중심부에서 한결 멀리 떨어져 있었기에 서구인에게 당장 시급한 군사적 위협으로는 보이지 않았기 때문이다. 반면, 예전의 러시아/소비에트 제국을 재건할 구실이 필요한 러시아의 지도자에게, 나토가 러시아를 향해 동쪽으로 뻗어오는 사태는 러시아 서쪽에 인접한 국가들을 다시 모스크바의 통제하에 둬야 할 필요성을 정당화하는 위협이었고, 때가 되자 실제로 그런 불행한 일이 벌어졌다.

1990년대 들어와서 바르샤바 조약 기구에 속해 있던 국가들이 나토에 가입하려고 할 때 그들의 요청을 무시하기는 어려운 일이다. 그들이 다시 팽창하는 러시아에 느끼는 두려움은, 몽골 제국에 대한 러시아의 두려움(1237년)이나 이슬람 노예들의 공격(1769년에 모스크바를 침공한 타타르Tatar의 마지막 공격), 나폴레옹(1812년), 히틀러(1914년) 때보다 훨씬 최근에 벌어진 사안과 한층 직접적이고 생생한 트라우마 때문이다. 모두가 확실한 안전을 원하지만, 특히 반세기 이상 강력한 러시아/소비에트의 통제하에서 지내다 비교적 최근에 민주주의 국가로 독립한 동유럽 국가들로서는 당장은 러시아가 온순하다 하더라도, 그들의 자신의 안전을 보장할 방안을 찾아야 했다.

실제적인 군사적 안전보장 측면을 살펴보면, 나토의 동쪽 경계선이 어디까지여야 하는가라는 논쟁은 전혀 중요하지 않았는데, 장차 나토와 러시아가 대결하게 되면 스텝 기후 지역을 탱크 부대가 지나가는 식으로 전쟁이 진행될 것이라 생각하는 사람은 아무도 없었기 때문이었다. 그리고 전쟁의 목적도 쉽게 수긍하기 어려웠다. 러시아는 대가를 치르기만 하면 쉽게 정복할 수 있는 대상이 아닌 서유럽에 관심이 없었을뿐더러, 러시아가 나토에 가입된 나라를 침공할 것이라는 생각자체가 비현실적이었다. 그전에는 조금이나마 그럴 가능성이 있었다고 해도, 그 당시에는 전혀 그렇지 않았다.

1980년대 중반을 기준으로, 나토 가입국의 인구는 대략 6억 7천 5백만 명이었고, 바르샤바 조약 가입국의 인구는 3억 9천만 명이었지만, 나토 가입국 인구의 절반은 대서양 너머에 떨어져 있었기에, 유럽 대륙에 있는 군사력만 놓고 보면 양측은 서로에게 상당히 큰 위협이었다. 2020년 기준으로 바르샤바 조약은 이미 폐지되었고, 예전의 동유럽 위성 국가들도 나토에 가입했다. 소비에트 연방을 이루던 15개 공화국은 죄다 흩어졌고, 이제는 인구 1억 4천 5백만 명의 가난한 러시아 혼자서 8억 7천만 명의 인구 자원을 가진 나토 동맹국과 맞서는 형국이 되었다. 예전에는 나토와 바르샤바 조약 기구의 인구 비율이 3:2 정도였다면 이제는 그 비율이 5:1이 넘었다. 국부만 따진다면, 그 비율은 15:1에 육박한다.

나토의 동쪽 경계선의 위치와 모스크바까지의 거리는 판단을 헷갈리게 만드는 요소이다. 양측이 국경선 근처에 배치한 병력은 그리 많지 않고 지뢰선을 둘러놓은 정도지만, 나토와 러시아 간의 갈등이 촉발되기만 한다면 그 갈등은 단박에 핵전략 단계nuclear strategic level로 넘어갈 수 있다(실제 핵무기 사용은 그 누구도 원하지 않지만 말이다). 그 단계에 들어서면 미사일이 어디에 배치되어 있는지는 중요하지 않고, 특히나 공격받기 쉬운 국경선 근처에 배치될 가능성은 전혀 없다. 근래 들어 뜨거운 논의가 이어지긴 했지만, 오늘날 유럽에서 대륙 전체를 뒤덮는 전면적인 재래전이 벌어지면 무슨 일이 생길지 정확한 시나리오를 작성하는 것은 쉽지 않다.

러시아와 나토의 지휘부는 자신들이 감지한 '위험'에 관심갖기를 촉구하겠지만, 다른 이들은 양측의 전력이 비슷한 수준으로 보유 중인 전략핵을 사용하는 단계에 돌입할 때라야 위험을 심각하게 받아들이게 된다. 여기저기서 제한적인 국지전이 벌어질 가능성은 있으나, 유럽 대륙 전체가 관여되는 전면적 재래전에 관한 예측 시나리오를 쓰는 일은 불가능하다.

현재 지구상에서 명백한 적의를 품고 양측의 군대가 대립 중인 지역은 두 군데인데, 인도가 파키스탄 및 중국과 국경을 마주한 지역, 그리고 한반도가 그곳이다. 이 두 곳 모두 핵무기가 동원될 수 있다. 중화 인민 공화국과 타이완이 대립하고 있는 대만 해협이 세 번째 후보지이긴 하나, 여기는 아직 핵무기가 배치되어 있지 않다.

중동 지역도 잊어서는 안 되겠지만, 아랍과 이스라엘 간의 갈등을 군사적으로 해결하는 방안은 상상할 수도 없다. 군사적으로 이스라엘은 그 지역의 '꼬마 초강대국'이어서, 여태 아랍과 벌인 전쟁에서 한 번도 패한 적이 없다. 게다가 수니파가 지배하는 아랍국가들, 특히 사우디아라비아는 시아파가 지배하는 이란의 위협에 신경 쓰느라 이스라엘을 적국이 아니라 동맹으로 받아들일 방법을 모색하고 있다. 중동은 아무런 명분도 없을 뿐 아니라 승리하지도 못하는 전쟁이 빈번하게 벌어지는 지역으로 유명하긴 해도, 모든 시아파 국가(이란, 이라크, 시리아, 그리고 레바논까지)가 연합해서, 모든 수니파 국가(이집트, 사우디아라비아, 아랍 에미리트, 그 외의 군소 걸프 국가) 및 이스라엘과 튀르키예까지 포함하는 쪽과 대립하는 전면적인 재래전을 벌이게 될 것이라 상상하기 어렵다. 여러 고양이를 한꺼번에 모으는 일과 같을 테니까.

왜 이스라엘은 전쟁에서 항상 승리하는가?
이스라엘은 미국의 최신형 무기를 공급받는다. 미국은 매년 이스라엘에 막대한 방위비 보조금을 제공한다.

이스라엘인들은 교육 수준이 높고, 테크놀로지 사용에 능하며, 거대하고 비인간적인 관료주의와 계층사회에 익숙해져 있다.

고전적인 유럽형 동원 체제를 갖춘 까닭에 이스라엘은 여태까지 치른 다섯 번의 '재래전' 중 네 번의 전쟁에서 자신보다 인구가 많은 주변의 아랍국가들보다 더 많은 수의 병력을 전장에 내보낼 수 있었다.

'내선interior lines' 통신 체제가 갖추어져 있다. 이것을 이용하여 이집트와의 국경 지대에 배치된 병력을 시리아, 요르단, 레바논과의 국경 지대까지 하룻밤 사이에 이동할 수 있다.

주변국과 달리 이스라엘은 민주주의 체제에다. 최소한 유대인들 간에는 상대적으로 평등한 사회이다. 이에 따라 공동체 의식, 높은 사기, 시련을 견디는 역량을 함양할 수 있다.

지난 60년 동안 그 지역 내 유일한 핵무기 보유 국가의 지위를 갖고 있다.

군사 전문가들 측면에서 보면, 최근에 일어난 숱한 소규모 재래전이 전략 전술 차원에서 딱히 새로운 교훈을 주지는 않지만, 간간이 주목할 만한 요소가 나타난다. 2020년에 터진 아르메니아-아제르바이잔 전쟁에서 튀르키예제 미사일 발사용 바이락타르Bayraktar TB2형 드론과 이스라엘제 '카미카제' 드론이 아르메니아군의 탱크와 대포 대부분, 다중 로켓 발사 장치와 지대공 미사일 시스템까지 단 6주 만에 파괴한 탓에 아르메니아는 전쟁에서 패배할 수밖에 없었다. 때로는 전투에 새로운 첨단 무기 하나만 도입되어도 결정적인 영향을 끼칠 수 있지만, 교전하는 양쪽이 그 무기를 충분히 확보하고, 이 무기를 어떻게 배치하고 운영해야 할지에 관한 초기의 전술적 교훈을 익힌 뒤부터는 양측의 손실률이 거의 비슷해지기(줄어들지는 않더라도) 마련이다.

21세기 초반의 세계는 새로운 양상을 나타내고 있다. 오랜 세월 국제 정치학이 낳은 주산물이었다고 할 수 있는, 재래식 무기로 무장한 군대가 국경을 넘어가는 형태의 전쟁은 아메리카, 오세아니아, 아시아 대부분 지역에서 이제 완전히 자취를 감추었다. 참혹했던 지난날과 비

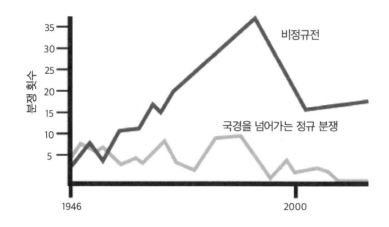

교해 보면, 오늘날은 전통적인 '재래전'이 많이 줄어든 반면, 게릴라전과 테러리즘은 황금기를 맞았다고 하겠다.

곳곳에 있고, 어디에도 없는

오늘날의 게릴라는 군인도 아니고 국가를 위해 봉사하지도 않으면서, 정치적 목적 달성에 필요한 무력을 제공한다. 즉 그들은 닥치는 대로 폭력을 행사하는 이들이 아님에도 전쟁을 수행한다.

> 우리가 도착해 보면 그들은 사라진 이후였다. 우리가 떠나고 나면 그들이 찾아왔다. 그들은 곳곳에 있었지만, 어디에도 없었으며, 공격당할 만한 물리적인 본부도 없었다.
>
> 스페인 게릴라군과 싸웠던 프랑스 장교. 1810년[126]

게릴라전은 외국 주둔군에게 대항하는 수단으로써 나폴레옹 전쟁 때부터 성행했는데, 이 기법에 게릴라('guerrilla' = '작은 전쟁')라는 이름을 붙인 스페인인과 독일인들은 모두 당시에 자국을 점령 중이던 프랑스군에 대항해서 대규모 게릴라전을 감행했다. 그러나 2차 세계 대전 당시 점령지에 들어와 있는 독일군과 일본군에 맞서는 게릴라전이 광범위하게 전개될 때도 여전히 승패에 결정적인 영향을 끼치는 군사적 기법으로 간주하지는 않았는데, 게릴라전 자체에는 전쟁에서의 승리를 위한 전략이 없기 때문이다.

게릴라군이 산과 숲과 늪지대에 숨어서 치고 빠지는 공격에 주력하며 점령군을 지속적으로 괴롭히며 살해하거나 파괴할 수는 있지만, 그 영향은 제한적일 수밖에 없다. 게릴라군은 도시에 들어와서 오늘날 말하는 '테러' 공격을 실행할 수도 있으나, 본격적인 전쟁에 돌입하지 않는 한 도심에 있는 적의 본부를 완전히 무너뜨리기는 어렵다. 오히려 점령군과 공개적인 전투에 돌입하면, 적의 강력한 화력 앞에 파멸하게 된다.

2차 세계 대전 이후로 시골 지역에 기반한 게릴라 전법이 유럽의 해외 식민지 제국으로 널리 전파되었다. 1939년에서 1945년 사이에 점령당했던 유럽 국가들 내부의 게릴라군처럼, 프랑스, 영국, 네덜란드, 포르투갈의 해외 식민지에 있던 게릴라군들은 외국 지배자에 맞서 자국민을 동원하기가 어렵지 않았다. 그러나 점령당한 유럽 국가들과 마찬가지로 이들 역시 제국주의 열강의 잘 준비된 정규군과 맞섰을 때, 그들 조직이 승리할 결정적인 방도를 갖고 있지 못했다. 하지만 게릴라군은 반드시 군사적인 승리를 거두어야 할 필요는 없었다. 식민지 지배 세력이 계속 그곳을 점령하는 데 큰 비용이 들게 만들고, 그런 상황이 계속 이어지게 만들면, 점령 세력은 더 이상의 손실을 줄이기 위해 본국으로 철수하게 되어 있었다.

이런 패턴은 1945년 이후 20년 동안 인도네시아, 케냐, 알제리, 말레

게릴라전이 유효한 경우

제한적이지만 계속해서 벌어지는 게릴라 공격에
사망자가 이어지면서 견디지 못한 식민지 지배층이 철수한다

★ = 게릴라전

이반도, 키프로스, 베트남, 남예멘을 비롯한 여러 나라에서 반복해서 나타났다. 그리고 점령군을 물리친 나라에서는 대부분 게릴라전을 이끈 지도자들이 자국의 권력을 이양받았다. 인도네시아의 수카르노Sukarno, 케냐의 조모 케냐타Jomo Kenyatta, 알제리의 민족해방전선(FLN) 등이 대표적인 사례이다. 유럽 제국주의 열강이 스스로 게릴라전에 얼마나 취약한지 간파한 이후로 다른 식민지국에서는 굳이 자국 내에서 게릴라전을 벌일 필요가 없게 탈식민지화가 진행되었다.

그 시기에 농촌에 기반을 둔 게릴라전이 걷잡을 수 없이 퍼지면서 서구 열강은 충격을 받고 낙담하기에 이르렀는데, 1945년 이후에 벌어진 게릴라 운동은 주로 서구의 가장 큰 라이벌인 소비에트 연방이 전파한 마르크스주의를 추종하고 있었기 때문이었다. 이에 서구는 게릴라전의 이면에는 외국의 지배에 대한 반발심보다는 소비에트 그리고/혹은 중국의 팽창주의가 지배하고 있다고 믿게 되었다.

그러나 1950년대와 1960년대 아시아, 아프리카, 아랍권에서 혁명을 이끈 지도자들은 실제로는 모스크바가 아니라 런던과 파리에서 마르크스주의를 익힌 이들이었다. 1965년, 미국이 전력을 동원해 베트남에

강을 건너고 있는 베트콩 게릴라. 1966년

서 벌인 전쟁은 잘못된 동기 - 소비에트가 중국을 통해 세력을 확장 중이므로 이를 억제해야 한다는 - 로 벌인 전쟁일 뿐 아니라, 시기도 좋지 못했다. 1965년쯤은 '제3세계' 게릴라전의 물결이 거의 끝나가던 시기였다. 인도차이나를 제외하면, 겨우 아프리카 남부와 남예멘 정도에서만 제국주의 지배에 맞서는 게릴라전이 벌어지고 있었다. 이데올로기에 경도된 미국은 아시아에서 벌어진 게릴라전에서 승리하기 위해 유럽국가들보다 훨씬 더 많은 돈을 쏟아부었고, 희생도 더 많이 치렀지만(5만 5천 명), 베트남인들은 다른 나라들이 전개했던 게릴라 방식에 충실하며 끝까지 버틴다면, 미국에서는 막대한 전쟁 비용과 많은 희생자로 인한 본토의 반발이 거세질 것이고 그런 여론 때문에 결국 베트남 자신이 승리할 것이라고 믿고 있었다. 그런 상황이 1968년부터 벌어졌고, 결국 1973년에 미국은 베트남에서 마침내 철수했다.

과거의 소련은 강력하게 언론을 통제하는 독재국가였지만 1980년

게릴라전이 유효하지 않은 경우

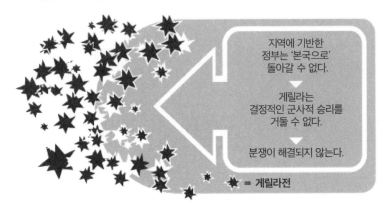

지역에 기반한 정부는 '본국으로' 돌아갈 수 없다.

▼

게릴라는 결정적인 군사적 승리를 거둘 수 없다.

▼

분쟁이 해결되지 않는다.

★ = 게릴라전

대 들어와 사상자 문제에서는 취약할 수밖에 없었다. 아프가니스탄에 십 년간 군사 개입을 이어간 소련의 전사자 규모는 1만 5천 명 선에 불과했지만, 러시아의 여론도 베트남전에 관한 미국 내 여론과 같이 들끓었고, 결국 모스크바는 1989년에 아프가니스탄에서 군대를 철수하기에 이르렀다. 2015년 이후로 시리아에서 벌어진 내전에 개입할 때도 모스크바는 워싱턴이 그러했듯 자국군을 희생하는 일에 주저하는 모습을 보였다.

한동안 농촌 게릴라전이 성행했던 식민지/반제국주의라는 시대적 맥락이 사라지면서 게릴라전의 효용은 급격히 줄어들었는데, 그 지역 내의 주요 인종 그룹이 지지하는 정부가 들어서게 되면서 게릴라가 자국 정부에 맞서 싸울 수 없었기 때문이다. 외국 점령군이 사라진 마당에 새로운 병력을 모집할 명분이 없고, 반제국주의 투쟁에서 승리를 거둘 수 있는 최후의 일전을 벌인다는 것도 명분이 안 되었다. 그 지역 내에 기반을 가진 정부는 반란군과 싸우는 대가가 아무리 커져도 손실을 줄이기 위해 '본국으로 돌아간다'라는 개념이 성립할 수 없다. 어디로 갈 수 있겠는가? 에리트리아와 남수단 같은 예외적인 사례를 제외하면, 대부분의 신생 독립국에서 자치를 추구하는 분리주의자들이 그 지역에 기반을 가진 정부와 군대의 의지를 꺾는 게 불가능하다는 것은 거의 정해진 법칙이라 하겠다.

이런 법칙에 단 하나의 커다란 예외가 있는데, 농촌 지역에서 15년간 게릴라전을 이어가다가 전면적인 재래전으로 비화한 끝에 1949년, 마침내 국민당을 누르고 권력을 장악한 중국 공산당 사례가 그것이다.

중국: 커다란 예외

> 모든 전투에 절대적 우위를 가진 군사력을 집중해서 적의 군대를 완전히 둘러싸고, 철저히 섬멸하되, 단 한 명도 빠져나가지 못하게 하라.
>
> 마오쩌둥, 1947년[127]

중국을 침략한 일본군이나 내부의 적인 국민당 정부를 대상으로 고전적인 게릴라전을 이어가던 1930년대나 1940년대 초반만 해도 마오쩌둥은 결코 이런 명령을 내리지 않았을 것이다. 그 당시에 그는 게릴라전의 교과서적인 규범을 충실히 따랐기 때문이다. 적의 소규모 군을 대상으로 매복 작전을 벌이되, 주력부대와 맞서 싸우지는 않았다. 그러나 1947년경에는 일본군은 이미 항복한 후였고, 국민당 정부는 비틀거릴 때였다. 2년 사이에 규모가 네 배로 커져서 2백만 명에 이른 인민해방군은 부패하고 무능하고 내부가 분열되어 있던 국민당 정부와 벌인 일련의 치열한 전투 끝에 마침내 정부를 무너뜨릴 수 있었다.

마오는 게릴라전이 추구하는 성배를 거머쥐었다. 외부 지원도 없고 외세에 대한 반감도 활용할 수 없는 상태에서 그는 자신의 게릴라군을 정식 군대로 성장시켰고, 그 당시 중국을 통치하던 정부군과 공식적인 전투를 벌여 승리를 거두었다. 가히 눈부신 전과였으며 숱한 혁

1930년대의 마오쩌둥

명가들이 그의 사례를 따르고자 했다. 그중에서 성공한 경우는 1959년
시에라 마에스트라 산맥을 타고 내려온 피델 카스트로의 형제들과
1979년 니카라과의 산디니스타Sandinista 민족해방전선, 단 두 차례밖에
없다. 그리고 두 사례 모두 국민당 정권하의 중국과는 전혀 다른 상황
이었다. 카스트로가 이끌었던 7월 26일 운동[33]과 산디니스타 민족해방
전선이 맞서 싸운 적은 워낙 부패하고 무능한 정부인 것에 비해 중국
국민당은 건전한 정부였다. 이 정부가 성공하게 된 것은 미국이 개입
한 이후 두 나라 국민 사이에서 일어난 강력한 반미 감정을 자극하며
드높은 애국심을 등에 업을 수 있었기 때문이었다.

바로 이 부분이 중요하다. 지금도 일부 제3세계 국가들 산악 지역
에서는 게릴라 활동이 이어지고 있지만, 게릴라들은 민족주의 감정을

33 7월 26일 운동 - 1955년에 피델 카스트로 주도로 결성된 단체. 이 단체명은 1953년 7월
26일 당시 쿠바 바티스타 독재 정권의 붕괴를 목적으로 산티아고데쿠바의 몬카다 병영 습
격을 감행했던 사건에서 가져왔다.

자기 쪽으로 끌어들일 수 있는 해당 국가의 정부와 맞서서 이길 확률
이 거의 없다는 것이다. 요인 암살, 차량 폭발, 치고 빠지기식의 기습
공격 차원을 벗어나서, 좀더 대규모 군대를 동원하여 공개적인 전투에
들어간다고 해도, 정부군이 그토록 찾고 싶어 하던 표적을 분명하게 드
러내는 결과가 될 뿐이다. 1970년대에 들어서면서 농촌 게릴라전은 혁명
을 위한 기법으로는 그다지 효과적이지 않다는 사실이 명확해졌다.

도심 게릴라전

이렇게 되자 실망한 라틴 아메리카의 혁명가들은 무작위 테러random
terrorism('도심 게릴라전'이라고도 알려져 있다)를 벌이는 쪽으로 방향
을 바꾸었다. 이 기법을 최초로 고안한 아르헨티나의 무장 조직 몬토
네로Montonero, 우루과이의 무장정파 투파마로스Tupamaros, 브라질의 카
를로스 마리겔라Carlos Marighella 같은 라틴 아메리카 혁명가들이 갖고
있던 애초의 목적은 자신들의 공격 대상인 정부가 극단적인 탄압 정책
을 펴도록 유도하는 것이었다. 프랑스 마르크스주의자들이 쓰는 표현
으로는 '사태를 악화시키는 전략la politique du pire'이다.

　도심 게릴라전을 펼치는 자들은 요인 암살, 은행 강도, 유괴, 비행
기 납치 등 정부가 극도로 당황할 만한 사태를 일으켜 민주 정부가
강력한 군사 정권으로 바뀌게 만들거나, 현재 정부가 군사 정권이면
더 가혹하고 인기 없는 보안 조처를 하도록 만들었다. 게릴라들에게
는 정부가 테러에 대응해서 테러를 감행하거나 고문이나 '실종' 사태
를 일으키거나 암살단을 꾸린다면 더욱더 좋은 일이었다. 어차피 국민
이 정부에 환멸을 느끼게 하는 것이 목표였기 때문이었다.

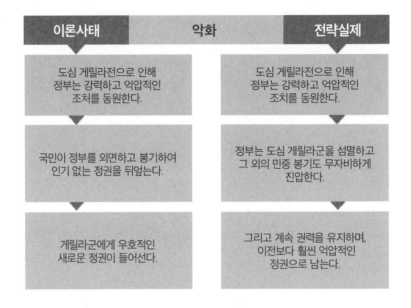

이론사태	악화	전략실제
도심 게릴라전으로 인해 정부는 강력하고 억압적인 조처를 동원한다.		도심 게릴라전으로 인해 정부는 강력하고 억압적인 조치를 동원한다.
국민이 정부를 외면하고 봉기하여 인기 없는 정권을 뒤엎는다.		정부는 도심 게릴라군을 섬멸하고 그 외의 민중 봉기도 무자비하게 진압한다.
게릴라군에게 우호적인 새로운 정권이 들어선다.		그리고 계속 권력을 유지하며, 이전보다 훨씬 억압적인 정권으로 남는다.

과격한 폭력 사태를 일으켜 정치적 위기를 군사적 갈등 상황으로 바꾸어 가고, 이에 따라 정권을 잡은 자들이 자국의 정치적 위기를 군사적 상황으로 전환하도록 만들어야 한다. 이렇게 되면 대중은 정부에 환멸을 느끼고, 결국 이런 사태를 초래한 군과 정치권에 반발하게 된다.

카를로스 마리겔라, 『도심 게릴라전을 위한 소(小)매뉴얼』[128]

그러나, 도심 게릴라전 역시 식민지 이후 열악한 환경 속에서 전개되던 농촌 게릴라전과 똑같은 치명적인 약점을 안고 있다. 즉, 승리를 위한 최후의 일전을 준비할 수가 없었다. 이론상으로야 게릴라전을 통해 정부가 과격하게 탄압하는 정책을 펴도록 만드는 데 성공하면 국민은 자신들을 탄압하는 정부에 반기를 들고 일어나게 되어 있다. 그러나 어떻게 해야 그렇게 될 수 있는가? 19세기 이후 도심에서 무장봉기를 일으켜서 성공한 사례는 극히 드물다.

라틴 아메리카 국가들 내부에서 도심 게릴라전을 이끈 이들은 전

영화 <바더 마인호프 콤플렉스> 포스터

략의 제1단계 즉, 자신들을 진압하기 위해 과격한 조처를 동원하는 군사 정권이 들어서게 만드는 데는 성공했다. 그러나 이들 군사 정부는 바로 그 일을 제대로 수행해 버렸다. 모든 라틴 아메리카 국가에서 '사태를 악화시키는 전략'을 전개한 대부분의 도심 게릴라군을 죽이거나 국외로 도피하게 하는 방식으로 막을 내렸다.

1970년대와 1980년대에 서부 유럽과 북미 지역에서 성행한 경박한 테러 운동은 바로 이런 라틴 아메리카의 테러 전략을 미련하게 모방한 결과물이었다. 그들에게 이데올로기를 제공한 지도자는 미국 학자 허버트 마르쿠제Herbert Marcuse였는데, 그는 '자유주의 부르주아가 쓰고 있는 억압적인 관용repressive tolerance이라는 가면을 벗길' 필요가 있으므로, 창의적인 폭력 활동을 통해 그들의 가면을 벗겨내고 억압적인 본성을 까발려야 한다고 썼다. 이것을 디자이너 테러리즘designer terrorism이라고 할 수 있는데, 실제 정치 활동보다는 '애티튜드attitude'에 관한 이론이어서, 비록 수백 명을 죽이고 수십만 건의 신문 헤드라인을 양산했음에도 정부를 위협할 수준에는 이르지 못했다. 레너드 코헨Leonard Cohen은 선진국에서 나타난 도심 게릴라 운동의 순진성과 자아도취적 경향을 그의 노래 <일단 맨해튼부터 접수하자First We Take Manhattan>에서 매섭게 풍자한다.

> 나는 하늘에 나타난 시그널에 인도된다.
> 나는 내 피부에 있는 모반에 인도된다.
> 나는 우리가 가진 아름다운 무기에 인도된다.
> 일단 맨해튼부터 접수하자, 그리고 베를린을 접수하자.

독일의 바더 마인호프 갱단Baader-Meinhof Gang이나 이탈리아의 붉은 여단Red Bridges, 미국의 심바이어니즈 해방군Symbionese Liberation Army과 웨더맨Weatherman, 일본의 적군Red Army 등이 어떤 사건을 일으켰든 간에, 그들은 각국 우파 정부가 합법적인 좌익 세력을 악마화하는 데 유용하게 써먹은 허깨비에 불과했다. 북아일랜드의 아일랜드공화국군Irish Republican Army(IRA)이나 스페인 바스크 지방의 자유 조국 바스크Euskadi ta Askatasuna(ETA)처럼 종교나 소수 민족에 기반한 국수주의 도심 게릴라군은 그나마 생존력이 있었지만, 지금은 그들도 모두 자신들이 맞서 싸우던 정부와 평화 조약을 맺은 상태이다.

그러나 그중에서도 두 개의 테러 단체는 어느 정도 영향력을 끼치는 데 성공했다. 둘 다 국제 사회를 대상으로 작전을 펼치는 것으로 유명하다. 둘 다 자신들이 목표한 정부를 전복하는 것을 정치적 목표로 삼지는 않았다. 그리고 둘 다 아랍 단체이다.

팔레스타인

팔레스타인 해방기구Palestine Liberation Organization(PLO)는 수많은 팔레스타인 난민이 수용된 난민촌 내부에서 조직된 여러 무장단체의 전략을 수립하기 위해 1964년 야세르 아라파트Yasser Arafat가 창설했다. 아라파트는 이들 단체가 직접적인 공격을 통해 이스라엘을 무너뜨리고 자신들의 땅을 되찾을 수는 없지만, 다른 목표에 집중한다면 성과를 낼 수 있다고 봤다.

아라파트와 그의 동료들은 '난민' 대신 '팔레스타인인'이라고 표현하는 것이 중요하다는 점을 간파했다. 그들은 이들 난민이 비아랍계(심지어 일부 아랍계까지 포함한) 사람들에게 단순히 '아랍계 난민'으로 받아들여지는 한, 이론상으로는 아랍 세계 어디로 이주해도 상관이 없었다. 그들이 본국으로 돌아가려면 전 세계에 '팔레스타인인'이라는 정체성을 가진 이들이 존재한다는 사실을 각인시켜야 했는데, 그 이름으로 불릴 때라야 비로소 팔레스타인 땅으로 돌아갈 합법적인 권리가 확보되는 까닭이었다.

전 세계를 대상으로 팔레스타인인이 존재한다는 점을 각인시킬 만한 캠페인 방안은 무엇이 있을까? 일반적인 홍보 정도로는 안 될 일이었지만, 충격적인 폭력 사태를 벌인다면 언론이 이를 보도하게 되고, 그 사건이 일어난 맥락을 설명하기 위해 팔레스타인인에 관해 언급할 수밖에 없다. 1970년 9월, 팔레스타인 해방기구의 게릴라군은 4대의 항공기를 동시에 납치해서 요르단 사막 지대에 있는 비행장으로 가져왔다. 그리고 승객들을 다 내리게 한 다음, 전 세계 텔레비전 카메라 앞에서 폭파했다. 그 뒤로 이어진 팔레스타인 해방기구의 공격에서는 다수의 사망자가 나왔지만, 이 사건은 합리적이고 목표를 달성한 국제 테러 사건이었다. 이스라엘을 굴복시키려는 것이 목표가 아니라,

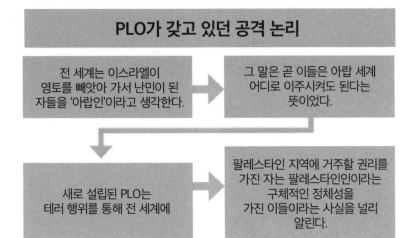

PLO가 갖고 있던 공격 논리

전 세계는 이스라엘이 영토를 빼앗아 가서 난민이 된 자들을 '아랍인'이라고 생각한다.

→ 그 말은 곧 이들은 아랍 세계 어디로 이주시켜도 된다는 뜻이었다.

새로 설립된 PLO는 테러 행위를 통해 전 세계에

→ 팔레스타인 지역에 거주할 권리를 가진 자는 팔레스타인인이라는 구체적인 정체성을 가진 이들이라는 사실을 널리 알린다.

팔레스타인인이라는 민족이 존재하며, 이들은 자신의 운명이 달린 토론에 적극적으로 참여할 수 있어야 한다고 전 세계에 알리는 것이 목표였기 때문이다.

그 목표를 달성한 1980년대 후반부터 PLO는 테러리스트 활동을 중단했다(이런 전략을 이해하지 못한 일부 극렬 분파들은 독자적으로 무의미한 테러를 계속하기는 했지만). 그 후 십 년간 PLO는 이스라엘과 평화 협상을 추진했고, 그 정점이 1993년 워싱턴에서 서명한 오슬로 협정Oslo Accords이었다. 그러나 아라파트와 그의 협상 파트너였던 이스라엘 수상 이츠하크 라빈Yitzhak Rabin은 둘 다 평화 정착의 필수 내용인 영토 문제와 난민의 귀환에 관한 일체의 합의를 거부하는 양쪽 진영 내의 '거부파' 세력에게 큰 제약을 받았다.

1995년 라빈이 극우 유대주의자들에게 암살당한 이후, 팔레스타인 테러리스트들의 공격이 재개되었는데 특히 선거 기간 동안 이스라엘 영토 한복판에서 테러가 일어났다. 그러나 이번 테러는 PLO가 아니라, 신흥 이슬람주의 운동 세력권이었다. 그들은 영국 지배하에 있던 팔레스타인 영토 중 일부 지역만으로 팔레스타인 국가를 세우려는 협상을 거부하는 세력이었다. 이것은 합리적이고 달성할 수 있는 목표를 가진 또다른 테러 작전 사례라고 할 수 있는데, 이번 작전의 목표는 아라파트가 추진하는 '두 국가' 전략을 좌절시키는 것이었다.

하마스Hamas[34]와 이슬람 지하드Islamic Jihad[35]가 일으킨 폭탄 테러는 많은 유대인 사망자를 발생시키기 위해 버스를 표적으로 삼았다. 이런 테러의 목적은, 라빈 암살 이후의 동정표를 얻어 쉽게 선거에서 승리할 수 있었던 라빈의 후임자 시몬 페레스Shimon Peres 대신에 평화 협상에 미온적인 태도를 보일 게 분명한 거부파인 베냐민 네타냐후Benjamin Netanyahu 쪽으로 표가 몰리도록 만들 의도였다. 사태는 실제로 그렇게 진행되었고, 그 후 삼 년간 평화 협상에는 아무런 진전이 없었으며 그 뒤로도 마찬가지였다. 마르크스주의자들이 쓰는 용어로는 '같은 목표를 추구하는 동맹objective allies'인 양측의 거부파들은 두 국가 해법을 좌절시키려는 공동의 목표를 가지고 있었고, 그들의 의도는 성공했다.

9/11과 이슬람 테러리즘

테러리즘은 정부를 직접 전복하기에는 지금도 여전히 부족하지만, 그보다 하위의 정치적 목적을 달성하는 역량은 계속 커졌다. 매우 강력하고 경악할 만한 사례가 바로 2001년 9월 11일에 알 카에다Al-Qaeda가 미국을 상대로 감행한 테러 공격이다.

알카에다, 이슬람 국가Islamic State, 그 외의 숱한 모방 그룹과 연계

---

34   하마스 – 이슬람 원리주의를 신봉하는 팔레스타인 내의 과격 조직

35   이슬람 지하드 - 이슬람교 시아파의 과격 테러 활동 조직

납치된 비행기가 세계 무역 센터 건물로 날아와 부딪치고 있다.

2001년 9월 11일

그룹에 정신적 기반을 제공하는 이슬람 근본주의 운동은, 지금 이슬람 국가들이 겪고 있는 시련은 그들이 서구화되면서 이슬람 율법 준수에 소홀했기 때문이라는 명제에서 출발한다. 그들은 이슬람교도들이 알라가 원하시는 대로 믿음 생활을 이어갈 때, 다시 말해 알라의 뜻을 약간은 극단적인 자세로 추종하며 살아갈 때 이런 상황은 변화될 수 있다고 본다.

이런 사상에 근거해서 세계를 변화시키기 위한 두 단계 프로젝트가 가동된다. 첫 번째 단계에서는 현존하는 모든 이슬람 국가의 정부를 전복하고, 이슬람교도들이 국가 권력을 장악한 다음, 그 권력을 사용해서 이슬람교도들이 참된 믿음과 행실의 도리로 돌아오도록 만든다. 그리하면 두 번째 단계에서는 알라께서 이슬람 세계 전체를 하나의 초강대국으로 통합하도록 도와주실 것이고, 그럴 때 서구와 대결을 통해 그들의 지배를 물리칠 수 있다. 더 극단적인 진영에서는 이렇게 되면 전 세계가 이슬람교로 개종하는 대단원에 이를 수 있다고 본다.

이런 프로젝트는 물론이고 극단적 이슬람주의자들의 이러한 분석을 받아들이는 이슬람교도는 그리 많지 않지만, 세상의 다른 곳에 비해 특히 아랍권에는 이들의 이론을 받아들이는 자들이 상대적으로 많이 있는데, 이는 아랍권에 속한 국가들이 특히 현재 상황에 대한 분노와 절망이 강하기 때문이다. 그 결과, 지난 30여 년간 이슬람주의에 기반한 혁명을 추구하는 그룹들이 아랍권의 큰 국가들 내부에서 활동해 왔다. 현존하는 정부를 전복하고 국가 권력을 장악한다는 첫 번째 목표를 이루기 위해 그들은 계속해서 테러를 자행했다. 그럼에도 그 어디에서도 권력을 장악하지 못했다는 사실은 놀라운 일도 아니다. 왜냐하면 투파마로스가 테러리즘을 통해 원하는 것을 이룰 수 없었고, 바드-마인호프 갱단도 원하는 것을 이룰 수 없었던 마당에, 이슬람주의자들이 테러를 통해 원하는 바를 이룰 수 있으리라고 기대할 만한 근거가 아무것도 없기 때문이다.

정부를 전복할 방법(이슬람주의자들이 군사 쿠데타로 권력을 장악할 가능성은 없으니까 그 방법은 제외하자면)은 수십만 명의 민중이 거리로 쏟아져 나와 동참하게 하는 것이었다. 그러려면 그 민중을 거리로 나오게 만들어야 하는데, 이슬람주의자들은 그렇게 하지 못했다. 민중은 자신들의 희생을 무릅쓰면서까지 이슬람주의자들에게 권력을 맡길 만큼 그들을 좋아하거나 신뢰하지 않는다. 결국 일부 국가에서처럼 이슬람주의자들과 정부 간의 대치는 유혈이 낭자한 교착상태에 빠지게 되고, 민중은 이들의 대립이 언제 끝날지 관망하면서 그저 둘 다 망하기를 바랄 뿐이다. 이런 교착상태는 1990년대 초반에 아프가니스탄에서 오사마 빈 라덴Osama bin Laden이 알카에다를 창설할 즈음에도 그러했다.

무슬림을 적대시하는 불의한 자들infidels이 단합하고 있다. …이것은 새
로운 전투이자. 이슬람이 예루살렘을 정복할 당시에 치른 전투에 비견
할 수 있는 위대한 전투이다. …미국인들은 테러와 싸운다는 이름으로
이슬람과 맞서려 한다.

오사마 빈 라덴, 2002년 10월

알카에다의 전략은 아랍국가 정부를 공격하는 것이 아니라 곧장 서구
를 상대하는 것이었다. 그러나 알카에다와 다른 이슬람 근본주의 라
이벌 조직 및 후계 조직들이 가진 진정한 목표가, 혁명을 일으켜 아랍
은 물론 다른 이슬람 세계에서 이슬람 근본주의자들이 권력을 장악하
게 만들고, 모든 사람이 진정한 이슬람 율법을 준수하는 종교개혁을
시작하는 것으로 생각해서는 안 된다. 서구를 곧장 공격하는 방식으
로 어떻게 이런 혁명이 가능할 수 있겠는가?

테러리스트들이 자신들의 전략을 절대 밝히지 않겠지만, 알카에다
가 가진 전략은 '상황을 더 나빠지게 만드는 전략'이라는 게 거의 확
실하며, 다만 이번에는 그 전략이 국제 사회라는 좀 더 큰 맥락 속에
서 전개되었을 뿐이다. 바보가 아닌 이상, 미국에 테러 공격을 감행하
여 3천 명을 희생시키면 미국 정부가 자기 영향력 안에 있는 이슬람 국
가들을 포기할 것으로 생각할 사람은 아무도 없다. 조금이라도 생각
이 있는 사람이라면 누구나 워싱턴이 테러리즘의 뿌리를 뽑기 위해 대
규모 군대를 동원하여 이슬람권을 공격할 것이라고 생각하는 것은 당
연하다.

빈 라덴과 그의 추종자들 역시 무식하거나 미련하지 않았다. 그들
의 전략은 대규모 군대를 동원한 미국을 이슬람 세계로 끌어들이고,
이에 자극받은 많은 이슬람교도가 자국에 있는 이슬람 근본주의자

군사 조직에 입대하도록 만들어 몸집을 키우는 것이었다. 이렇게 되면 오랫동안 염원하던 대로 이슬람 세계 내의 친서방 정부들을 대상으로 반란을 일으켜 이슬람 근본주의자들이 권력을 잡을 수 있다고 봤다.

이것이 알카에다가 뉴욕과 워싱턴에서 9·11 사태를 일으킨 전략적 목표였다면, 빈 라덴은 투자 대비 만족할 만한 성과를 거둔 셈이다. 일 년도 채 안 되어 미국은 인구가 5천만 명가량 되는 이슬람 국가 두 곳을 침공하여 점령했다. 침공 당시의 영상과 사진은 특히 아랍권에 있는 이슬람교도에게는 큰 치욕이자 고통으로 다가왔고, 이어졌던 아프가니스탄과 이라크 점령 시기에 벌어진 잔혹한 일과 숱한 실책으로 인해 같은 기조의 영상과 사진이 계속 생산되었다.

이렇게 초래된 분노 탓에 아랍권에 있던 수백만 명의 이슬람교도가 이슬람 원리주의 혁명 조직에 입대했지만, 장기적인 관점에서 보면 중동에서 전개된 사태는 혁명과는 거리가 멀었다. 심지어 아프가니스탄에서는 2001년 미국 침공 직후 이슬람 세계 내에서 이슬람 원리주의자들이 세운 유일한 정부였던 탈레반 정권이 무너지는 결과까지 나왔다.

탈레반이 미군과 다국적군을 몰아내기까지 20년이 걸렸고, 예전 상태로 되돌아 간 지금의 탈레반은 미국 침공 이전에도 그랬듯 전 세계를 대상으로 하는 지하드 운동에는 관심이 없다. 그들은 항상 국내 문제에만 집중한다.

미국이 이라크의 사담 후세인 정권을 공격한 것은 빈 라덴이 미처 예상하지 못한 일이었을 게 분명한데, 이라크 독재자가 이슬람 원리주의 혁명 세력과 협력하기는커녕, 원리주의자들을 죽이는 쪽이었기 때문이었다. 그렇지만 미국의 침공 탓에 수니파 이라크인들 사이에서는 빈 라덴이 일으키고자 했던 이슬람 원리주의 저항운동이 일어났는데, 알카에다가 주도한 십 년의 저항운동 기간에 미군 4,500명가량이 희생되었다. 이 저항운동은 2014년에 들어와서 '이라크와 시리아 이슬람 국가Islamic State of Iraq and Syria'(ISIS)로 변모했고, 이 두 나라는 각각 8백만 명과 1천 2백만 명의 인구를 지배하는 국가가 되었으나 오래가지는 못했다. 2019년에 와서 '이슬람 국가'는 전투에서 패배하고 거의 소탕되었지만, 알카에다는 지금도 중동과 아프리카에서 게릴라와 테러전을 수행하는 조직으로 여전히 활동하고 있다.

미국에서 다른 선택지는 없었을까? 이라크를 침공하지 않았으면 훨씬 나았을 게 분명하지만, 9·11 사태 이후 분노한 미국의 여론을 고려했을 때 부시 행정부가 아프가니스탄을 침공하지 않을 수는 없었으며, 이는 정확히 알카에다 지도자가 의도한 대로 된 것이었다.

침공을 결행하게 된 또 다른 요인은 '군사 기지bases'에 대한 미군의 과도한 집착을 꼽을 수 있다. 기지는 정규군에게는 꼭 필요한 시설이지만, 테러 전략을 따라 움직이는 혁명군에게는 별다른 쓸모가 없다. 아프가니스탄에 있던 알카에다 캠프는 지원자들에게 사상교육을 하는 간소한 시설이었고, 언제든 해체하면 그만이었다. 반면에 9.11 테러 계획은 주로 독일에서 이루어졌고, 비행기 조종사들은 미국에서 교육받았다. 알카에다 같은 조직은 물류 이동을 최소화하는 분권화된 민간인 네트워크이므로 이런 조직을 다루기 위해서는 군대가 아니라 경찰력, 정보 수집, 치안 강화 등을 활용하는 게 더 적절했다.

교훈을 배울 수 있었던 20년이 속절없이 흘러가 버린 지금도 미군은 여전히 아프가니스탄 내에 있는 '테러리스트 기지'에 집착하고 있지만, 실제 테러리스트는 세계 각처에 흩어져서 보이지 않는다. 그들이 당하는 피해야 강해졌다 약해졌다 하겠지만, 이들을 완전히 제거한다는 것은 불가능하다. 그렇다면 '국제 테러 위협'은 앞으로 얼마나 심각해질 수 있을까?

알카에다는 물론이고, 알카에다와 경쟁 관계에 있는 다른 이슬람주의 조직들은 지금도 여전히 50년 전에 PLO가 활용하던 수준의 기술로 작전을 펼친다(정치적 목표는 근본적으로 바뀌었지만). 자살폭탄 테러범에게 비행기 조종사 교육을 하여 항공기를 납치하는 새로운 전술이 도입되긴 했지만, 아직 개발되지 않은 기법 중에 그 정도 파괴력을 가지고 있는 것은 그다지 많지 않다. 이 글을 쓰고 있는 지금 이 시점을 기준으로, 여태까지 알카에다가 전개한 공격은 대부분 저차원적 기술 수준인 전통적인 폭탄 설치나 총기 난사 방식이어서 기껏해야 몇 명에서, 많아야 수백 명의 사망자를 내는 것이 전부였다. 그저 웹사이트를 통해서만 알카에다 등의 조직과 접촉할 수 있는 개인이 수행하는 '외로운 늑대lone-wolf' 방식의 공격은 사전에 발각되기 어려워서 일반화되고는 있지만, 초래할 수 있는 사상자 수는 많지 않다.

그렇다면 과연 이런 공격이 어떤 효과가 있을까? 서방이 이슬람 국가를 대대적으로 침공했는데도 이슬람 원리주의 조직에 가담하는 이슬람교도의 숫자가 그렇게 많지 않다고 판명되고 있다. 아무도 정신을 차리지 못하고 있다. 한때는 일관되고 전략적인 판단이라는 게 있었지만, 지금은 무모하고 아무런 목적도 없이 진행되고 있을 뿐이다. 이슬람 원리주의자들은 왜 이런 행동을 계속하는가? 자신들이 가진 이데올로기에 대한 신념 때문이거나 불의한 자들에 대한 미움 때문일 수 있고 이런 행동이 자기 삶에 의미를 주기 때문일 수도 있으며 달리할 일이 떠오르지 않기 때문일 수도 있다. 이슬람 원리주의 테러리즘은 유통기한이 지난 후에도 팔리는 상품처럼 한동안은 존속하겠지만, 세대가 바뀌면서 언젠가는 폐기 처분될 것이다.

집단 학살용 무기를 동원한 테러리즘 역시 실질적인 위협이 되지 못한다. 1995년 일본의 사이비 종교단체 옴 진리교가 도쿄 지하철에 신경가스의 일종인 사린 가스를 살포했으나, 12명만 사망했다. 화학 무기와 생물학 무기는 퍼져서 흩어진다는 데 문제가 있다. 테러리스트의 처지에서 보면, 차라리 못 폭탄nail bomb[36]을 사용하는 편이 노력도 덜 들고 효과도 클 수 있다.

핵무기가 테러리스트 수중에 들어가는 경우는 훨씬 위험하다. 만약 한 발의 핵이 터진다고 하면 해당 지역은 1883년에 있었던 크라카토아 Krakatoa 화산 폭발이나 1923년의 도쿄 대지진급 정도의 충격을 받는다. 물론 이런 사태를 미리 막아야겠지만, 설령 불행하게도 도시에서 이런 폭발이 일어난다고 하더라도 테러리스트들이 기대하듯 전 세계가 요동치지는 않을 것인데, 테러리스트들은 전 세계가 오버 액션을 하기를 기대하는 셈이다. 테러리즘은 작고 약한 집단이 동원할 수 있는 무력을 사용해서 자신보다 훨씬 강력한 상대방 – 보통은 국가 – 을 기만하여 상대에게 해롭고 자신들에게 유리한 쪽으로 반응하도록 유도하겠다는 일종의 정치적 주짓수 경기와 같다.

이미 지난 40년간 이 세계는, 백 개가 넘는 도시에 사는 수억 명의 사람이 단박에 멸망할 수 있다는 글로벌한 규모의 핵 재앙의 위협도 견디며 살아왔다. 그러니 테러리스트 그룹이 핵무기를 탈취해서 한 도시를 쑥밭으로 만들 수도 있다는, 그다지 가능성이 크지도 않은 위협 정도는 충분히 견디며 살 수 있다. 공포에 질리지 않고 인내심을 잃지 않는 것이 관건이다.

테러리즘은 9·11 사태 때에 시작된 것도 아니고, 앞으로도 꽤 지속할 것이다. 테러와의 전쟁을 선포한다는 말을 들었을 때 나는 무척 놀랐는데, 테러리즘은 이미 35년 이상 이어져 온 일이기 때문이다. …그리고 불만을 품은 사람들이 존재하는 한 테러는 앞으로도 계속 나타나게 되어

---

36 다이너마이트 막대에 못을 둘러 박은 수제 폭탄

있다. 상황을 개선하기 위해 우리가 할 수 있는 일이야 있겠지만, 그렇더라도 테러는 항상 발생한다. 전쟁이라고 생각하게 되면, 어떤 식으로든 상대를 격퇴할 수 있다고 오판하기 쉽다.

스텔라 리밍턴Stella Rimington 영국정보국MI-5 전前 국장

2002년 9월[129]

10장 | 전쟁의 끝

돌아가는 길

> 평화로운 상태가 한번 정착되고 나면 계속 유지할 수 있다는 건 인간
> 에게는 좋은 소식이다. 개코원숭이도 할 수 있는 데 우리라고 왜 못 하
> 겠는가?
>
> 프란스 드 발Frans de Waal,
> 에모리 대학 여키스 영장류 연구소Yerkes Primate Center

30년 전, 케냐의 밀림에서 살던 개코원숭이 무리에게 큰 재앙이 닥쳤
다. 무리 내에서 가장 힘센 수컷들이 정기적으로 근방에 있는 관광객
리조트의 쓰레기통을 뒤져서 먹이를 구했다. 어느 날 그들 모두 소의
결핵균에 오염된 고기를 먹고 즉사했고, 그 바람에 덜 공격적인 수컷
들만 남았는데, 이들은 쓰레기통에 가까이 가면 다른 수컷들과 싸움
이 일어나기 때문에 아예 쓰레기통을 피해 온 개체들이었다. 그 후로
밀림 속 개코원숭이 무리에 커다란 변화가 일어났다.

개코원숭이와 신경과학자 로버트 사폴스키

　신경과학자 로버트 사폴스키Robert Sapolsky가 밀림 속 개코원숭이 무리 연구를 처음 시작한 1979년~1982년 당시만 해도 이 무리는 대단히 사납고 포악한 전형적인 개코원숭이 사회였다. 수컷들은 자기 자리를 지키기 위해 극도로 예민한 상태로 지내면서 사소한 공격에도 즉각 반응했지만, 자기와 서열이 같은 수컷은 공격하지 않았다. 서열이 낮은 수컷들만 계속해서 위협과 공격을 했고, 심지어 암컷들도(몸무게가 수컷의 반밖에 안 된다) 자주 공격했다. 그러나 위협하던 수컷들이 몰살한 이후 남은 개체들은 한결 편안한 상태로 서로를 부드럽게 대하기 시작했다.

　지금도 같은 서열상의 수컷끼리 싸우긴 하지만, 무리 내의 약자들이나 암컷을 괴롭히는 일은 없다. 대부분 다들 서로 털을 골라주거나 옹기종기 모여 앉아 지내는 등 친밀한 사회적 행동을 하며 시간을 보내고, 서열이 낮은 개체들의 스트레스 지수(호르몬 샘플로 측정한다)도 다른 개코원숭이 무리보다 현저히 낮다. 무엇보다도, 이렇게 새롭게 형성된 행동 양상이 무리 전체의 문화로 확실하게 자리를 잡았다.

수컷 개코원숭이는 평균 수명이 18년을 채 넘기지 못하므로, 애초부터 싸움을 피하며 생존했던 낮은 서열의 개체도 지금은 다 죽은 이후이다. 게다가 수컷 개코원숭이는 반드시 자신이 태어난 무리를 떠나 다른 무리에 속해야 하므로, 무리 전체의 우두머리에서부터 맞서 싸울 엄두를 내지 못하는 겁 많고 순종적인 약자에 이르기까지, 밀림 속 무리 내부의 전체 수컷들의 성격적 특성도 정상적인 분포로 되돌아갔을 것이 분명하다. 그런데도 이 무리의 행동은 정상적인 개코원숭이 사회에서 나타나는 행동으로 돌아가지 않았다. 공격성은 현저히 낮은 상태이고, 무리 내의 약자나 암컷에 대한 무차별적인 공격도 좀체 일어나지 않는다.[130]

영장류인 우리는 문화의 영향을 받고 적응하게 되어 있다. 개코원숭이조차도 유전자의 영향을 받아 자기가 속한 무리 내의 사납고 공격적인 행동 규범만 따라가게 되어 있지는 않다. 오늘날 인류는 문명이 발생하기 이전 우리 조상이 속해 있던 공동체에 비해 수천만 배 큰 규모를 자랑하는 국가라는 유사 공동체pseudo-band에 속해서 편안하게 살고 있다. 인류는 원숭이 무리의 우두머리 같은 독재자 밑에서 살다가 수렵 채집 단계에 와서는 평등한 사회를 이루었고, 그 뒤로 문명이 발달하면서 군사 조직처럼 엄격한 위계질서를 이루는 사회로 넘어갔으며, 지금은 대대적으로 면모를 일신한 평등 사회로 되돌아간 상태이다. 제대로 된 장려책만 시행된다면, 지금 우리가 전쟁을 완전히 내려놓는 일이 불가능하지 않다. 그리고 제대로 된 장려책은 분명히 존재한다.

역사에서 벗어나 보낸 휴일

2차 세계 대전이나 3차 세계 대전보다, 1차 세계 대전에 관해서 사람들에게. 만약 전쟁이 벌어진 이후에 어떤 일이 전개되는지 미리 알았더라면 어떻게 했겠느냐고 물어보면. 다들 절대로 전쟁을 시작하지 않았을 것이라고 말한다. 2차 세계 대전의 경우는 전쟁이 시작되면 무슨 일이 일어나는지 더 많은 것을 알고 있었으면서도 사람들은 전쟁을 받아들였다. 그러나 3차 대전의 경우는 어떤 의미에서 보면 그 결과가 어떻게 되는지 다들 이미 훤히 다 알고 있으면서도 아무 일도 하지 않고 있다. 지금 이런 사태에 대한 해결책이 무엇인지 나는 알지 못한다.

앨런 테일러A. J. P. Taylor, 『2차 세계 대전의 기원』의 저자

1982년에 앨런 테일러가 이렇게 말했을 때, 3차 세계 대전이 일어날 거라고 기대하는 세대에게 상당히 큰 반향이 일어났다. 그 뒤로 소비에트 연방이 무너지고 냉전이 종식되자 많은 이들은 이제 3차 세계 대전은 일어나지 않는다고 확신했는데, 마치 전쟁이 일어나는 구조적인 원인 따위는 존재하지 않고, 사악한 소련만 없어지면 세계 대전이 일어날 일은 없다는 식이었다. 그 이후 한 세대 동안 사람들이 걱정한 사태라고 해봐야 인종 학살과 종종 벌어지는 테러 공격이 전부였다. 여전히 곳곳에서 일어났던 소규모 전쟁은 선진국에는 위협이 되지 않았고, 그때그때 도의적인 분위기에 따라 대응하거나 대응하지 않으면 그만이었다. 그러나 우리 시대에 들어와서 핵전쟁의 위험이 다시 대두되었고, 새로운 세대는 억제 전략이라는 용어에 익숙해지고 있다. 그렇긴 하지만, 국제 사회 체제international system의 구조상 우리가 세계 대전이라고 부르는 강대국 간의 다툼이 주기적으로 반복된다는 사실을 이해하는 사람은 국제 체제 내부에서 일하거나 국제 체제를 연구하는 자들 – 외교관, 직업 군인, 일부 정치인, 소수의 역사가 - 밖에 없는 실정이다.

인류는 냉전이 끝난 이후 주어진 상대적으로 평화로웠던 시간을 낭비하지는 않았다. 1991년에는 미국이 주도하는 국제 연합UN이 쿠웨

이트를 점령한 이라크를 축출했는데, 이는 한국 전쟁 이후 40년 만에 유엔이 침략 국가에 내린 최초의 무력 사용 승인이었다. 독립 국가의 주권을 보호하려는 유엔의 결정은 1990년대 내내 몇 차례 더 있었고, 그 덕에 국제 사회는 군사 개입을 통해 인종 학살을 막아냈다(매우 심각한 사례였던 르완다/콩고 동부 지역은 외면당했지만). 그러나 안전 보장 이사회의 권한을 강화하고 다자주의를 확립하는 차원에서는 진척이 없었는데, 이즈음 세계 유일의 초강대국이 된 미국 내부에서 이미 일방주의 노선이 득세하고 있었기 때문이었다.

냉전에서 완전한 승리를 거둔 이후 미국은 자만심에 취하지 않았던가. 그 이전에도 미국의 막강한 군사력에 대한 찬사는 워싱턴 정치 문화의 일부로 자리 잡았다. 2001년에 오면 이런 자만심과 군국주의가 합쳐진 새로운 계획을 수립하는데, 흔히 팍스 아메리카나Pax Americana라고 부르는, 미국의 헤게모니를 공고히 하려는 프로젝트로서, 주된 주창자는 조지 부시George W. Bush 대통령 당시 미국 군부와 외교 정책 라인을 장악한 신보수주의자들이었다. 부시 행정부는 다자주의 국제 기구에 대한 공격을 계속 이어갔다. 대탄도 미사일 조약Anti-Ballistic Missile Treaty에서 탈퇴했고 국제 사법재판소의 운영을 방해했으며, 생화학 무기 사용 금지를 보다 강화하려는 조약 체결을 위한 법률 수정안도 거부하고, 2001년에 일어난 9.11 테러를 내세워 2003년에 이라크를 침공하기까지 했는데, 이 또한 안전보장 이사회의 권한에 대한 의도적인 공격이었다.

부시의 두 번째 임기가 끝나가던 2008년 쯤, 1990년대를 지나면서 구축해 온 진보, 특히 열강 간의 신뢰가 완전히 사라져 버렸다. 2017년에 트럼프 대통령이 들어서면서 다자주의 국제기구에 대한 미국의 공격이 재개되었다. 그나마 나은 편이긴 해도, 바이든으로 대표되는 '워싱턴 컨센서스Washington consensus' 정책은 인류의 미래에 그다지 도움이 되지 않는다. '역사에서 벗어나 보낸 휴일'이 이제 거의 끝나가고 있다.

세 가지 커다란 변화

지금도 세 가지 커다란 변화가 진행 중이며, 이 변화는 국제 사회 체제를 예전의 혼란 속으로 되돌릴 수도 있다. 그 **세 가지 변화란 지구온난화, 새로운 열강의 등장, 핵무기 확산**을 말한다. 여태껏 허약한 상태로 평화를 유지해 온 체제는 앞으로 심각한 압박을 받을 것이다.

지구의 기온이 상승하면서 식량 생산 문제에서 특히 열대와 아열대 지방은 위도상 온난한 지역에 속한 부유한 나라들보다 적어도 한 세대 먼저 큰 타격을 받게 된다. 그 결과 적도 지역에 가까운 나라에는 기근이 닥치고, 먹을 것을 찾으려는 절박한 난민 수백만 명이 선진국으로 몰려들 것이다. 국경은 당연히 폐쇄되겠지만, 그렇게 많은 수의 난민이 국경을 넘지 못하도록 하려면 월경하려는 사람 중에 일부를 '시범적으로' 죽일 수밖에 없을 것이다. 서로 다른 나라의 국민을 죽이는 마당에 그 어떤 합의나 협약을 맺는 일도 불가능해질 것이고, 자연스레 국제 사회 공조도 무너지게 될 것이다(기후 변화에 대한 공동 대처도 포함해서).

그와 동시에 국제 사회 체제는 새롭게 부상하는 열강과 기존 열강의 쇠퇴로 인해 초래되는 변화에도 적응해야 한다. 2040년경에 초강대국 지위를 얻는 유일한 길은 냉혹할 만큼 간단하다. 즉 아대륙subcontinent 규모의 영토를 보유하고, 인구는 5억 명 혹은 그 이상이 되어야 한다. 이 조건에 부합하는 후보는 단 세 나라, 미국, 중국, 인도밖에 없다. 중간급 서열에 있는 새로운 열강과 오래된 열강이 서로 대립하면서 벌어질 소란은 그리 크지 않겠지만, 최상위 열강의 순위 변화는 체제 전체를 통제 불가능하게 만들 위험이 있다.

다음 세대 내에 나머지 두 후보국을 넘어설 가능성이 없는 인도는 누가 봐도 분명한 노선을 택해서 미국과 일종의 동맹을 맺었다. 인도는 중국과 이미 국경 지역에서 전쟁을 치른 경험도 있고(1962년), '적의 적'은 친구가 되니까.

역사 속의 대부분 시간 동안, 중국인은 자신들이 알고 있는 사실 속의 중국이 세상이 모두가 인정하는 초강대국의 지위를 보유하고 있었다고 믿고 있다. 그러니 자신들이 그 지위를 상실하고 지내야 했던 지난 삼백 년에 대해 분한 마음을 품을 만한 일이다. 올바르게 작동하는 세계라면 자신들의 지위가 회복되어야 한다고 믿을 것이며, 정의가 작동하지 않아서 그런 결과를 얻을 수 없다면, 약간의 도움이 필요하다고 보고 있다.

그러나 중국은 16세기의 스페인이나 20세기 초반의 일본 같은 고전적인 팽창주의를 추구하는 열강은 아니다. 중국이 자신의 영토로 주장하는 지역은 한때 자신들이 지배했던 영역을 넘어서지 않을 뿐 아니라, 그 영토 때문에 죽음을 무릅쓰고 싸울 정도로 중요한 지역도 아니다. 그렇긴 해도 한참 군사력을 확장 중인 데다 호전적인 레토릭을 동원하는 탓에 주변 국가들로서는 신경이 곤두설 수밖에 없다. 우리는 역사 속에서 이런 식으로 일이 계속 진행되면 어떤 결말에 이르게 되는지 잘 알고 있다.

반면에 중국이 미국을 추월할 가능성은 거의 없다고 하겠다. 지난 십 년 동안 경제 성장 속도가 눈에 띄게 느려진 데다가 인구가 가파르게 감소하고 있기 때문이다. 지금의 중국 정권은(그 후임자도 마찬가지겠지만) 타이완에 대한 소유권을 절대 포기하지 않겠지만, 현재의 힘의 균형 상태에서 베이징이 모험을 감행할 가능성은 낮다.

열강 간에 벌어진 가장 최근의 대결이라고 할 수 있는 냉전 때와 마찬가지로, 이 갈등 역시 관리할 수 있는 수준에서 이어지다가 평화적으

북한이 공개한 잠수함 발사 탄도 미사일. 2017년 4월 15일

로 마무리될 것이다. 과거에는 새롭게 부상하는 열강의 요구를 들어주기 위해 쇠퇴하는 열강이 손해를 감수할 수밖에 없는 '전쟁'이 국제 사회 체제에서 동원되는 통상적인 방식이었지만, 최신무기를 보유하고 있는 21세기 상황에서 전쟁에 돌입하고자 하는 이는 아무도 없다.

마지막으로, 핵무기가 계속 확산하고 있다. 유엔 안전보장이사회의 '5대 상임이사국' - 미국, 소련, 영국, 프랑스, 중국 - 은 다들 1945년부터 1964년 사이에 최초의 핵무기 실험을 마쳤고, 나머지 한 나라 이스라엘은 공식적인 핵실험은 하지 않고서도 은밀히 핵무기를 개발했다. 그 뒤로 다른 핵무기 보유국이 나타나기까지는 상당히 긴 세월이 이어졌다.

1970년대 후반부터 1980년대 사이에 아르헨티나, 브라질, 남아공, 이라크, 이란, 북한 등이 핵무기 개발 프로젝트를 가동했지만, 그중에서 북한만이 실제적인 핵 억제력을 보유하는 데 성공했다. 북한 역시 핵 억제력 개념을 충분히 이해하고 있으며, 미국 도시를 타격할 만한 한두 개의 핵폭탄만 보유해도 미국의 공격으로부터 자신을 지킬 수 있다는 점을 알고 있으므로, 그들은 앞으로도 소규모 핵 보유로 만족할 것이고, 워싱턴도 그 정도는 위협으로 여기지 않고 수용할 가능성이 크다. 그러나 불행하게도, 인도와 파키스탄은 사정이 다르다.

인도는 1974년에 들어와서 처음으로 '평화적인 핵폭발' 실험을 진행했는데, 명목상으로는 토목공학 차원의 실험이었지만, 실상은 중국의 핵무기에 대응하는 억제력을 갖추기 위한 목적이었다(두 나라는 이미 1962년에 국경 지역에서 한 차례 맞붙은 적도 있었다). 반면에 그전까지 25년 동안 인도와 치른 세 차례 전쟁에서 모두 패한 전력이 있던 파키스탄은 은밀히 독자적인 핵무기 개발 프로그램을 착수했다. 1998년에 처음에는 인도가, 그다음에는 파키스탄이 공개적으로 여섯 차례 핵무기 실험을 하면서 둘 사이의 대립은 극에 달했다. 지금도 양측은 대결에서 핵무기를 사용하지 못하면 핵무기를 잃을 수밖에 없는 상황('경보와 동시에 발사launch on warning' 국면이라고도 부른다)에 놓여 있다. 충분한 보안 시스템 없이 설치된 양측의 핵무기(각자 150기가량의 핵탄두를 보유 중)는 어느 쪽이든 기습 선제 타격을 받으면 대부분 파괴될 위험에 노출되어 있다. 게다가 타격을 시작할 때 주어진 워닝 타임warning time은 4분밖에 되지 않는다. 냉전 시대가 정점일 때 미국과 소련의 워닝 타임은 15분 이상이었다. 그렇기에 양측이 교전 시(지난 반세기 동안 벌어진 세 차례 전쟁 때처럼) 스크린 위에서 날아오는 미사일 탄도가 확인된 후에 이 미사일의 진로가 확실한지 확인할 수 있는 시간이 그리 많지 않다. 만약 가지고 있는 핵무기를 전부 쓰게 된다면 인도와 파키스탄 양국에도 불행한 일이겠지만, 그중의 상당수가 도시 지역에 떨어질 것이며, 그렇게 되면 동시다발적으로 백 개가 넘는 화염 폭풍이 생기면서 전 세계가 핵겨울을 맞이할 수도 있다.

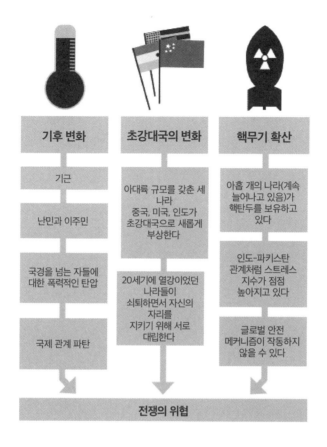

기후 변화	초강대국의 변화	핵무기 확산
기근	아대륙 규모를 갖춘 세 나라 중국, 미국, 인도가 초강대국으로 새롭게 부상한다	아홉 개의 나라(계속 늘어나고 있음)가 핵탄두를 보유하고 있다
난민과 이주민		
국경을 넘는 자들에 대한 폭력적인 탄압	20세기에 열강이었던 나라들이 쇠퇴하면서 자신의 자리를 지키기 위해 서로 대립한다	인도-파키스탄 관계처럼 스트레스 지수가 점점 높아지고 있다
국제 관계 파탄		글로벌 안전 메커니즘이 작동하지 않을 수 있다

전쟁의 위협

2019년 8월에 인도가 카슈미르의 특별 지위를 박탈한 이후로 많은 문제가 생길 것이다. …재래전이 발발하면 어떤 사태가 이어질지 그 누구도 알 수 없다. 물론 우리는 싸우겠지만, 핵을 보유한 국가가 끝까지 전쟁을 계속한다면, 그 여파는 국경 너머로 번져갈 것이다. 전 세계에 파장이 미칠 수밖에 없다.

파키스탄의 임란 칸Imran Khan 수상,
유엔 총회, 2019년 9월 27일[131]

지난 40년 동안 전 세계 핵무기 확산 정도는 그리 나쁘지 않았다. 단세 개의 국가만 추가되었을 뿐이어서, 현재는 총 아홉 개 나라가 핵을 보유하고 있다. 1945년의 히로시마 이후 핵무기 사용을 막기 위해 인류가 설치한 '방화벽'이 지난 75년 동안 줄곧 유지되었기 때문이다. 그러나 앞으로 21세기의 남은 기간에 글로벌 핵전쟁의 재앙에서 벗어나려면 관리를 잘해야 할 뿐 아니라 운도 따라야 한다.

협력하느냐 마느냐?

지금 당장 세계 정부를 세운다거나 인류 보편적인 형제애를 발휘하자는 식의 몽상은 아무런 의미가 없다. 지금 존재하는 국가 중심 체제의 맥락 속에서 전쟁이라는 문제를 해결할 방도를 찾아야 한다. 그 말은 2차 세계 대전 이후로 인류가 구축해 온 다자 시스템을 (방해를 받은 적도 많고 실패도 있었지만) 계속 보존하고 확대해야 한다는 뜻이다. 새롭게 부상하는 열강 역시 대립과 날것 그대로인 군사적 대결 체제가 아니라, 협력을 강조하는 체제 속으로 편입되어야 하고, 그러기 위해서는 그들을 위한 자리도 마련해야 한다.

지난 여러 세대에 걸쳐 인류는 이런 일을 추구해 왔으나 성과는 미미했다. 그러나 이보다 더 설득력 있는 방안을 제시하는 이가 아무도 없었다는 사실은 이보다 수월한 대안이 없다는 의미이기도 하다.

과거 국제 사회가 무정부 상태였을 때 각 나라는 전쟁에 대비해 무장할 수밖에 없었지만, 최초의 총력전이 마무리되었던 1918년 이후로는 해결책이 분명해졌다. 적어도 전쟁과 평화에 관한 사항을 다룰 수 있으려면 전 세계 모든 국가가 참여해서, 주권을 가진 이들의 통합ª pooling of sovereignty을 이루어야 한다는 사실이 명백해졌기에 1차 세계 대전 승전국들은 곧바로 국제 연맹League of Nations을 창설했다. 그러나 악마는 디테일에 숨어있다는 말처럼, 전 세계 국가가 함께 모여서 독불장군식으로 다른 나라를 공격하려는 나라를 억제하고 처벌하자는 사상은 원칙상으로야 온당했지만, 공격하려는 나라가 어느 쪽인지 누가 결정할 수 있으며 그 나라를 억제하는데 들어가는 막대한 비용과 인명 희생은 누가 감당할 것인가?

또한 국제 연맹의 모든 회원국은 이 조직이 실질적인 통치권을 가지게 되면 그 통치권이 자신들을 대상으로 사용될 수 있다는 점도 알고 있기에, 주요 강대국 정부 중에 그 누구도 이 조직에 실제적인 힘을 부여하려고 하지 않았다. 그러다가 2차 세계 대전이 터졌고, 막대한 인명 희생과 비용을 치른 승전국들이 1945년에 다시 한번, 사전에 전쟁을 막을 수 있는 국제 조직을 창설하고자 했다. 2차 세계 대전 승전국들은 다들 공포에 질려 있었다. 그들은 1945년에 샌프란시스코에 모여 국제 연합United Nations 헌장을 완성하기 위한 협의를 이어가면서 전쟁을 불법적인 행위로 규정했다. 새롭게 작성된 유엔 헌장은 자위 차원이나 안전보장 이사회의 결정에 따르는 경우 이외에 다른 나라를 대상으로 하는 무력 사용을 금지했으며, 안전보장 이사회 결정 역시 특정 국가가 유엔 회원국을 공격하는 경우에만 발동될 수 있었다. 이렇듯 세상은 험악한 과거를 지나서 전쟁이 법으로 금지되는 새로운 세계를 향해 일사천리로 변해가고 있다.

그러나 실제로는 전혀 그렇지 않았다. 유엔 창설은 백 년 계획의 시작일 뿐이라는 것을 다들 알고 있었다. 역사상 가장 참혹했던 전쟁에서 살아남은 자들은 지금 자신들이 도모하려는 일에 순진한 환상 따위는 전혀 품고 있지 않았다. 강제력 동원에 관한 규칙에서 드러나는 냉혹한 현실주의가 그 증거이다.

통상적인 국제 조약은 모든 주권국을 동등하게 대하는 척한다. 그런데 유엔 헌장은 그렇지 않았다. 1945년에 승전한 5대 열강 - 미국, 영국, 프랑스, 소련, 중국 - 이 안전보장 이사회 상임이사국 자리를 맡고, 다른 나라들은 2년 단위로 돌아가며 이사국이 되는 체제를 택했다. 다른 나라를 침공한 것으로 판명된 국가를 향한 군사행동을 개시하려면 열강이 비상임이사국을 설득해서 15개국이 모인 안전보장 이사회로부터 다수표를 얻어야 하지만, 상임이사국 중에 한 나라만 거부해도 군사행동은 부결된다. 설령 표결 결과가 14:1이 나왔다고 하더라도 마찬가지이다. 이런 규정을 만든 이들은 다른 나라들에 비해 적어도 강대국들은 서로 더 평등하다고 솔직하게 인정한 셈이다. 그렇기에 그들은 새로운 체제를 구축하기 위해 더욱 진지할 수밖에 없었다.

강대국들을 설득해서 이런 규정에 서명하도록 이끄는 일은 상당히 까다로웠다. 그들로서는 세상에서 자기 뜻을 관철하는 데 도움이 되었던 수단 - 군사력 - 을 포기하도록 요청받은 셈이었기 때문이다. 그들도 언젠가는 강대국 간의 전쟁에서 패배할 수 있으므로 새로운 국제 규범을 수립하는 일은 장기적으로 그들에게도 유리한 일이라고 해도, 숲에 있는 새를 잡기 위해 손안에 있는 새를 날려 보내야 하는 격이었다. 거부권은 그들에게 이런 장애를 해소하는 방안이 되었다. 거부권은 유엔이 강대국 중 어느 나라를 대상으로도 군사 공격을 하지 않는다는 의미였고, 이렇게 되면서 그들은 새롭게 수립하려는 국제법에서 제외되는 측면도 있었다. 반면에 나머지 국가들은 이 법에 따라야 했다. 나머지 국가 중에 어딘가가 평화에 위협이 된다고 안전보장 이사회가 판단하면, 그 나라는 유엔 깃발 아래 모인 다국적군과 맞서야 했다. 1950년에 북한이 그러했고, 1990년에 이라크가 그러했다.

물론 강대국들도 이 국제법을 준수해야 하고 그렇지 않으면 다양한 압력을 받게 되지만, 군사적인 압박을 받지는 않는다. 자신을 비판

유엔 주재 러시아 대사가 시리아에서 화학 무기가 사용되었다는 혐의를 조사하자는
미국 측 결의안에 거부권을 행사하고 있다. 2018년 4월 10일

하는 안전보장 이사회 결의안을 거부하면 그만이기 때문이다. (2022년
3월을 기준으로, 지금껏 러시아/소련은 120회, 미국은 82회, 영국은 29
회, 프랑스는 16회, 중국도 16회 거부권을 행사했다)

그러나 이런 실용주의적인 장치도 별다른 효과가 없었다. 불과 몇
년 못 가서 다섯 개의 상임이사국은 큰 전쟁이 끝난 후 승전국들이 흔
히 그렇듯이, 둘로 쪼개져 서로 적대적인 군사 블록을 형성했다. 그렇
게 하지 않았다면 그게 더 놀라운 일이었을 것이다.

전쟁 범죄

2차 세계 대전 후에 처음 생겨난 중대한 조처는 '전쟁 범죄' 재판이었
다. 물론 이것은 '승자의 정의'였다. 독일과 일본의 고급 장교와 공무
원이 기소되었던 일부 법률은 그들이 혐의를 받는 범죄가 자행될 당시

에는 아직 제정되어 있지 않았지만, 이제부터라도 전쟁이라는 잔혹하고 혼란스러운 상황에서도 온당한 행동의 규범을 정의하고 강제하겠다는 의도였다. 놀랍게도, 승전국 지휘관 중에서는 전쟁 범죄로 기소된 자가 아무도 없었다.

> 어디선가 나는 전투 중이었다. 내 부대는 진격 중이었다. 그때 내 부대의 탱크 한 대가 독일군에게 파괴되었다. 탱크 안에 있던 네 명이 밖으로 나왔는데, 다치지는 않았지만 꽤 충격을 받은 상태였다. 그들은 뒤로 후퇴하기보다는 독일군 전선 쪽으로 달려갔다. 그들은 독일군을 그러니까 그 자리에서, 그냥 바로 죽여버렸다. 그 광경을 목격한 부대원들은 이렇게 말했다. "그들에게 아무런 기회도 주지 않고 그냥 죽였다. 그건 잘못된 처사였다."
>
> 자크 덱스트라제Jacques Dextrase 소령, 몽트로얄 부대

자크 덱스트라제는 이 사건이 일어났던 1944년 8월 노르망디에서 프랑스-캐나다 연합 보병을 지휘하던 24세의 소령이었다.

> 오케이. 전투는 계속되었고, 우리는 포로도 몇 명 생포했다. 나는 책임자를 택해서 포로를 뒤로 데려가서 관리하라고 지시했다. 그는 포로들더러 뛰어가도록 했는데, 5킬로미터 위치에 다리가 있었다. 그러자 그는 말했다. "너희가 여태 숱한 다리를 폭파했으니, 이제 너희는 헤엄쳐서 건너."라고. 5킬로미터를 뛰어온 자들에게 수영하라는 것이다. …대부분 물에 빠져 죽고 말았다.
> 나는 지프차를 타고 그곳을 지나가다가 물에 빠져 죽은 시신 30, 40, 50여 구를 봤다. …나는 무슨 일이 있었는지 알지 못했지만 캐묻지는 않았다. …나는 부대 내부에서 일어난 일은 내부에서 끝내려 했고 밖으

로 공포하지는 않았다.

그래서 뉘른베르크 전범 재판Nuremberg trials이 벌어졌을 때 나는 혼자 생각했다. '야, 우리가 이겨서 천만다행이다.' 내가 그 재판정에 서 있었을 수도 있기 때문이다. 부하들이 한 일은 내 책임이니까.

덱스트라제는 그 후에 캐나다군의 육군 대장이자 참모총장까지 지낸 훌륭한 군인이었다. 캐나다는 20세기 서방이 치른 전쟁 중에 베트남전을 제외한 모든 전쟁에 참전했을 뿐 아니라, 그 여러 전쟁에서 나온 인구 1인당 전사자 비율이 미국보다 두 배나 높았다. 물론 1899년과 1907년 두 차례 개최된 헤이그 협약을 통해 일부 전쟁 범죄에 관한 규정이 명문화되긴 했지만, 1944년 후반에 덱스트라제가 자기 부대에서 일어난 전쟁 범죄를 발견했을 당시만 해도 다른 방도가 없었다. 행정상의 징계로 끝내고 그냥 덮는 것이 그가 할 수 있는 최선이었다.

이런 상황은 1947년에 마련된 뉘른베르크 원칙과 1949년의 제네바 협약을 통해 바뀌었고, 그 이후 전쟁 범죄 관련 기소 건수는 급격히 늘어났다. 서구 국가들은 자국 병사에게 전쟁 시에 고려해야 하는 법적인 책무에 대해 적어도 일 년에 한 번 이상 교육을 시행한다. 그래서 아프가니스탄에 파견된 호주군이 자행한 전쟁 범죄가 발견되었을 때 호주의 대응도 완전히 달라졌다.

병사들은 다들 피에 굶주려 있다. 싸이코들. 완전한 싸이코들. 우리가
그들을 그렇게 만들었다.

호주 특수 공군단이 아프가니스탄에서 자행한 살인 사건에 관한
호주 병사의 발언

호주군은 2001년부터 2021년까지 줄곧 미국이 주도하는 연합군의 일

원으로 아프가니스탄에 주둔하면서 미국이 수립한 정부를 탈레반과 다른 이슬람 저항 세력으로부터 보호하는 임무를 맡았다. 이 기간에 호주의 특수 공군단이 저지른 범죄에 관한 소문이 특수 작전부 사령관 제프 센겔만Jeff Sengelman에게 보고되었을 때 그는 민간인 출신 군사 사회학자 사만다 크롬포츠Samantha Crompfoets 박사에게 특수 부대 내 문화를 조사하는 임무를 맡겼다. 2016년에 그녀가 인터뷰한 증거를 토대로(그 인터뷰 중 하나가 위에 인용되어 있다) 호주예비군 검사장은 좀 더 공식적인 조사를 위해 독립적인 조사위원회를 꾸렸으며, 위원장으로는 예비역 장교이자 뉴사우스웨일스 항소법원의 판사였던 폴 브레레튼Paul Brereton 소장을 임명했다.

2020년 11월, 상당히 많은 분량이 삭제된 브레튼의 보고서가 나왔는데, 여기에는 2007년에서 2013년 사이에 이름이 적시된 호주 특수 공군단 소속 병사 스물다섯 명이 아프간인 서른아홉 명 – 전쟁 포로, 농부, 민간인 – 을 살해한 사건에 관해 신뢰할 수 있는 증거가 담겨 있었다. 보고서에 따르면 이 살해는 모두 전투 중에 일어난 일이 아니었고, 배심원들이 전쟁 범죄에 해당하는 살인 사건으로 판단할 만한 정황들이었다. 그 살인의 대상은 주로 포로였다. 대부분 하급 병사가 부사관 등 자신의 지휘관의 명령에 따라 처음으로 사람을 죽여 보는, 소위 '전사 양성 문화warrior culture' 속에서 자행되었다. 희생자 시신 옆에 압수한 무기와 라디오를 놓고 사진을 찍어서 작전 보고서의 커버 스토리에 사용했다. 그리고 병사들이 우르즈간Uruzgan 주에 있던 특수 공군단 본부 안에 비공식적으로 마련한 '팻 레이디즈 암스Fat Lady's Arms'라는 술집에 모여 예전에 죽은 어느 탈레반 병사의 몸에서 나온 의족에다 술을 따라 마시는 끔찍한 만행도 드러났다.

브레레튼 보고서와 관련해서 호주군 참모총장이었던 앵거스 캠벨Angus Campbell 장군이 발표한 담화문은 텔레비전을 통해 전국으로 방영되었는데, 거기서 장군은 브레레튼이 제시한 143가지 개선안을 모두 수용하고, 범죄 혐의를 조사해 달라는 취지로 보고서를 호주 연방 경찰에 넘겼으며, 아프가니스탄 국민에게 사과하고 특수 공군단 내에 만연한 이 '수치스럽고', '유해한' 만행을 강력히 비난하면서 향후 작전 시에는 특수 부대 요원에게 의무적으로 헬멧이나 몸에 카메라를 부착하도록 했다. 완벽한 해결책은 아니었지만 – 책임져야 할 윗선이 어디까지인가에 대해서는 명확하게 밝히지 않았다 - 상당히 훌륭한 조처였다.

물론 국수주의자들의 반발이 나왔다. 캠벨은 특수 작전 부대 전체의 '공로 부대 표창'을 박탈하려 했는데, 이렇게 되자 전범들에게 쏟아지던 대중의 관심을 돌려서, 2007년부터 2013년까지 같은 부대에서 복무했던 3천 명의 다른 호주 군인들이 느꼈을 마음의 상처 치유에 집중하려는 시도가 있었다. 캠벨은 이런 일이 있을 거라고 예상했을 게 분명하다. 그러나 그는 그대로 밀고 나갔다.

덱스트라제와 캠벨의 반응이 이토록 다른 것은 인간성이나 민족성의 차이 때문이 아니라 시기의 문제였다. 각국 군은 설령 전쟁이라는 도덕적으로 복잡한 상황에서 일어난 일이라 하더라도 자국 병사가 저지른 전쟁 범죄에 책임을 물으려는 추세가 강해졌다. 이런 추세는 2차 세계 대전 이후 전쟁법을 명확하게 규정하고 확대 적용하면서 일어났다. 아주 조금씩 일어난 변화였지만 말이다.

아주 기나긴 세월

각국 정부들이 자국 정책에 국제기구가 가하는 제약을 받아들이게 될 때까지는 앞으로도 아주 기나긴 세월이 필요한데, 이는 특히 국내에서 빈번히 일어나는 심각한 반대에 직면하기 때문이다.

여기서 언급된 '국내에서 빈번히 일어나는 심각한 반대'는 지금도 숱한 민주주의 국가(미국, 영국, 브라질, 폴란드, 헝가리, 인도, 필리핀)의 포퓰리스트/국수주의 정부하에서 일어나는 일이다. 지독한 포퓰리스트인 도널드 트럼프가 물러났어도 '역사의 종말'은 오지 않았는데, 1989년의 비폭력적인 반공산당 혁명으로도 역사의 종말이 오지 않았던 것과 마찬가지이다. 오늘날의 세계는 다양한 지역적 차이는 있지만 단일한 글로벌 문화를 이루고 있어서, 정치적 유행의 파도가 일어나면 모두가 영향을 받는다. 그러나 현재 득세 중인 포퓰리즘이 역사의 마지막 단계일 리는 없다. 언젠가 먼 미래에 우리는 지금을 돌아보며 이 정치적 유행이 너무 거세지기 전에 끝난 것에 감사하게 될지도 모른다.

유엔은 출발할 때부터 성공할 수 있었는데도 실패로 끝난 그런 사례가 아니다. 그 반대이다. 애초에는 실패할 가능성이 컸지만. 지금도 절망할 필요는 없다. 진보는 수십 년에 걸쳐 조금씩 이루어지니까. 모든 인간의 마음을 변화시키고, 모든 인류가 자국의 이익과 힘에만 집착하는 경향에서 벗어나게 하려면, 세계적인 영향력을 가진 간디 같은 인물을 기다릴 필요가 없다.

인류는 그저 어리석거나 쩨쩨해서 지금처럼 행동하는 것이 아니다. 원하는 것을 다 얻을 수 없기 때문에 그렇게 행동한다. 그렇기에 2천 년 전 수렵 채집 생활을 하던 무리가 서로 그러했듯이, 지금도 서로 이웃한 국가 간에 전쟁의 위험을 감수하면서 살고 있다.

이제는 분쟁을 해결할 다른 방법을 찾아야 할 때가 왔다고 본다면, 그건 오직 전 세계 독립된 정부들의 협력을 통해서만 가능하다. 전쟁이 발생하는 이유는 각국이 절대적인 독립을 유지하고 있기 때문이다. 국제 사회에는 불행하게도 서로에 대한 불신이 만연해 있다. 그리고 모든 국가는 자국 이익에 관한 사항을 외국이 모여서 결정하도록 좀체 용인하지 않는다.

자국 우선주의자들이 강력한 국제 연합의 출현을 우려하는 데는 물론 타당한 이유가 있다. 애초에 국제 연합은 전쟁을 끝내기 위해, 그러니까 다그 함마르셀드Dag Hammarskjold[37]의 말을 빌리자면 "인류를 천국으로 이끌고자 하는 것이 아니라 지옥으로부터 건지기 위해" 창설되었다. 유엔 설립자들은 다른 나라의 공격으로부터 모든 나라의 안전을 지키고, 국제 분쟁을 해결할 결정을 내리고 그 결정을 강제하기 위해서, 유엔 휘하에 강력한 군대가 필요하다고 생각했으며, 실제로 유엔 헌장은 이런 무력 사용을 위한 조항을 마련해 두었다.

약간의 원칙, 강력한 힘

강제력 없는 정의는 쓸모가 없다.

블레즈 파스칼Blaise Pascal[132]

유엔이 애초 의도와 달리 제대로 작동하지 못한 이유도 이것이었다. 유엔이 제대로 작동하려면 각국 정부를 강제할 힘이 있어야 하는데, 각국 정부는 그런 기구가 생기는 걸 원치 않았다. 국가 간에 벌어지는 전쟁을 종식하려면 무엇을 해야 하는지 알면서도 - 적어도 1945년 이후로는 명확히 알았다 - 그 일을 하고 싶어 하지 않았다. 유엔의 힘이 너무 커져서 유엔의 결정을 거부할 수 없게 되면, 언젠가는 자신의 이

---

37 다그 함마르셸드(1905-1961) - 스웨덴 정치가. UN 사무총장(1953-61)이었고, 1961년에 노벨평화상을 수상했다.

익이 훼손될 수 있다는 우려 때문에, 차라리 전쟁의 위험을 계속 감수하며 사는 쪽을 택했다.

지금의 유엔이 이상주의자들의 마음에 드는 공간은 아니지만, 그들은 유엔이 실제로 힘을 행사하게 되면 더 불편해할 것이다. 유엔은 앞으로도 예전처럼 존재하면서 - 성자들의 회합과는 거리가 먼, 사냥터 관리인이 된 밀렵꾼들[38]의 연합체 - 공평무사한 정의의 기준에 부합하는 결정을 내리지는 못할 것이다. 모든 사람이 동의할 만한 공평무사한 정의라는 개념은 성립할 수 없다. 유엔에서 의사결정을 하는 주체는 '인간'이 아니라 '정부'이며, 정부에는 지켜야 할 국익이 있다. 현재 유엔은 대단히 정치적인 과정을 거쳐 중요한 결정을 내리며, 이 과정에서 어느 한 열강이나 다른 회원의 이익을 심각하게 훼손할 수도 있다. 그래서 전쟁을 억제하고 있던 근본적인 컨센서스consensus가 파괴될 정도에 이르러서는 안 된다는 인식을 공유하고 이들의 이성 한계 내에서 이뤄낸다.

이런 현실에 충격을 받아서는 안 된다. 어느 국가든 간에 한 나라의 정치는 동일한 요소의 조합에 따라 작동된다. 얼마 안 되는 원칙, 상당한 권력, 내전을 피하고 그 나라를 성립시켰던 컨센서스를 보존하려면 그 권력을 무자비하게 휘둘러서는 안 된다는 마지막 제약, 이게 바로 그 조합이다. 국가 차원에서 보면, 우리는 우리에게서 멀리 떨어져 있으며, 대응하기 어려운 권력을 가진 정부가 부과하는 불편한 의무를 받아들이며 사는데, 종합적으로 따져보면 그렇게 해서 얻는 이익이 치르는 희생보다 크기 때문이다. 국가를 이루고 살 때 사회 내부 안정을 얻을 뿐 아니라, 침략하려는 다른 나라의 야욕으로부터 보호받고, 사회의 공동목표를 추구하는 데 필요한 공동체의 협력을 위한 틀까지 주어진다.

---

38 사냥터 관리인이 된 밀렵꾼 - 입장이 정반대로 바뀐 사람을 일컫는 관용구

똑같은 논리가 국제 사회 권력에도 적용되어야 하지만, 세계 주요 국가 중에 자기 주권을 유엔에 양도해야 한다는 여론이 퍼져 있는 국가는 한 곳도 없다. 대다수 사람은 전쟁과 국가 주권은 서로 분리될 수 없을 만큼 긴밀히 연결되어 있으므로 하나를 해소하려면 다른 하나의 상당 부분을 포기해야 한다는 사실을 인정하려 하지 않는다. 그리고 절대다수는 자기 나라가 완전한 독립적 지위를 유지해야 한다고 굳게 믿고 있다.

흥미로운 사실을 하나 밝히자면, 정부 차원에서는 이런 강한 신념의 기류가 그 정부의 지배를 받는 국민보다 강하지 않다는 점이다. 국제 연합 자체도 국민의 요구에 따라 세워진 게 아니라, 계속 이대로 가면 어떻게 되는지 현실을 자각하고 상황의 심각성을 판단한 정부들이 나서서 수립한 기구였다. 자국민이 어떤 반응을 보일지 고려할 필요만 없다면, 거의 모든 국가의 외교 전문가들은 제대로 작동할 수 있는 세계적 권위체를 만드는 데 필요한 최소한의 양보를 할 의향을 드러낼 것이다. 좀더 신중한 군사 전문가들도 같은 목적을 위해서는 얼마든지 동의할 것이다.

그러나 장애물은 바로 '국민'이다. 자치권을 조금이라도 양보해야 할 때마다 내부에서 강력한 저항이 일어난다. 여기에다 정치인들도 문제인데, 심지어 현실적 상황을 충분히 이해하는 정치인들까지도 저항에 동조하는 것은(물론 대다수 정치인은 주로 국내 문제 관련 분야의 출신이라는 배경을 가진 탓에, 이런 상황을 이해하지도 못하지만), 그들로서는 자국민의 감정을 고려하지 않을 수 없는 까닭이다. 그럼에도 지금껏 진보는 조금씩 이루어져 왔다.

민족국가가 우리를 삼키기 전에 우리가 먼저 민족국가를 요리해야 한다.

드와이트 맥도널드Dwight MacDonald, 1945년[133]

강대국 간의 전쟁을 없애고 국제법을 확립하는 일을 백 년짜리 프로젝트라 치더라도, 우리는 그 시간표상 진도가 더딘 편이다. 그렇긴 해도 상당한 진전을 이루었다. 3차 세계 대전이 아직 발발하지 않았지만, 그건 적어도 부분적으로나마 유엔이 강대국들에 서로 위험한 대치 국면에서 체면 깎이는 일 없이 물러설 방안을 제공하기 때문이다. 무력으로 국경선을 변경하려는 시도를 금지하는 유엔 헌장이 모든 국경 분쟁을 막지는 못했지만, 강제적으로 국경을 다시 그리려는 시도 중 상당수가 국제 사회의 주목을 받았다(우크라이나의 크림 반도와 돈바스 지역을 러시아가 점령한 사례를 포함해서). 중간급 규모 열강 간에 전쟁이 터지는 경우 – 아랍-이스라엘전과 인도-파키스탄전 같은 – 유엔이 즉각 종전 협상에 착수할 뿐 아니라, 전세가 불리한 쪽에 평화 유지군을 파견해서 해결책을 찾는 까닭에 한 달 이상 이어지는 경우가 드물다.

물론 참담한 실패 사례도 있었는데, 1980년대에 이라크와 이란 간에 일어난 전쟁이다. 사담 후세인이 이란 내부의 과격한 이슬람 정권을 무너뜨릴 수 있도록 미국과 러시아가 원조를 계속하는 바람에 하염없이 전쟁이 늘어져 버렸다. 1979년 소련의 아프가니스탄 침공이나 2003년 미국의 이라크 침공 같은 강대국의 작전은 불법이었음에도 거부권 제도 탓에 유엔에서 해결할 수 없었다. 지난 30년간 각종 분쟁에서 나온 사망자들은 대부분 내전(특히 아프리카 지역)에서 비롯되었는데, 내전에는 유엔이 개입할 권한이 없다.

그러나 상황을 긍정적으로 해석하자면, 유리잔에 물이 절반이나 차 있다고 말할 수 있다. 전쟁을 피하거나 사전에 방지하고자 노력하는 – 그래서 가끔은 성공하는 – 회원국 전부가 참여하는 포괄적이고 항구적인 포럼으로서의 유엔이 여전히 존속한다는 사실은 인류 역사

소비에트 연방의 알렉세이 코시긴 총리가 사담 후세인을 맞이하고 있다.

1975년 4월 14일

에 전례 없는 향방을 제공하는 것이다.

마지막 개념 수정

하지만 지구가 급속도로 더워지는 시대를 맞은 지금은 대단히 강력한
조처가 필요하다. 기온 상승 속도를 늦추려는 지구공학 기술은 적도
근방에 있는 강대국들에는 절박하게 필요하지만, 온대 지방에 자리하
고 있어서 아직 시간적 여유가 있는 국가들에는 우선순위상 밀리는 편
이며, 이런 의견 차이는 앞으로 상상하기 어려운 강대국 간의 전쟁을
유발할 가능성이 있다.

    비교적 비용이 적게 들고 효과는 클 뿐 아니라 한꺼번에 사용할 수
있는 무기 체계(드론, 로봇 등)가 발전하면서 전쟁의 판도가 바뀌고

편대를 지어 움직이고 있는 감시용 드론. 2017년

있으며, 예상과 달리 강대국들이 작고 가난한 나라로부터의 치명적인 기습 공격을 당할 수도 있다(최근의 사례로는 2019년 사우디아라비아 유전에 대한 드론 공격이 있다). 앞으로 나타날 기술적 전략적 신무기 리스트는 아직도 길게 이어져 있다. '예측할 수 없는 미지의 것'이 계속 찾아올 것이다.

지금 우리는 매스 커뮤니케이션 기술 발달에 힘입어 고대 사회에서나 가능했던 평등주의적 유산을 복원하는 변혁기에 살고 있다. 왜 민주주의가 정착할수록 사람들이 평화를 추구하는지 이유는 정확히 밝혀지지 않았지만 – 물론 앞에서 살펴본 대로, 평등주의적인 수렵 채집인들이라고 항상 평화를 추구하지는 않았다 - 민주주의에는 그런 효과가 있는 게 분명하다. 민주주의 국가도 전쟁에 들어서긴 하지만, 민주주의 국가들끼리 전쟁을 벌이는 경우는 드물다. 앞으로도 계속해서 제도를 수정해 나가야 한다. 그렇지 않으면 지금처럼 한층 평등하고 긴밀히 연결된 세계가 또다시 전쟁의 소용돌이에 휩싸일 수도 있다.

그러나 희망은 있다. 인간 의식human consciousness 속에서 혁명적인 변화가 더디지만 분명하게 진행 중이기 때문이다.

지금까지 인류는 이 세상에는 온전한 인간이면서 우리 자신과 동등한 권리와 의무를 갖고 있으며 설령 서로 싸우게 되더라도 죽여서는 안 되는 특별한 범주의 사람들이 존재한다는 가정 위에서 행동해왔다. 지난 만 년 동안 우리는 이런 사람들의 범주를 애초의 수렵 채집 생활하던 무리에서부터 점점 더 넓은 공동체로 확대해 왔다. 처음에는 친족 관계와 의식적인 유대ritual ties로 서로 연결된 천 명 남짓한 부족 단위였다. 그러다가 공동의 이익을 갖고 있으며, 서로 알지도 못하고 만날 일도 없는 수백만 명의 사람들로 이루어진 국가 단위로 성장했다. 그리고 이제는 인류 전체로 확장되었다.

과거에 여러 차례에 걸쳐 일어난 이러한 개념의 수정은 이상주의와는 거리가 멀다. 물리적 이익을 증진하고 생존을 보장하기 위해 일어난 일이었다. 똑같은 이유로 이제 마지막 개념 수정이 일어나야 한다. 이제 인류는 모든 인간을 하나로 포괄하는 도덕적 상상력을 갖추지 않으면 멸망할 수밖에 없기 때문이다. 문화적 관점에 변화가 일어나고, 그런 새로운 관점을 반영하는 정치 제도까지 수립되려면, 앞으로도 아주 긴 시간이 필요하다. 그 목적지까지는 아직 절반도 오지 못한 상태라 하겠다.

모든 국가를 아우르는 보편적 형제애universal brotherhood는 형성되기 어렵다는 주장에 대해서도 한마디 해야겠다. 그런 형제애는 필요하지 않다고. 한 나라 안에서도 그런 형제애가 생기지 않는 마당에 왜 나라와 나라 사이에 그런 형제애가 있어야 하는가? 지금도 존재하고 있고 앞으로도 모든 경계를 넘어 확장되어야 할 것은 서로를 인정하는 마음mutual recognition으로, 다른 사람의 권리를 존중하고, 권리와 이익이 충돌할 때는 서로 죽이기보다는, 국가보다 상위에 있는 권위체a higher authority의 중재를 받아들일 때, 모두가 더 나은 삶을 살 수 있다. 지금으로서는 당장 특정한 해에 또 다른 세계 대전이 발발해서 인류 문명 전체를 끝장낼 위험은 그다지 크지 않다. 그러나 변화가 일어나기까지 얼마나 오랜 시간이 걸리는지를 감안하고, 갈등은 누적된다는 사실을 고려할 때, 위험은 심각해진다. 물론 그렇다고 노력 자체를 포기할 이유는 없다.

비록 여러 면에서 결함은 있지만, 나는 국제 연합이야말로 절대적으로 필요한 조직이라고 믿는다. 지금 당신이 매우 가파른 언덕 위로 거대한 바위를 밀어 올리고 있다는 사실을 잘 알고 있다면, 어떻게 해서든 노력하지 않을 수 없다. 종종 미끄러져서 바위가 제자리로 되돌아오는 때도 있겠지만, 그래도 계속 밀어 올려야 한다. 그렇게 하지 않으면, 언젠가는 다시 온 세계가 전쟁에 휩싸이게 될 것이고, 이번 전쟁에는 핵무기가 동원될 것이다.

브라이언 어커트

앞으로 몇 세대 동안 우리가 할 일은 독립된 국가로 이루어진 현재의 세계를 진정한 전 세계적 공동체international community로 바꾸는 것이다. 비록 그 공동체 내부에서도 여전히 다툼이 많고, 불만도 있으며, 불의한 사례도 많겠지만, 그렇더라도 전쟁이라는 오래된 제도는 효과적으로 폐지할 수 있다. 그것만 제거되어도 속이 후련해지리라.

종결

나는 지금 이 장을 러시아의 우크라이나 침공으로 시작된 전쟁이 맹렬하게 진행 중이라 어떻게 끝날지 불투명한 시점인 2022년 3월 말에 쓰고 있다. **러시아가 즉각적인 승리를 거두고 오랜 기간 우크라이나의 게릴라전이 이어지리라는 예상은 완전히 빗나갔다.** 러시아의 군사력이 예상 이하로 형편 없어 놀란 데다가 우크라이나군의 헌신과 역량 역시 예상하지 못했을 정도로 뛰어났기 때문이다. 현재 시점에서 보면 모든 가능성이 열려 있어서, 러시아가 병력과 화력을 동원한 재래전에서 결국 승리를 거둘 수도 있고(그 뒤로는 필연적으로 게릴라전이 이어진다), 우크라이나에 들어온 이후 사기가 떨어지고 교착상태에 빠진 러시아군이 점진적으로 붕괴할 가능성도 있다. 평화 협상도 충분히 상상해 볼 수 있고, 러시아가 '인내심'이 바닥났다는 사실을 명확히 표현하기 위해 저위력 핵무기를 사용할 가능성도 있다(푸틴 대통령이 대놓고 명확하게는 아니라도, 넌지시 암시하듯이). 나 역시 앞으로 벌어질 일을 미리 알 수는 없지만, 몇 가지는 충분히 예상할 수 있다.

첫째, 이 전쟁은 전면적인 핵전쟁으로 치닫지 않는 한, 흔히 말하는 '세상을 완전히 바꾸는' (이제는 어지간한 신문방송학과에서는 사용하지 않는 문구이다) 사건이 되지는 못할 것이다. 핵전쟁으로 비화할 가능성은 지극히 낮다. 왜냐하면 미국을 포함해서, 핵무장이 되어 있는 동맹국인 영국과 프랑스 모두 자신들과 러시아가 직접 부딪친다면, 양쪽 모두 핵무장이 되어 있는 강대국 간의 전쟁 – 지난 80년간 용케 잘 피해 왔던 전쟁 – 으로 이어진다는 사실을 누구보다 잘 알고 있기 때문이다. 한쪽에만 강대국이 속해 있는 전쟁은 흔히 일어나며, 그런 전쟁은 그리 위험하지 않다. 이번 전쟁을 놓고 보면, 우크라이나에 대한 푸틴의 공격은 강대국 지위에서 점진적으로 추락해 온 러시아의 쇠락에 결정타가 될 수밖에 없다. 1956년에 영국-프랑스 연합군이 이집트를 공격한답시고 엉망진창으로 진행된 전쟁[39] 때문에 한때 제국주의적 열강이었던 두 나라가 추락했던 것과 마찬가지이다.

거의 모든 전쟁에서 나타나듯, 우크라이나를 공격하면서도 몇 가지 신무기가 최초로 선보이긴 했지만, 크게 의미를 둘 만한 사항은 없다. 러시아가 벌이는 군사작전은 지난 50년간 재래전에 참전한 경험이 있는 베테랑들에게는 그다지 놀랄 것도 없고, 사상자와 병력 규모 역시 20세기 초에 있었던 두 차례 세계 대전에 비해 훨씬 적다. '사이버 전쟁'은 이번에도 결정적인 전과는 물론이고, 약간이라도 인상적인 전과조차 거두지 못했다.

2022년의 전쟁에서 나타난 정말 새로운 양상을 꼽자면 그건 바로 서방 세계가 러시아에 가한 제재sanctions의 규모와 범위라 하겠다. 제제는 다른 나라의 행동을 못마땅해하면서도 그것 때문에 전쟁하지 않으려는 나라에서 항시 사용하는 수단이다. 그렇기에 과거에는 핵을 가진

---

39 1956년 10월부터 1957년 3월까지 벌어진 수에즈 전쟁을 가리킨다.

강국들이 직접 부딪치거나 대리국을 내세워 대치할 때 동원하는 이상적인 수단이었는데, 본질적으로 제재는 제재 대상에게 행동의 변화를 강제하지 못하는 순전한 제스처에 불과하기 때문이다. 그러나 이번처럼 사전에 이해할 만한 구실이나 도발이 있었던 것도 아닌 마당에 뻔뻔하게 우크라이나를 공격한 러시아로 인해 서방은 예상을 넘어서는 강력한 단일 대오를 형성하고 극단적인 제재에 들어섰으며, 그로 인해 러시아 연방의 경제가 크게 흔들리게 되었다.

서방이 보이는 이런 반응은 지금 러시아를 막지 못하면 유럽의 다른 국가까지 침공할지 모른다는 두려움 때문이 아니다. 러시아는 그런 일을 할 만한 재정적 군사적 자원이 부족하다. 그보다는, 1945년 이후로 무력을 써서 국경선을 변경하려는 시도를 금지해 온 조처가 여태까지는 대체로 효과를 거두었는데, 이제는 폐기될지도 모른다는 뒤늦은 깨달음 때문이다.

그 금지 조처가 성공적으로 집행되었던 가장 최근의 사례는 1990년에서 1991년까지 이어진 1차 걸프전으로, 이때 미국이 주도한 유엔 다국적군은 쿠웨이트를 해방하고 이라크의 국경을 원래 자리로 되돌려놓았다. 조지 W. 부시 대통령은 2003년에 유엔의 승인도 없이, 거짓된 구실을 내세워 이라크를 침공함으로써 이 규칙을 심각하게 훼손했지만, 적어도 그는 정권 교체로만 만족했고 국경선 변경까지는 시도하지 않았다. 블라디미르 푸틴은 2014년에 이미 한 차례 불법적인 무력을 사용해서 우크라이나 국경을 변경했는데, 이번에는 국경을 송두리째 지우고 우크라이나 전체를 러시아 연방에 편입시키려는 의도를 품고 있다고 우려하는 이들의 말은 설득력이 있다. 그런 의도가 성공하게 방치하는 것은 1945년부터 시행한 실험적 조처를 폐기하는 일이며, 내가 이기기만 한다면 전쟁을 통한 정복이야 얼마든지 가능하다는 식의 무법천지로 돌아가는 일이다.

법에 따라 국제 사회를 통치한다는 게 현실적으로 불가능하다고 보는 이들도 있다. 그들 중에는 앞으로도 꽤 오랫동안 핵은 물론이고 그 외의 대량 파괴용 무기가 없어지지 않은 채 무법천지 같은 세상에서 살아야 한다고 믿는 이도 있고, 인간은 자신의 본성상 멸망에 이를 수밖에 없다고 체념하듯 믿는 이들도 있다. 이 모든 것은 신념에 속하는 문제이므로 나는 그들을 설득할 생각이 없다. 그러나 2차 세계 대전 이후 형성되어 오늘날에도 여전히 주도적인 역할을 하는 국제 사회 체제는 인류가 자신의 유익을 합리적으로 추구한다면 대다수 사람과 국가는 법에 따른 통치를 받아들일 것이고, 인류 문화에는 유연성이 있기에 전쟁처럼 뿌리 깊은 제도라고 하더라도 더 이상 인류의 유익에 기여하지 못한다고 판단되면 언제든 폐기할 것이라는 희망에 근거하고 있다. 어느 쪽이 옳은지는 때가 되면 알 수 있을 것이다.

역자의 말

베고니아에 내리는 비

근대사에서 세계 대전은 총 여섯 번 있었다. 1618년-1648년에 있었던 삼십 년 전쟁, 1702년-1714년 사이의 스페인 왕위 계승전, 1756년-1763년 사이의 칠년 전쟁, 1791년부터 1815년까지 이어진 프랑스 혁명 및 나폴레옹 전쟁, 그리고 1914년-1918년과 1939년-1945년에 일어났으며 실제로 세계 대전이라는 이름까지 얻은 두 차례의 전쟁. …(중략). … 사람들. …… 미처 깨닫지 못했던 것은(사람들은 이런 세계 대전을 평생에 한 번만 겪기 때문이었지만), 이 '세계 대전'이라는 사태가 대략 반세기에 한 번 꼴로 벌어진다는 사실이었다. (p.218)

그윈 다이어가 말하듯 세계 대전, 그러니까 그 당시 열강이 모두 연루되는 전쟁은 대략 50년 간격을 두고, 국제 체제 자체의 역학 관계 때문에 주기적으로 일어난다. 그렇다면, 왜 2차 대전 이후 80년이 가깝도록 3차 세계 대전은 벌어지지 않았는가? 저자가 꼽는 이유는 크게 세 가지, 살상력이 크게 높아진 첨단 무기와 핵의 등장, 인간 의식의 변화, 유엔 체제의 출현이다.

예전에는 "새롭게 부상하는 열강의 요구를 들어주기 위해 쇠퇴하는 열강이 손해를 감수할 수밖에 없는 '전쟁'이 국제 사회 체제에서 동원되는 통상적인 방식"이었다. 강대국은 수가 틀리거나 마음에 안 들면 전쟁에 들어갔고, 상대도 주저하지 않았다. 전쟁에서 지는 쪽은 국경 지역의 영토를 떼어 주고 마무리하면 되었으니까. 전쟁은 국경지대에서 병사들이 벌이는 일이었고, 칠 년 전쟁 당시만 해도 영국과 프랑스 국민은 두 나라가 서로 전쟁을 하는지도 모르고 상대국에 여행을 갈 정도였다. 그러나 1차 대전 즈음부터 전투기를 동원한 공중전이 도입된 이후로 전방과 후방의 구분이 없어졌고, 공습으로 민간인이 죽어 나갔으며, 그 뒤로 무기의 정교함과 살상력이 높아지다가 급기야 핵무기까지 개발되면서, 전쟁은 낭만적인 성취가 아니라 악몽으로 변했다. 전쟁에서 상대를 완전히 파괴하기 위해 개발한 핵이 되려 전쟁을 억제하는 역할을 하는 것은 역사가 만들어낸 아이러니이다.

인간 의식도 변했다. '우리'라는 공동체의 범위가 천 명 남짓한 부족 단위에서 국가 단위로, 그리고 인류 전체로 확대되고 있다. 나와 동등한 권리와 의무를 갖고 있으며 설령 서로 싸우게 되더라도 죽여서는 안 되는 '나와 같은 인간'에 대한 의식이 형성된 것은 이상주의와는 거리가 멀다. 저자의 표현으로는 '물리적 이익을 증진하고 생존을 보장하기 위해 일어난 일'이다. 전쟁이라는 제도에 호소하는 인류의 정신적 습관에 대한 회의와 거부감이 생긴 것이다.

마지막으로 저자는 국제 연합 즉 유엔의 등장에 주목한다. 저자의 표현을 가져오자면, 유엔은 '인류 역사에 전례 없는 새로운 맥락'을 제공한다. 유엔 출현 이전까지 세상에는 국가 공동체 간의 이익이 상충할 때 갈등을 조정할 수 있는 상위의 권위체라는 게 없었다. 마음에 안 들면 서로 부딪쳐 갔을 뿐이다. 그러나 지금은 국가 공동체 단위로만 생각해서는 모두 패망에 이른다. 완전할 수는 없지만 현재로서는 유일한 상위의 권위체인 유엔의 기능이 필요하다.

현실 속의 유엔은 성자들의 회합과는 거리가 멀다. 차라리 "사냥터 관리인이 된 밀렵꾼"(p.272)이 상임이사국의 민낯이라 하겠다. 입장이 정반대로 바뀐 사람을 일컫는 이 관용구를 통해 저자는 예전에 서로 뺏고 뺏기며 지내던 자들이 지금은 아무도 못 빼앗도록 감독하겠다고 나선 현실에 대한 신랄한 지적을 잊지 않으면서도, 이런 엄연한 한계 내에서도 최선을 다해 움직이는 이들이 있다는 사실도 기억한다. 이상 주의자들은 유엔에서도 '모든 사람이 동의할 만한 공평무사한 정의' 라는 개념이 작동하기를 원한다. 그러나 그런 정의는 존재하지 않는 다. 이상주의에 빠지면 유엔 무용론으로 흐를 수 있으나, 우리는 현실 속에서 움직여야 한다.

***

미국 남북 전쟁 당시, 게티즈버그 전투(1863년)가 끝난 후 전장에 버려 져 있던 25,574정의 머스킷 총을 수거해 보니 그중의 90%가 장전된 상 태였다는 것이다. 이건 사망하거나 다쳐서 총을 버린 병사들이 장전한 후에 적에게 발포했다면 생길 수 없는 사태였다. 머스킷 총의 거의 절 반가량 – 12,000정 – 은 한 번 이상 장전된 상태였고, 6,000정은 세 번 에서 열 번가량 장전된 상태였는데, 만약 그 상태로 방아쇠를 당겼다면 그 위력은 상당할 수밖에 없다. 이러한 사태에 대한 유일하고 합리적인 설명은 전투에 가담한 양쪽 진영의 수많은 병사가 다른 동료 병사들이 보고 있을 때는 거짓 장전을 할 수 없었지만, 발포할 때는 흉내만 냈다 는 것이다. 추측하건대, 장전한 뒤에 허공을 향해 발포한 때도 많았을 것이다. (p.58-p.59)

이상하게 내 마음에 아름답게 다가왔던 대목. 사람은 다른 사람을 죽여야 하는 현실 앞에 서면 차마 결행하지 못한다. 미국 남북 전쟁 후 수십 년이 지나서 벌어진 2차 세계 대전 중에도 마찬가지였다. 출격한 공군 조종사 중 대부분이 단 한 대도 격추하지 못했다. 실력이 없어서가 아니라 사람을 죽이지 못하기 때문이었다. 대부분의 병사들은 상대를 죽이지 못하면 자기가 죽는다는 걸 알면서도 죽이지 못하며, 아주 소수만이 킬러 본능을 발휘한다. 나머지 대다수는 자기가 살기 위해서 남을 죽여야 한다는 현실 자체를 못 견디며, 어차피 자기는 죽을 거라는 확신에 사로잡혀 정신적으로 무너진다.

현대에 들어와 드론을 조종해서 10,000 킬로미터 밖에 있는 사람을 죽이는 경우도 마찬가지이다. 드론 공격용 조종사는 별다른 도덕적 죄의식 없이 게임하듯 간단히 죽인다고 생각하기 쉽지만 실은 그들도 상당히 큰 충격을 받는다. 책에 인용되어 있는 어느 전前 드론 조종사가 쓴 논문 내용은 몹시 생생하다.

> 그는 논문의 한 대목에서 '테러 가담자'를 죽이되 그의 아이는 죽지 않게 당사자에게만 정확히 타격하는 작전을 실행했던 어느 조종사의 사례를 언급한다. 그는 타격 이후 '그 아이가 죽은 자기 아버지 시신 조각들을 수습해서 다시 사람의 모양'으로 짜 맞추는 광경을 보고 큰 충격을 받았다고 했다. 자신의 타깃인 인물이 일상생활을 하는 모습 ─ 옷을 입고, 아이들과 놀아주는 ─ 을 오래 지켜보면 볼수록 드론 조종사들은 '도덕적 상처'를 입을 가능성이 더 높아진다는 게 그의 결론이었다.(p. 64)

전쟁은 사람이 할 일이 아니다! 전장에 로봇이 배치될 미래의 전투는 여기서 또다시 양상이 달라진다. 지금처럼 로봇 조종사가 최종 결정을 내려야 한다면 그 심리적 충격은 여전히 조종사가 짊어지지만, 스스로 의사 결정을 내리는 단계의 로봇이 전쟁에 도입되면 어떻게 될지 생각해야 한다. 아직 로봇 기술이 그 수준까지 이르지는 못했지만, 10년 후에는 충분히 가능하다. 또한 우리는 자율형 로봇이 인간 사회를 공격하는 전쟁의 위험을 상정하지만, 그보다 일어날 가능성이 높은 쪽은 첨단 로봇 기술을 가진 나라에서 전쟁에 배치한 자율형 로봇이 그런 기술을 갖지 못한 나라의 인간을 죽이는 상황이다. 이 악몽은 현실이 될 가능성이 크다. 그런 사태를 어떻게 막아야 하는가. 지금 미리 국제 협약을 통해서 금지하는 길 외에 다른 방안이 있는가?

***

저자는 지금 우리가 마주한 전쟁이라는 참담한 제도가 어떻게 형성되어 왔으며, 이 제도를 어떻게 끝내야 할지 탐구하기 위해, 영장류의 싸움에서부터 시작해서 인류 초창기인 수렵 채집 시기를 지나, 예리코(여리고), 수메르 도시 국가의 패권 쟁탈, 아카드 제국, 아시리아, 문명권와 유목민의 대립, 트로이 전쟁, 로마와 카르타고, 프랑스 혁명과 나폴레옹, 미국 남북 전쟁, 1차, 2차 세계 대전까지 인류가 겪었던 전쟁의 역사를 훑어 나간다. 단순히 앎의 즐거움을 추구하는 책이 아니라, 인류가 지금 이 모습에 이르게 한 지난 세월의 축적사를 검토하면서 미래로 나아갈 길을 헤아린다.

저자가 강조하듯 우리는 인간이 그 본성상 어쩔 수 없이 전쟁을 통해 자멸할 것이라는 식의 체념이나 패배주의에서 벗어나서 이 세상을 더 나은 세계로 밀어 올려야 한다. 책에서 인용되는 브라이언 어커트의 말처럼 "종종 미끄러져서 바위가 제자리로 되돌아오는 때도 있겠지만" 말이다. 사소한 분쟁과 국지전은 계속 벌어지더라도 인류 전체를 끝장낼 대규모 전쟁은 일어나지 않아야 하며, 그러기 위해 전쟁 자체를 없애는 어려운 일에 고심하며 진심을 다하는 이들이 있다. 그들이 옳았다는 것이 증명될 날을 기대한다.

"전쟁은 시작하기보다 끝내기가 어렵다"는 말이 있다. 가브리엘 가르시아 마르께스가 쓴 『백 년 동안의 고독』속의 주인공 아우렐리아노 부엔디아는 휴전하는 데만 몇 년이 걸렸다. 상대방과 휴전 조건에 합의하는 데 일 년, 내부 반발을 무마하는 데 일 년, 결국 상대방의 무력까지 빌려서 내부 반란을 진압해야 했다. 이토록 난감한 전쟁이라는 낡은 제도에 호소하는 인류의 정신적 습관 자체를 뿌리 뽑기는 어렵다. 전쟁은 앞으로도 여기저기서 계속될 것이다. 전쟁을 일으킨 자들은 자기는 뒤로 빠지고 열아홉 살짜리 남의 집 아들들을 대신 내세워 죽게 하고, 그런 아들들을 내보내야 했던 부모들도 죽게 할 것이다.

『백 년 동안의 고독』에서 긴 전쟁을 치르느라 영혼의 진액이 다 빠져나간 아우렐리아노 부엔디아가 엄마와 누이동생이 있는 집으로 돌아와서, 군홧발로 담요를 몸에 두른 채 베란다에 앉아 오후 내내 베고니아에 내리는 비를 쳐다보는 장면을 나는 무척 좋아한다. 지금 현재 지구상의 두 곳에서 진행 중인 국지적 재래전 속에서 사람들이 죽어가고 있다. 전쟁과 다음 전쟁 사이의 휴지기인 '평화'가 찾아올 때를 기다린다. 그 평화를 항구적으로 만들 방안을 찾는 이들에게 이 책을 소개한다.

미주

서문

1 Robyn Dixon, 'Drones owned the battlefield in Nagorno-Karabakh —
and showed future of warfare', Washington Post, 11 Nov 20

1장

2 J. Morgan, The Life and Adventures of William Buckley: Thirty-Two
Years A Wanderer Amongst the Aborigines, Canberra: Australian National
University Press, 1979 [1852], 49-51.
3 N.A. Chagnon, Studying the Yanomamo, New York: Holt, Rinehart
and Winston, 1974, 157-61; N.A. Chagnon, Yanomamo, 4th edition, New
York: Harcourt and Brace: Jovanovich College Publishers, 1994, 205.
4 E.S. Burch Jr., 'Eskimo Warfare in Northwest Alaska,' Anthropological
Papers of the University of Alaska 16 (2), 1-14, (1974).
5 Richard Wrangham and Dale Peterson, Demonic Males: Apes and the
Origins of Human Violence, Boston: Houghton Mifflin,1996, 17
6 6.   Stephen A. LeBlanc and Katherine E. Register, Constant Battles:
The Myth of the Noble, Peaceful Savage, New York: St. Martin's Press,
2003, 81-85.
7 Ibid., 94-97.
8 Wrangham and Peterson, op. cit., 65.
9 Harold Schneider, Livestock and Equality in East Africa: the
economic basis for social structure, Bloomington and London: Indiana
University Press, 1979, 210.
10 10. Bruce Knauft, 'Violence and Sociality in Human Evolution',
Current Anthropology Vol. 32 No. 4 (Aug. - Oct., 1991), 391-428.
11 Christopher Boehm, Hierarchy in the Forest, 1999, Kindle 2119-20.
12 Richard B. Lee, The !Kung San: Men, Women and Work in a
Foraging Society, Cambridge: Cambridge University Press, 1979.

2장

13 John Ellis, The Sharp End of War (North Pomfret, VT, David and
Charles, 1980), 162-64; Richard Holmes, Acts of War: The Behaviour of
Men in Battle (London, Random House, 2003).
14 M. Lindsay, So Few Got Through, London: Arrow, 1955, 249.

15 Samuel P. Huntington, The Soldier and the State, New York: Vintage, 1964, 79.

16 S. Bagnall, The Attack, (London, Hamish Hamilton, 1947), 21

17 S. A. Stouffer et al., The American Soldier, vol. II (Princeton, NJ, Princeton University Press, 1949), 202.

18 Lt. Col. J. W. Appel and Capt. G. W. Beebe, 'Preventive Psychiatry: An Epidemiological Approach,' Journal of the American Medical Association, 131 (1946), 1470.

19 Bagnall, op. cit., 160.

20 Appel and Beebe, op. cit.

21 Col. S.L.A. Marshall, Men Against Fire, New York: William Morrow and Co., 1947, 149-50.

22 Martin Middlebrook, The Battle of Hamburg (London, Allen Lane, 1980), 244.

23 https://apply.army.mod.uk/roles/royal-artillery/gunner-unmanned-aerial-systems

24 See airwars.org. The Bureau of Investigative Journalism gives much more conservative estimates of 14,040 'minimum confirmed strikes' by US armed drones and 8,858-16,901 'total killed', of whom only 910-2,200 were civilians. Airwars also counts unannounced American drone strikes (including those in Pakistan), and strikes by Russian drones in Syria, Turkish drones in Iraq, Syria and Libya, Saudi Arabian and UAE drones in Yemen, and so on.

25 https://www.legion.org/pressrelease/214756/distinguished-warfare-medal-cancelled

26 14. Patrick Wintour, 'RAF urged to recruit video game players to operate Reaper drones', The Guardian, 9 December 2016.

27 D. Wallace and J. Costello, 'Eye in the sky: Understanding the mental health of unmanned aerial vehicle operators', Journal of Military and Veteran's Health (Australia), Vol. 28, No. 3, October 2020.

28 Eyal Press, 'The Wounds of the Drone Warrior', New York Times Magazine, 13 June 2018.

29 Sky News interview, 8 November 2020.

30 For a full discussion of the legal issues involved in regulating the devel-opment and use of autonomous weapons, see Frank Pasquale, 'New Laws of Robotics: Defending Human Expertise in the Age of AI', Harvard

University Press, 2020.

31 Robert L. O'Connell, Ride of the Second Horseman: The Growth and Death of War (Oxford, Oxford University Press, 1995), 64-66; John Keegan, A History of Warfare (New York, Vintage, 1994), 124-26.

3장

32 Robert L. O'Connell, Ride of the Second Horseman: The Growth and Death of War (Oxford, Oxford University Press, 1995), 64-66; John Keegan, A History of Warfare (New York, Vintage, 1994), 124-26.

33 O'Connell, op. cit., 68-76.

34 Homer, Iliad, tr. Richard Lattimore (Chicago, University of Chicago Press, 1951), 65-84.

35 Samuel Noah Kramer, History Begins at Sumer (Philadelphia: University of Pennsylvania Press, 1981), 30-32.

36 O'Connell, op. cit., 77-83; Keegan, op. cit., 156-57.

37 Keegan, op. cit., 181.

38 Ibid, 166.

39 O'Connell, op. cit., 122, 165-66; Keegan, op. cit., 168.

4장

40 1. H.W.F. Saggs, The Might That Was Assyria, London: Sidgwick & Jackson,1984, 197.

41 Robert L. O'Connell, Ride of the Second Horseman: The Growth and Death of War, Oxford: Oxford University Press, 1995, 145-58.

42 Virgil, The Aeneid, trs. W.F. Jackson Knight, London: Penguin Books, 1968, 62-65.

43 The eyewitness account of Polybius itself is lost, but this account by Appian is directly based on it. Susan Rowen, Rome in Africa, London: Evans Brothers, 1969, 32-33.

44 Graham Webster, The Roman Imperial Army, London: Adam Charles Black, 1969, 221.

45 Herodotus, describing the battle of Marathon in The Histories, trs. Aubrey de Selincourt, London: Penguin, 1954, 428-29.

46 Aeschylus, The Persians, lines 355 ff. For dramatic purposes, Aeschylus was describing the battle from the Persian side.

47 Thucydides, History of the Peloponnesian Wars, London: Penguin,

1952, 523-24.

48   Keith Hopkins, Conquerors and Slaves, Sociological Studies in Roman History, vol. 1, Cambridge: At the University Press, 1978, 33.

49   10.   Ibid., 28.

50   Edward N. Luttwak, The Grand Strategy of the Roman Empire From the First Century AD to the Third Century AD, Baltimore, Johns Hopkins Press, 1976, 15, 189.

5장

51   Charles C. Oman, The Art of War in the Sixteenth Century (London: Methuen, 1937), 237-38.

52   Ibid., 240.

53   Douglas E. Streusand, Islamic Gunpowder Empires: Ottomans, Safavids, and Mughals (Philadelphia: Westview Press, 2011), 83.

54   Andre Corvisier, Armies and Societies in Europe 1494-1789 (Bloomington, Indiana: University of Indiana Press, 1979), 28.

55   J.J. Saunders, The History of the Mongol Conquests (London: Routledge and Kegan Paul, 1971), 197-98.

56   6.   C.V. Wedgwood, The Thirty Years' War (London: Jonathan Cape, 1956), 288-89.

57   J.F. Puysegur, L'art de la guerre par principes et par règles (Paris, 1748), I.

58   Edward Mead Earle, ed., Makers of Modern Strategy (New York: Atheneum, 1966), 56.

59   9.   Hew Strachan, European Armies and the Conduct of War (London: George Allen and Unwin, 1983), 8.

60   10. Laurence Sterne, A Sentimental Journey through France and Italy (Oxford: Basil Blackwell, 1927), 85.

61   11. Christopher Duffy, The Army of Frederick the Great (London: David and Charles, 1974), 62.

62   Strachan, op. cit., 9.

63   Martin van Crefeld, Supplying War: Logistics from Wallenstein to Patton, Cambridge: Cambridge University Press, 1977, 38.

64   14. Maurice, Comte de Saxe, Les Rêveries, ou Mémoires sur l'Art de la Guerre (Paris: Jean Drieux,1757) 77.

65   Koch, Alexander; Brierley, Chris; Maslin, Mark M.; Lewis, Simon L.

(2019). 'Earth system impacts of the European arrival and Great Dying in the Americas after 1492'. Quaternary Science Reviews, 207: 13-36.

6장

66   Edward Gibbon, The Decline and Fall of the Roman Empire (New York: The Modern Library, 1932).

67   2. Maj. Gen. J.F.C. Fuller, The Conduct of War, 1789-1961 (London: Eyre and Spottiswoode, 1961), 32.

68   3. R.D. Challener, The French Theory of the Nation in Arms, 1866-1939 (New York: Russell and Russell, 1965), 3; Alfred Vagts, A History of Militarism, rev. ed., (New York: Meridian, 1959), 108-11.

69   agts, op. cit., 114; Karl von Clausewitz, On War, eds. and trs. Michael Howard and Peter Paret (Princeton, New Jersey: Princeton University Press, 1976).

70   Vagts, op.cit., 126-37; John Gooch, Armies in Europe (London: Routledge and Kegan Paul, 1980), 39.

71   5a. David Mitch, 'Education and Skill of the British Labour Force,' in Roderick Floud and Paul Johnson, eds., The Cambridge Economic History of Modern Britain, Vol. I: Industrialisation, 1700-1860, Cambridge: Cambridge Univer-sity Press, 2004. p. 344.

72   Eltjo Buringh and Jan Luiten van Zanden, 'Charting the 'Rise of the West' Manuscripts and Printed Books in Europe, A Long-Term Perspective from the Sixth through Eighteenth Centuries', The Journal of Economic History, Vol. 69, No. 2 (2009), 409-445.

73   Anthony Brett-James, 1812: Eyewitness Accounts of Napoleon's Defeat in Russia (London: Macmillan, 1967), 127.

74   Christopher Duffy, Borodino and the War of 1812 (London: Seeley Service, 1972), 135.

75   David Chandler, The Campaigns of Napoleon (New York: Macmillan, 1966), 668; Gooch, op. cit., 39-41.

76   Vagts, op. cit., 143-44.

77   Ibid., 140.

78   Edward Meade Earle, ed., Makers of Modern Strategy, (New York: Athe-neum, 1966), 57.

79   Karl von Clausewitz, On War, tr. Col. J.J. Graham (London: Trubner, 1873), I, 4.

80 Paddy Griffith, Battle Tactics of the Civil War (New Haven, CT: Yale Uni-versity Press, 1987), 144-50.

81 Frank E. Vandiver, Mighty Stonewall (New York: McGraw-Hill, 1957), 366.

82 Col. Theodore Lyman, Meade's Headquarters, 1863-1865 (Boston, Massachusetts: Massachusetts Historical Society, 1922), 101, 224.

83 Mark Grimsley, 'Surviving Military Revolution: The US Civil War,' in Knox and Williamson Murray, eds. The Dynamics of Military Revolution, 1300-2050, (Cambridge: Cambridge University Press), 2001, 84.

84 18. Frederick Henry Dyer, A Compendium of The War of the Rebellion, New York: T. Yoseloff, 1959.

85 Personal Memoirs of General W. T. Sherman, Bloomington, Indiana: Indiana University Press, 1957, II, 111.

7장

86 I. S. Bloch, The War of the Future in Its Technical, Economic and Political Rela-tions. English translation by W. T. Stead entitled Is War Impossible?, 1899.

87 Jacques d'Arnoux, 'Paroles d'un revenant', in Lieut.-Col. J. Armengaud, ed., L' atmosphere du Champ de Bataille, Paris: Lavauzelle, 1940, 118-19.

88 3. J. E C. Fuller, The Second World War; 1939-1945: A Strategic and Tactical History, New York: Duell, Sloan and Pearce, 1949, 140.

89 Ibid., 170; Keegan, op. cit., 309.

90 5. Henry Williamson, The Wet Flanders Plain, London: Beaumont Press, 14-16. Williamson was nineteen years old during the Battle of the Somme.

91 Arthur Bryant, Unfinished Victory, London: Macmillan, 1940, 8.

92 Aaron Norman, The Great Air War, New York: Macmillan, 1968, 353.

93 Bryan Perret, A History of Blitzkrieg, London: Robert Hale, 1983, 21.

94 9. Jonathan B.A. Bailey, 'The Birth of Modern Warfare', in Knox and Murray, op. cit., 142-45.

95 Sir William Robertson, Soldiers and Statesmen, London: Cassell, 1926, I, 313.

96 Theodore Ropp, War in the Modern World, rev. ed., New York: Collier, 1962, 321, 344.

97 Guy Sajer, The Forgotten Soldier, London: Sphere, 1977, 228-30.

98 Giulio Douhet, The Command of the Air, London: Faber & Faber, 1943, 18-19.

99 Max Hastings, Bomber Command, London: Pan Books, 1979, 129.

100 Martin Middlebrook, The Battle of Hamburg, Allan Lane: London, 1980, 264-67.

101 Craven and Cate, US Army Air Forces, Chicago: University of Chicago Press, 1948, vol. 5, 615-17.

102 H. H. Arnold, Report⋯ to the Secretary of War; 12 November 1945, Washing-ton: Government Printing Office, 1945, 35.

103 Leonard Bickel, The Story of Uranium: The Deadly Element, London: Mac-millan, 1979, 78-79, 198-99, 274-76

8장

104 Bernard Brodie, ed., The Absolute Weapon: Atomic Power and World Order: New York: Harcourt Brace, 1946, 76.

105 Fred Kaplan, The Wizards of Armageddon, New York: Simon & Schuster, 1983, 26-32.

106 Ibid.

107 Gregg Herken, Counsels of War, New York: Knopf, 1985, 306.

108 Kaplan, op. cit., 133-34.

109 Herken, op. cit., 116.

110 Gerard C. Smith, Doubletalk: The Story of the First Strategic Arms Limitation Talks, Garden City, N.Y.: Doubleday, 1980, 10-11.

111 Desmond Ball, 'Targeting for Strategic Deterrence,' Adelphi Papers, No. 185 (summer 1983), London: International Institute for Strategic Studies, 40.

112 New York Times, 12 May 1968.

113 Herken, op. cit., 143-45; Ball, op. cit., 10.

114 Kaplan, op. cit., 242-43, 272-73, 278-80; Herken, op. cit., 51, 145; Ball, op. cit., 10-11.

115 Robert F. Kennedy, Thirteen Days: A Memoir of the Cuban Missile Crisis, New York: Norton, 1968, 156.

116 From The Fog of War

117   See 'The Cuban Missile Crisis, 1962: A Political Perspective After Forty Years,' in The National Security Archive of The George Washington University (website) at http://www.gwu.edu/~nsarchiv/nsa/cuba_mis_ cri/

118   McGeorge Bundy, George F. Kennan, Robert S. McNamara and Gerard Smith, 'The President's Choice; Star Wars or Arms Control,' Foreign Affairs 63, no. 2 (Winter 1984-85), 271.

119   Carl Sagan, 'Nuclear War and Climatic Catastrophe: Some Policy Implica-tions,' Foreign Affairs, Winter 1983/84, 285.

120   Turco, R.P., Toon, A.B., Ackerman, T.P., Pollack, J.B., Sagan, C. [TTAPS], 'Nuclear Winter: Global Consequences of Multiple Nuclear Explosions', Science, Vol. 222 (1983), 1283-1297; and Turco, R.P., Toon, A.B., Ackerman, T.P., Pollack, J.B., Sagan, C. [TTAPS], 'The Climatic Effects of Nuclear War', Scientific American, Vol. 251, No. 2 (Aug.1984), 33-43.

121   Paul R. Ehrlich et al., 'The Long-Term Biological Consequences of Nuclear War,' Science, vol. 222, no. 4630 (December 1983), 1293-1300.

122   Sagan, op. cit., 276; Turco et al., op. cit., 38.

9장

123   Kaufmann's 1955 essays were very influential in shaping the United States army's thinking on the possibility of restricting war in Europe to conventional weapons. Fred Kaplan, The Wizards of Armageddon, New York: Knopf, 1984, pp. 197-200.

124   Karl von Clausewitz, On War, New York: The Modern Library; 1943.

125   W. Baring Pemberton, Lord Palmerston, London: Collins, 1954, pp. 220-21.

126   Walter Laqueur, Guerilla, London: Weidenfeld and Nicholson, 1977, 40.

127   Christon I. Archer, John R. Ferris, Holger H. Herwig and Timothy H.E.Travers, World History of Warfare, London: Cassell, 2003, p. 558.

128   Robert Moss, Urban Guerillas, London: Temple Smith, 1972, 198.

129   Sarah Ewing, 'The IoS Interview', in the Independent on Sunday, London, 8 September 2002.

10장

130 Natalie Angier, 'No Time for Bullies: Baboons Retool Their Culture,' New York Times, 13 April 2004.

131 'India's Actions in Kashmir Risk Nuclear War,' The Guardian, 28 Sept. 2019

132 Blaise Pascal, Pensées ch. iii, sec. 285 (1660) in: Œuvres complètes, Gallimard pléiade ed., 1969, p. 1160.

133 Dwight MacDonald, Politics (magazine), August 1945.

세상에서 가장 짧은 전쟁사

초판 1쇄 발행 2024년 11월 15일

지은이 그윈 다이어
옮긴이 김상조
발행인 박상진
편 집 김민준
마케팅 박근령
관 리 황지원
디자인 투에스북디자인, 정지현

펴낸곳 진성북스
등 록 2011년 9월 23일
주 소 서울시 강남구 삼성동 143-23, 어반포레스트삼성 1301호
전 화 02)3452-7762
팩 스 02)3452-7751
홈페이지 www.jinsungbooks.com
이메일 jinsungbooks@naver.com

ISBN 978-89-97743-67-4   03900

※ 진성북스는 여러분들의 원고 투고를 환영합니다.
책으로 엮기를 원하는 좋은 아이디어가 있으신 분은
이메일(jinsungbooks@naver.com)로
간단한 개요와 취지 등을 이메일로 보내주십시오.
당사의 출판 컨셉에 적합한 원고는 적극적으로 책으로 만들어 드리겠습니다.

진성북스
도서목록

사람이 가진 무한한 잠재력을 키워가는 **진성북스**는
지혜로운 삶에 나침반이 되는 양서를 만듭니다.

사람을 움직이는 생각의 본능
마음오프너

최석규 지음 | 268쪽 | 17,000원

마음을 여는 7가지 생각의 본능!

30년 경력의 광고커뮤니케이션 디렉터인 저자는 게으름과 감정, 두 단어가 녹아든 생각의 본능을 크게 7가지 본능, 즉 '절약본능', '직관본능', '감정본능', '편안함추구본능', '일탈본능', '틀짓기본능', 그리고 '자기중심본능'으로 정리한다. 상대의 본능을 이해하고 그 감정에 거스르지 않을 때, 우리는 진정 상대의 마음을 열 수 있는 오프너를 쥘 수 있게 될 것이다.

인문학과 과학으로 떠나는 인체 탐구 여행
신비한 심장의 역사

빈센트 M. 피게레도 지음 | 최경은 옮김
364쪽 | 22,000원

자율신경을 지키면 노화를 늦출 수 있다!

25년 넘게 5만 명이 넘는 환자를 진료해 온 정이안 원장이 제안하는, 노화를 늦추고 건강하게 사는 자율신경건강법이 담긴 책. 남녀를 불문하고 체내에 호르몬이 줄어들기 시작하는 35세부터 노화가 시작된다. 저자는 식습관과 생활 습관, 치료법 등 자율신경의 균형을 유지하는 다양한 한의학적 지식을 제공함으로써, 언제라도 '몸속 건강'을 지키며 젊게 살 수 있는 비결을 알려준다.

독일의 DNA를 밝히는 단 하나의 책!
세상에서 가장 짧은 독일사

제임스 호즈 지음 | 박상진 옮김
428쪽 | 값 23,000원

냉철한 역사가의 시선으로 그려낸 '진짜 독일의 역사'를 만나다!

『세상에서 가장 짧은 독일사』는 역사가이자 베스트셀러 소설가인 저자가 가장 최초의 독일인이라 불리는 고대 게르만의 부족부터 로마, 프랑크 왕국과 신성로마제국, 프로이센, 그리고 독일 제국과 동독, 서독을 거쳐 오늘날 유럽 연합을 주도하는 독일에 이르기까지 모든 독일의 역사를 특유의 독특한 관점으로 단 한 권에 엮어낸 책이다.

● 영국 선데이 타임즈 논픽션 베스트셀러
● 세계 20개 언어로 번역

포스트 코로나 시대의 행복
적정한 삶

김경일 지음 | 360쪽 | 값 16,500원

우리의 삶은 앞으로 어떤 방향으로 나아가게 될까? 인지심리학자인 저자는 이번 팬데믹 사태를 접하면서 수없이 받아온 질문에 대한 답을 이번 저서를 통해 말하고 있다. 앞으로 인류는 '극대화된 삶'에서 '적정한 삶'으로 갈 것이라고. 낙관적인 예측이 아닌 엄숙한 선언이다. 행복의 척도가 바뀔 것이며 개인의 개성이 존중되는 시대가 온다. 타인이 이야기하는 'want'가 아니라 내가 진짜 좋아하는 'like'를 발견하며 만족감이 스마트해지는 사회가 다가온다. 인간의 수명은 길어졌고 적정한 만족감을 느끼지 못하는 인간은 결국 길 잃은 삶을 살게 될 것이라고 말이다.

삶의 순간에서 당신을 지탱해 줄 열세 가지 철학
홀로서기 철학

양현길 지음 | 276쪽 | 17,000원

지금, 우리에게 필요한 홀로서기

삶의 고통에서 벗어나기 위해 앞서 고민했던 이들이 있다. 바로 '철학자'들이다. 그들은 더 나은 삶을 살아가기 위해 저마다의 고뇌를 안고 삶과 마주했다. 온전한 자기 자신이 되기 위하여, 나에게 주어진 삶의 의미를 찾기 위하여, 물 흘러가듯 편안하게 살아가는 삶을 위하여, 그리고 스스로 만들어 나가는 삶을 살기 위하여 고민해 왔다. 그렇게 열세 명의 철학자가 마주한 '홀로서기'의 비결을 이 책에 담았다.

면접관의 모든 것을 한 권으로 마스터하다!
면접관 마스터

권혁근·김경일·김기호·신길자 지음
300쪽 | 18,000원

지금, 우리에게 필요한 홀로서기

『면접관 마스터』는 네 면접관이 직접 저술한 지녀야 할 정의, 직업관, 심리, 그리고 그 시작을 하나로 모았다. 또한 이 책은 부록으로 111인의 면접관에게 물은 전문면접관의 인식, 갖추어야 할 역량, 조직이 가장 선호하는 인재상과 함께 전문면접관으로서 품고 있는 생각들을 정리해 담아보았다.

새로운 리더십을 위한 지혜의 심리학
이끌지 말고 따르게 하라

김경일 지음
328쪽 | 값 15,000원

이 책은 '훌륭한 리더', '존경받는 리더', '사랑받는 리더'가 되고 싶어
하는 모든 사람들을 위한 책이다. 요즘 사회에서는 존경보다 질책을
더 많이 받는 리더들의 모습을 쉽게 볼 수 있다. 저자는 리더십의 원형
이 되는 인지심리학을 바탕으로 바람직한 리더의 모습을 하나씩 밝혀
준다. 현재 리더의 위치에 있는 사람뿐만 아니라, 앞으로 리더가 되기
위해 노력하고 있는 사람이라면 인지심리학의 새로운 접근에 공감하
게 될 것이다. 존경받는 리더로서 조직을 성공시키고, 나아가 자신의
삶에서도 승리하기를 원하는 사람들에게 필독을 권한다.

● OtvN <어쩌다 어른> 특강 출연
● 예스24 리더십 분야 베스트 셀러
● 국립중앙도서관 사서 추천 도서

나의 경력을 빛나게 하는 인지심리학
커리어 하이어

아트 마크먼 지음 | 박상진 옮김 | 340쪽
값 17,000원

이 책은 세계 최초로 인지과학 연구 결과를 곳곳에 배치해 '취업-업
무 성과-이직'으로 이어지는 경력 경로 전 과정을 새로운 시각에서 조
명했다. 또한, 저자인 아트 마크먼 교수가 미국 텍사스 주립대의 '조직
의 인재 육성(HDO)'이라는 석사학위 프로그램을 직접 개설하고 책
임자까지 맡으면서 '경력 관리'에 대한 이론과 실무를 직접 익혔다. 따
라서 탄탄한 이론과 직장에서 바로 적용할 수 있는 실용성까지 갖추
고 있다. 특히 2부에서 소개하는 성공적인 직장생활의 4가지 방법들
은 이 책의 백미라고 볼 수 있다.

나와 당신을 되돌아보는, 지혜의 심리학
어쩌면 우리가
거꾸로 해왔던 것들

김경일 지음 | 272쪽 | 값 15,000원

저자는 이 책에서 수십 년 동안 심리학을 공부해오면서 사람들로부터
가장 많은 공감을 받은 필자의 말과 글을 모아 엮었다. 수많은 독자와
청중들이 '아! 맞아. 내가 그랬었지'라며 지지했던 내용이다. 다양한
사람들이 공감한 내용들의 방점은 이렇다. 안타깝게도 세상을 살아가
는 우리 대부분은 '거꾸로'하고 있는지도 모른다. 이 책은 지금까지 일
상에서 거꾸로 해온 것을 반대로, 즉 우리가 '거꾸로 해왔던 수많은 말
과 행동들'을 조금이라도 제자리로 되돌아보려는 노력의 산물이다. 이
런 지혜를 터득하고 심리학을 생활 속에서 실천하길 바란다.

10만 독자가 선택한
국내 최고의 인지심리학 교양서

지혜의 심리학
10주년 기념판

김경일 지음
340쪽 | 값 18,500원

10주년 기념판으로 새롭게 만나는
'인지심리학의 지혜'!

생각에 관해서 인간은 여전히 이기적이고 이중적이다. 깊은
생각을 외면하면서도 자신의 생각과 인생에 있어서 근본적인
변화를 애타게 원하기 때문이다. 하지만 과연 몇이나 자기계
발서를 읽고 자신의 생각에 근본적인 변화와 개선을 가질 수
있었을까? 불편하지만 진실은 '결코 없다'이다. 우리에게 필
요한 것은 '어떻게' 그 이상, '왜'이다.

우리는 살아가면서 다양한 어려움에 봉착하게 된다. 이때 우
리는 지금까지 살아오면서 쌓았던 다양한 How들만 가지고는
이해할 수도 해결할 수도 없는 어려움들에 자주 직면하게 된
다. 따라서 이 How들을 이해하고 연결해 줄 수 있는 Why에
대한 대답을 지녀야만 한다. 『지혜의 심리학』은 바로 이 점을
우리에게 알려주어 왔다. 이 책은 '이런 이유가 있다'로 우리
의 관심을 발전시켜 왔다. 그리고 그 이유들이 도대체 '왜' 그
렇게 자리 잡고 있으며 왜 그렇게 고집스럽게 우리의 생각 깊
은 곳에서 힘을 발휘하는지에 대하여 눈을 뜨게 해주었다.

그동안 『지혜의 심리학』은 국내 최고의 인지심리학자인 김경
일 교수가 생각의 원리에 대해 직접 연구한 내용을 바탕으로
명쾌한 논리로 수많은 독자를 지혜로운 인지심리학의 세계로
안내해 왔다. 그리고 앞으로도, 새로운 독자들에게 잠든 도전
과 성취에 대한 자신감을 건네주기에 더할 나위 없는 지혜를
선사할 것이다.

● OtvN <어쩌다 어른> 특강 출연
● KBS 1TV <아침마당> 목요특강 '지혜의 심리학' 특강 출연
● 2014년 중국 수출 계약 / 포스코 CEO 추천 도서
● YTN사이언스 <과학, 책을 만나다> '지혜의 심리학' 특강 출연

성공적인 인수합병의 가이드라인

시너지 솔루션

마크 서로워, 제프리 웨이런스 지음 | 김동규 옮김
456쪽 | 값 25,000원

"왜 최고의 기업은 최악의 선택을 하는가?"

유력 경제 주간지 『비즈니스위크Businessweek』의 기사에 따르면 주요 인수합병 거래의 65%가 결국 인수기업의 주가가 무참히 무너지는 결과로 이어졌다. 그럼에도 M&A는 여전히 기업의 가치와 미래 경쟁력을 단기간 내에 끌어올릴 수 있는 매우 유용하며 쉽게 대체할 수 없는 성장 및 발전 수단이다. 그렇다면 수많은 시너지 함정과 실수를 넘어 성공적인 인수합병을 위해서는 과연 무엇이 필요할까? 그 모든 해답이 이 책, 『시너지 솔루션』에 담겨 있다.

한국기업, 글로벌 최강 만들기 프로젝트 1

넥스트 이노베이션

김언수, 김봉선, 조준호 지음 | 396쪽
값 18,000원

넥스트 이노베이션은 혁신의 본질, 혁신의 유형, 각종 혁신의 사례들, 다양한 혁신을 일으키기 위한 약간의 방법론들, 혁신을 위한 조직 환경과 디자인, 혁신과 관련해 개인이 할 수 있는 것들, 향후의 혁신 방향 및 그와 관련된 정부의 정책의 역할까지 폭넓게 논의한다. 이 책을 통해 조직 내에서 혁신에 관한 공통의 언어를 생성하고, 새로운 혁신 프로젝트에 맞는 구체적인 도구와 프로세스를 활용하는 방법을 개발하기 바란다. 나아가 여러 혁신 성공 및 실패 사례를 통해 다양하고 창의적인 혁신 아이디어를 얻고 실행에 옮긴다면 분명 좋은 성과를 얻을 수 있으리라 믿는다.

앞서 가는 사람들의 두뇌 습관

스마트 싱킹

아트 마크먼 지음 | 박상진 옮김
352쪽 | 값 17,000원

숨어 있던 창의성의 비밀을 밝힌다!

인간의 마음이 어떻게 작동하는지 설명하고, 스마트해지는데 필요한 완벽한 종류의 연습을 하도록 도와준다. 고품질 지식의 습득과 문제해결을 위해 생각의 원리를 제시하는 인지 심리학의 결정판이다! 고등학생이든, 과학자든, 미래의 비즈니스 리더든, 또는 회사의 CEO든 스마트 싱킹을 하고자 하는 누구에게나 이 책이 유용하리라 생각한다.

● 조선일보 등 주요 15개 언론사의 추천
● KBS TV, CBS방영 및 추천

UN 선정, 미래 경영의 17가지 과제

지속가능발전목표란
무엇인가?

딜로이트 컨설팅 엮음 | 배정희, 최동건 옮김
360쪽 | 값 17,500원

지속가능발전목표(SDGs)는 세계 193개국으로 구성된 UN에서 2030년까지 달성해야 할 사회과제 해결을 목표로 설정됐으며, 2015년 채택 후 순식간에 전 세계로 퍼졌다. SDG팩 큰 특징 중 하나는 공공, 사회, 개인(기업)의 세 부문에 걸쳐 널리 파급되고 있다는 점이다. 그러나 SDGs가 세계를 향해 던지는 근본적인 질문에 대해서는 사실 충분한 이해와 침투가 이뤄지지 않고 있다. SDGs는 단순한 외부 규범이 아니다. 단순한 자본시장의 요구도 아니다. 단지 신규사업이나 혁신의 한종류도 아니다. SDGs는 과거 수십 년에 걸쳐 글로벌 자본주의 속에서 면면이 구축되어온 현대 기업경영 모델의 근간을 뒤흔드는 변화(진화)에 대한 요구다. 이러한 경영 모델의 진화가 바로 이 책의 주요 테마다.

하버드 경영대학원 마이클 포터의 성공전략 지침서

당신의 경쟁전략은
무엇인가?

조안 마그레타 지음 | 김언수, 김주권, 박상진 옮김
368쪽 | 값 22,000원

이 책은 방대하고 주요한 마이클 포터의 이론과 생각을 한 권으로 정리했다. <하버드 비즈니스리뷰> 편집장 출신인 조안 마그레타(Joan Magretta)는 마이클 포터와의 협력으로 포터교수의 아이디어를 업데이트하고, 이론을 증명하기 위해 생생하고 명확한 사례들을 알기 쉽게 설명한다. 전략경영과 경쟁전략의 핵심을 단기간에 마스터하기 위한 사람들의 필독서이다.

● 전략의 대가, 마이클 포터 이론의 결정판
● 아마존 전략분야 베스트 셀러
● 일반인과 대학생을 위한 전략경영 필독서

경쟁을 초월하여 영원한 승자로 가는 지름길

탁월한 전략이
미래를 창조한다

리치 호워드 지음 | 박상진 옮김
300쪽 | 값 17,000원

이 책은 혁신과 영감을 통해 자신들의 경험과 지식을 탁월한 전략으로 바꾸려는 리더들에게 실질적인 프레임워크를 제공해준다. 저자는 탁월한 전략을 위해서는 새로운 통찰을 결합하고 독자적인 경쟁 전략을 세우고 헌신을 이끌어내는 것이 중요하다고 강조한다. 나아가 연구 내용과 실제 사례, 사고 모델, 핵심 개념에 대한 명확한 설명을 통해 탁월한 전략가가 되는 데 필요한 핵심 스킬을 만드는 과정을 제시해준다.

● 조선비즈, 매경이코노미 추천도서
● 저자 전략분야 뉴욕타임스 베스트 셀러

기후의 역사와 인류의 생존

시그널

벤저민 리버만, 엘리자베스 고든 지음
은종환 옮김 | 440쪽 | 값 18,500원

이 책은 인류의 역사를 기후변화의 관점에서 풀어내고 있다. 인류의
발전과 기후의 상호작용을 흥미 있게 조명한다. 인류 문화의 탄생부
터 현재에 이르기까지 역사의 중요한 지점을 기후의 망원경으로 관찰
하고 해석한다. 당시의 기후조건이 필연적으로 만들어낸 여러 사회적
인 변화를 파악한다. 결코 간단하지 않으면서도 흥미진진한, 그리고 현
대인들이 심각하게 다뤄야 할 이 주제에 대해 탐구를 시작하고자 하는
독자에게 이 책이 좋은 길잡이가 되리라 기대해본다.

회사를 살리는 영업 AtoZ

세일즈 마스터

이장석 지음 | 396쪽 | 값 17,500원

영업은 모든 비즈니스의 꽃이다. 오늘날 경영학의 눈부신 발전과 성
과에도 불구하고, 영업관리는 여전히 비과학적인 분야로 남아있다. 영
업이 한 개인의 개인기나 합법과 불법을 넘나드는 묘기의 수준에 남
겨두는 한, 기업의 지속적 발전은 한계에 부딪히기 마련이다. 이제 편
법이 아닌 정석에 관심을 쏟을 때다. 본질을 망각한 채 결과에 올인하
는 영업직원과 눈앞의 성과만으로 모든 것을 평가하려는 기형적인 조
직문화는 사라져야 한다. 이 책은 영업의 획기적인 리엔지니어링을
위한 AtoZ를 제시한다. 디지털과 인공지능 시대에 더 인정받는 영업
직원과 리더를 위한 필살기다.

대담한 혁신상품은 어떻게 만들어지는가?

신제품 개발 바이블

로버트 쿠퍼 지음 | 류강석, 박상진, 신동영 옮김
648쪽 | 값 28,000원

오늘날 비즈니스 환경에서 진정한 혁신과 신제품개발은 중요한 도전
과제이다. 하지만 대부분의 기업들에게 야심적인 혁신은 보이지 않는
다. 이 책의 저자는 제품혁신의 핵심성공 요인이자 세계최고의 제품개
발 프로세스인 스테이지-게이트(Stage-Gate)에 대해 강조한다. 아울
러 올바른 프로젝트 선택 방법과 스테이지-게이트 프로세스를 활용
한 신제품개발 성공 방법에 대해서도 밝히고 있다. 신제품은 기업번
영의 핵심이다. 이러한 방법을 배우고 기업의 실적과 시장 점유율을
높이는 대담한 혁신을 성취하는 것은 담당자, 관리자, 경영자의 마지
노선이다.

비즈니스 성공의 불변법칙
경영의 멘탈모델을 배운다!

퍼스널 MBA
10주년 기념 증보판

조시 카우프만 지음
박상진, 이상호 옮김
832쪽 | 값 35,000원

"MASTER THE ART OF BUSINESS"

지속가능한 성공적인 사업은 경영의 어느 한 부분의 탁월성만
으로는 불충분하다. 이는 가치창조, 마케팅, 영업, 유통, 재무회
계, 인간의 이해, 인적자원 관리, 전략을 포함한 경영관리 시스
템 등 모든 부분의 지식과 경험 그리고 통찰력이 갖추어질 때
가능한 일이다. 그렇다고 그 방대한 경영학을 모두 섭렵할 필
요는 없다고 이 책의 저자는 강조한다. 단지 각각의 경영원리
를 구성하고 있는 멘탈 모델(Mental Model)을 제대로 익힘으
로써 가능하다.

세계 최고의 부자인 빌게이츠, 워런버핏과 그의 동업자 찰리
멍거를 비롯한 많은 기업가들이 이 멘탈 모델을 통해서 비즈니
스를 시작하고 또 큰 성공을 거두었다. 이 책에서 제시하는 경
영의 핵심개념을 통해 독자들은 경영의 멘탈 모델을 습득하게
된다.

필자는 지난 5년간 수천 권이 넘는 경영 서적을 읽고 수백 명
의 경영 전문가를 인터뷰하고, 포춘지 선정 세계 500대 기업에
서 일을 했으며, 사업도 시작했다. 그 과정에서 배우고 경험한
지식들을 모으고 정제하여 몇 가지 개념으로 정리했다. 이들
경영의 기본 원리를 이해한다면, 현명한 의사결정을 내리는 데
유익하고 신뢰할 수 있는 도구를 얻게 된다. 이러한 개념들의
학습에 시간과 노력을 투자해 마침내 그 지식을 활용할 수 있
게 된다면, 독자는 어렵지 않게 전 세계 인구의 상위 1%에 드
는 탁월한 사람이 될 것이다.

● 아마존 경영 & 리더십 트레이닝 분야 1위
● 미국, 일본, 중국 베스트셀러
● 전 세계 100만 부 이상 판매

언어를 넘어 문화와 예술을 관통하는 수사학의 힘

현대 수사학

요아힘 크나페 지음
김종영, 홍설영 옮김 | 480쪽 | 값 25,000원

이 책의 목표는 인문학, 문화, 예술, 미디어 등 여러 분야에 수사학을 접목시킬 현대 수사학이론을 개발하는 것이다. 수사학은 본래 언어적 형태의 소통을 연구하는 학문이라서 기초이론의 개발도 이 점에 주력하였다. 그 결과 언어적 소통의 관점에서 수사학의 역사를 개관하고 정치 수사학을 다루는 서적은 꽤 많지만, 수사학 이론을 현대적인 관점에서 새롭고 포괄적으로 다룬 연구는 눈에 띄지 않는다. 이 책은 수사학이 단순히 언어적 행동에만 국한하지 않고, '소통이 있는 모든 곳에 수사학도 있다'는 가정에서 출발한다. 이를 토대로 크나페 교수는 현대 수사학 이론을 체계적으로 개발하고, 문학, 음악, 이미지, 영화 등 실용적인 영역에서 수사학적 분석이 어떻게 가능한지를 총체적으로 보여준다.

백 마디 불통의 말, 한 마디 소통의 말

당신은 어떤 말을
하고 있나요?

김종영 지음
248쪽 | 값 13,500원

리더십의 핵심은 소통능력이다. 소통을 체계적으로 연구하는 학문이 바로 수사학이다. 이 책은 우선 사람을 움직이는 힘, 수사학을 집중 조명한다. 그리고 소통의 능력을 필요로 하는 우리 사회의 리더들에게 꼭 필요한 수사적 리더십의 원리를 제공한다. 더 나아가서 수사학의 원리를 실제 생활에 어떻게 적용할 수 있는지 일러준다. 독자는 행복한 말하기와 아름다운 소통을 체험할 것이다.

- SK텔레콤 사보 <Inside M> 인터뷰
- MBC 라디오 <라디오 북 클럽> 출연
- 매일 경제, 이코노믹리뷰, 경향신문 소개
- 대통령 취임 2주년 기념식 특별연설

세계 초일류 기업이 벤치마킹한
성공전략 5단계

승리의 경영전략

AG 래플리, 로저마틴 지음
김주권, 박광태, 박상진 옮김
352쪽 | 값 18,500원

전략경영의 살아있는 매뉴얼

가장 유명한 경영 사상가 두 사람이 전략이란 무엇을 위한 것이고, 어떻게 생각해야 하며, 왜 필요하고, 어떻게 실천해야 할지 구체적으로 설명한다. 이들은 100년 동안 세계 기업회생역사에서 가장 성공적이라고 평가받고 있을 뿐 아니라, 직접 성취한 P&G의 사례를 들어 전략의 핵심을 강조하고 있다.

- 경영대가 50인(Thinkers 50)이 선정한 2014 최고의 책
- 탁월한 경영자와 최고의 경영 사상가의 역작
- 월스트리스 저널 베스트 셀러

언제까지 질병으로 고통받을 것인가?

난치병 치유의 길

앤서니 윌리엄 지음 | 박용준 옮김
468쪽 | 값 22,000원

이 책은 현대의학으로는 치료가 불가능한 질병으로 고통 받는 수많은 사람들에게 새로운 치료법을 소개한다. 저자는 사람들이 무엇으로 고통받고, 어떻게 그들의 건강을 관리할 수 있는지에 대한 영성의 목소리를 들었다. 현대 의학으로는 설명할 수 없는 질병이나 몸의 비정상적이 상태의 근본 원인을 밝혀주고 있다. 당신이 원인불명의 증상으로 고생하고 있다면 이 책은 필요한 해답을 제공해 줄 것이다.

- 아마존 건강분야 베스트 셀러 1위

정신과 의사가 알려주는 감정 컨트롤술

마음을 치유하는
7가지 비결

가바사와 시온 지음 | 송소정 옮김 | 268쪽
값 15,000원

일본의 저명한 정신과 의사이자 베스트셀러 작가, 유튜브 채널 구독자 35만 명을 거느린 유명 유튜버이기도 한 가바사와 시온이 소개하는, 환자와 가족, 간병인을 위한 '병을 낫게 하는 감정 처방전'이다. 이 책에서 저자는 정신의학, 심리학, 뇌과학 등 여러 의학 분야를 망라하여 긍정적인 감정에는 치유의 힘이 있음을 설득력 있게 제시한다.

유능한 리더는 직원의 회복력부터 관리한다

스트레스 받지 않는
사람은 무엇이 다른가

데릭 로저, 닉 페트리 지음
김주리 옮김 | 308쪽 | 값 15,000원

이 책은 흔한 스트레스 관리에 관한 책이 아니다. 휴식을 취하는 방법에 관한 책도 아니다. 인생의 급류에 휩쓸리지 않고 어려움을 헤쳐 나갈 수 있는 능력인 회복력을 강화하여 삶을 주체적으로 사는 법에 관한 명저다. 엄청난 무게의 힘든 상황에서도 감정적 반응을 재설계하도록 하고, 스트레스 증가 외에는 아무런 도움이 되지 않는 자기 패배적 사고 방식을 깨는 방법을 제시한다. 깨어난 순간부터 자신의 태도를 재조정하는 데 도움이 되는 사례별 연구와 극복 기술을 소개한다.

젊음을 오래 유지하는 자율신경건강법

안티에이징 시크릿

정이안 지음
264쪽 | 값 15,800원

자율신경을 지키면 노화를 늦출 수 있다!

25년 넘게 5만 명이 넘는 환자를 진료해 온 정이안 원장이 제안하는, 노화를 늦추고 건강하게 사는 자율신경건강법이 담긴 책. 남녀를 불문하고 체내에 호르몬이 줄어들기 시작하는 35세부터 노화가 시작된다. 저자는 식습관과 생활 습관, 치료법 등 자율신경의 균형을 유지하는 다양한 한의학적 지식을 제공함으로써, 언제라도 '몸속 건강'을 지키며 젊게 살 수 있는 비결을 알려준다.

고혈압, 당뇨, 고지혈증, 골관절염...
큰 병을 차단하는 의사의 특별한 건강관리법

몸의 경고

박제선 지음 | 336쪽 | 값 16,000원

현대의학은 이제 수명 연장을 넘어, 삶의 질도 함께 고려하는 상황으로 바뀌고 있다. 삶의 '길이'는 현대의료시스템에서 잘 챙겨주지만, '삶의 질'까지 보장받기에는 아직 갈 길이 멀다. 삶의 질을 높이려면 개인이 스스로 해야할 일이 있다. 진료현장의 의사가 개인의 세세한 건강을 모두 신경 쓰기에는 역부족이다. 이 책은 아파서 병원을 찾기 전에 스스로 '예방할 수 있는 영양요법과 식이요법에 초점을 맞추고 있다. 병원에 가기 두렵거나 귀찮은 사람, 이미 질환을 앓고 있지만 심각성을 깨닫지 못하는 사람들에게 가정의학과 전문의가 질병 예방 길잡이를 제공하는 좋은 책이다.

"이 검사를 꼭 받아야 합니까?"

과잉 진단

길버트 웰치 지음 | 홍영준 옮김
391쪽 | 값 17,000원

병원에 가기 전 꼭 알아야 할 의학 지식!

과잉진단이라는 말은 아무도 원하지 않는다. 이는 걱정과 과잉진료의 전조일 뿐 개인에게 아무 혜택도 없다. 하버드대 출신 의사인 저자는, 의사들의 진단중심에 비롯된 과잉진단의 문제점과 과잉진단의 합리적인 이유를 함께 제시함으로써 질병예방의 올바른 패러다임을 전해준다.

● 한국출판문화산업 진흥원 『이달의 책』 선정도서
● 조선일보, 중앙일보, 동아일보 등 주요 언론사 추천

"질병의 근본 원인을 밝히고
남다른 예방법을 제시한다"

의사들의 120세
건강비결은 따로 있다

마이클 그레거 지음
홍영준, 강태진 옮김

❶ 질병원인 치유편 값 22,000원 | 564쪽
❷ 질병예방 음식편 값 15,000원 | 340쪽

우리가 미처 몰랐던 질병의 원인과 해법
질병의 근본 원인을 밝히고
남다른 예방법을 제시한다

건강을 잃으면 모든 것을 잃는다. 의료 과학의 발달로 조만간 120세 시대도 멀지 않았다. 하지만 우리의 미래는 '얼마나 오래 살 것인가?'보다는 '얼마나 건강하게 오래 살 것인가?'를 고민해야하는 시점이다. 이 책은 질병과 관련된 주요 사망 원인에 대한 과학적 인과관계를 밝히고, 생명에 치명적인 병을 예방하고 건강을 회복시킬 수 있는 방법을 명쾌하게 제시한다. 수천 편의 연구결과에서 얻은 적절한 영양학적 식이요법을 통하여 건강을 획기적으로 증진시킬 수 있는 과학적 증거를 밝히고 있다. 15가지 주요 조기 사망 원인들(심장병, 암, 당뇨병, 고혈압, 뇌질환 등등)은 매년 미국에서만 1백 6십만 명의 생명을 앗아간다. 이는 우리나라에서도 주요 사망원인이다. 이러한 비극의 상황에 동참할 필요는 없다. 강력한 과학적 증거가 뒷받침 된 그레거 박사의 조언으로 치명적 질병의 원인을 정확히 파악하라. 그리고 장기간 효과적인 음식으로 위험인자를 적절히 예방하라. 그러면 비록 유전적인 단명요인이 있다 해도 이를 극복하고 장기간 건강한 삶을 영위할 수 있다. 이제 인간의 생명은 운명이 아니라, 우리의 선택에 달려있다. 기존의 건강서와는 차원이 다른 이 책을 통해서 '더 건강하게, 더 오래 사는' 무병장수의 시대를 활짝 열고, 행복한 미래의 길로 나아갈 수 있을 것이다.

● 아마존 의료건강분야 1위
● 출간 전 8개국 판권계약

노자, 궁극의 리더십을 말하다
2020 대한민국을
통합시킬 주역은 누구인가?

안성재 지음 | 524쪽 | 값 19,500원

노자는 "나라를 다스리는 것은 간단하고도 온전한 원칙이어야지, 자꾸 복잡하게 그 원칙들을 세분해서 강화하면 안된다!"라고 일갈한다. 법과 제도를 세분해서 강화하지 않고 원칙만으로 다스리는 것이 바로 대동사회다. 원칙을 수많은 항목으로 세분해서 통제한 것은 소강사회의 모태가 되므로 경계하지 않으면 안된다. 이 책은 [도덕경]의 오해와 진실 그 모든 것을 이야기한다. 동서고금을 아우르는 지혜가 살아넘친다. [도덕경] 한 권이면 국가를 경영하는 정치지도자에서 기업을 경영하는 관리자까지 리더십의 본질을 꿰뚫을 수 있을 것이다.

인생의 고수가 되기 위한 진짜 공부의 힘
김병완의 공부혁명

김병완 지음
236쪽 | 값 13,800원

공부는 20대에게 세상을 살아갈 수 있는 힘과 자신감 그리고 내공을 길러준다. 그래서 20대 때 공부에 미쳐 본 경험이 있는 사람과 그렇지 못한 사람은 알게 모르게 평생 큰 차이가 난다. 진짜 청춘은 공부하는 청춘이다. 공부를 하지 않고 어떻게 100세 시대를 살아가고자 하는가? 공부는 인생의 예의이자 특권이다. 20대 공부는 자신의 내면을 발견할 수 있게 해주고, 그로 인해 진짜 인생을 살아갈 수 있게 해준다. 이 책에서 말하는 20대 청춘이란 생물학적인 나이만을 의미하지 않는다. 60대라도 진짜 공부를 하고 있다면 여전히 20대 청춘이고 이들에게는 미래에 대한 확신과 풍요의 정신이 넘칠 것이다.

감동으로 가득한 스포츠 영웅의 휴먼 스토리
오픈

안드레 애거시 지음 | 김현정 옮김
614쪽 | 값 19,500원

시대의 이단아가 던지는 격정적 삶의 고백!

남자 선수로는 유일하게 골든 슬램을 달성한 안드레 애거시. 테니스 인생의 정상에 오르기까지와 파란만장한 삶의 여정이 서정적 언어로 독자의 마음을 자극한다. 최고의 스타 선수는 무엇으로, 어떻게, 그 자리에 오를 수 있었을까? 또 행복하지만 은 않았던 그의 테니스 인생 성장기를 통해 우리는 무엇을 배 울 수 있을까. 안드레 애거시의 가치관이 생각을 읽을 수 있다.

인간에게 영감을 불어넣는 '숨'의 역사
호흡

에드거 윌리엄스 지음
황선영 옮김
396쪽 | 값 22,000원

호흡 생리학자가 엮어낸
호흡에 관한 거의 모든 지식!

우리 삶에 호흡이 왜 중요할까? 그건 바로 생존이 달려있기 때문이다. 지금까지 건강한 호흡 방법, 명상을 위한 호흡법처럼 건강으로 호흡을 설명하는 책들은 많았다. 하지만 호흡 자체의 본질적 질문에 답하는 책은 없었다. 저자는 "인간은 왜 지금과 같은 방식으로 숨을 쉬게 되었는가?"라는 질문에서 시작한다. 평생 호흡을 연구해 온 오늘날 현대인이 호흡할 수 있기까지의 전 과정을 인류역사, 인물, 사건, 기술, 문학작품을 통해서 생생하게 일러준다.

과학책에서 들었을 법한 산소 발견 이야기는 물론, 인종차별의 증거로 잘못 활용된 폐활량계, 제1차 세계대전에서 수많은 사상자를 남긴 유독가스, 오늘날에도 우리를 괴롭히는 다양한 호흡장애와 몸과 마음을 지키는 요가의 호흡법 등, 이 책은 미처 세기도 어려운 호흡에 관한 거의 모든 지식을 총망라하며 읽는 이의 지성을 자극하고도 남는다. 인간에게 숨은 생명의 시작이면서 끝이고, 삶에 대한 풍부한 스토리를 내포하고 있다.

저자는 "평생 탐구해 온 단 하나의 물음인 '인간은 왜 지금과 같은 방식으로 숨을 쉬게 되었는가'에 대한 해답을 이 책에서 찾아보고자" 했다고 밝힌다. 하지만 호흡이라는 하나의 주제로 엮인 이 책을 통해 알 수 있는 것이 비단 호흡의 비밀만은 아니다. 우리는 수개월 동안 호흡 없이 뱃속에서 지내던 아이의 첫울음에 이루 말할 수 없는 감동을 느끼게 된다. 또한 인체에 대한 이해와 산소호흡기의 탄생 등 눈부신 발전을 이룩한 현대 의학의 이면에 숨은 수많은 연구자의 성공과 실패담을 읽으며 그 노고를 깨닫게 된다. 호흡이라는 주제로 얽히고설킨 깊고 넓은 지식의 생태계 속에서 여러분들은 인류의 번영과 고뇌, 무수한 학자들의 성공과 실패, 그리고 삶과 죽음이 녹아든 지혜를 선물 받을 것이다.

진정한 부와 성공을 끌어당기는 단 하나의 마법
생각의 시크릿

밥 프록터, 그레그 레이드 지음 | 박상진 옮김
268쪽 | 값 13,800원

성공한 사람들은 그렇지 못한 사람들과 다른 생각을 갖고 있는 것인가? 지난 100년의 역사에서 수많은 사람을 성공으로 이끈 성공 철학의 정수를 밝힌다. <생각의 시크릿>은 지금까지 부자의 개념을 오늘에 맞게 더 구체화시켰다. 지금도 변하지 않는 법칙을 따라만하면 누구든지 성공의 비밀에 다가갈 수 있다. 이 책은 각 분야에서 성공한 기업가들이 지난 100년간의 성공 철학을 어떻게 이해하고 따라했는지 살펴보면서, 그들의 성공 스토리를 생생하게 전달하고 있다.

● 2016년 자기계발분야 화제의 도서
● 매경이코노미, 이코노믹리뷰 소개

새로운 시대는 逆(역)으로 시작하라!
콘트래리언

이신영 지음
408쪽 | 값 17,000원

위기극복의 핵심은 역발상에서 나온다!

세계적 거장들의 삶과 경영을 구체적이고 내밀하게 들여다본 저자는 그들의 성공핵심은 많은 사람들이 옳다고 추구하는 흐름에 '거꾸로' 갔다는 데 있음을 발견했다. 모두가 실패를 두려워할 때 도전할 줄 알았고, 모두가 아니라고 말하는 아이디어를 성공적인 아이디어로 발전시켰으며 최근 15년간 3대 악재라 불린 위기 속에서 기회를 찾고 성공을 거두었다.

● 한국출판문화산업 진흥원 '이달의 책' 선정도서
● KBS 1 라디오 <오한진 이정민의 황금사과> 방송

상위 7% 우등생 부부의 9가지 비결
사랑의 완성
결혼을 다시 생각하다

그레고리 팝캑 지음
민지현 옮김 | 396쪽 | 값 16,500원

결혼 상담 치료사인 저자는 특별한 부부들이 서로를 대하는 방식이 다른 모든 부부관계에도 도움이 된다고 알려준다. 이 책은 저자 자신의 결혼생활 이야기를 비롯해 상담치료 사례와 이에 대한 분석, 자가진단용 설문, 훈련 과제 및 지침 등으로 구성되어 있다. 이 내용들은 오랜 결혼 관련 연구논문으로 지속적으로 뒷받침되고 있으며 효과가 입증된 것들이다. 이 책을 통해 독자들은 무엇이 결혼생활에 부정적으로 작용하며, 긍정적인 변화를 위해 어떤 노력을 해야 하는지 배울 수 있다.

하버드 경영 대학원 마이클 포터의
성공전략 지침서
당신의 경쟁전략은
무엇인가?

조안 마그레타 지음
김언수, 김주권, 박상진 옮김
368쪽 | 값 22,000원

마이클 포터(Michael E. Porter)는 전략경영 분야의 세계최고 권위자다. 개별 기업, 산업구조, 국가를 아우르는 연구를 전개해 지금까지 17권의 저서와 125편 이상의 논문을 발표했다. 저서 중 『경쟁전략(Competitive Strategy)』(1980), 『경쟁우위(Competitive Advantage)』(1985), 『국가경쟁우위(The Competitive Advantage of Nations)』(1990) 3부작은 '경영전략의 바이블이자 마스터피스'로 공인받고 있다. 경쟁우위, 산업구조 분석, 5가지 경쟁요인, 본원적 전략, 차별화, 전략적 포지셔닝, 가치사슬, 국가경쟁력 등의 화두는 전략 분야를 넘어 경영학 전반에 새로운 지평을 열었고, 사실상 세계 모든 경영 대학원에서 핵심적인 교과목으로 다루고 있다. 이 책은 방대하고 주요한 마이클 포터의 이론과 생각을 한 권으로 정리했다. <하버드 비즈니스리뷰> 편집장 출신인 저자는 폭넓은 경험을 바탕으로 포터 교수의 강력한 통찰력을 경영일선에 효과적으로 적용할 수 있도록 설명한다. 즉, "경쟁은 최고가 아닌 유일무이한 존재가 되고자 하는 것이고, 경쟁자들 간의 싸움이 아니라, 자사의 장기적 투하자본이익률(ROIC)을 높이는 것이다." 등 일반인들이 잘못 이해하고 있는 포터의 이론들을 명백히 한다. 전략경영과 경쟁전략의 핵심을 단기간에 마스터하여 전략의 전문가로 발돋음 하고자 하는 대학생은 물론 전략에 관심이 있는 MBA과정의 학생들을 위한 필독서다. 나아가 미래의 사업을 주도하여 지속적 성공을 꿈꾸는 기업의 관리자에게는 승리에 대한 영감을 제공해 줄 것이다.

● 전략의 대가, 마이클 포터 이론의 결정판
● 아마존전략 분야 베스트 셀러
● 일반인과 대학생을 위한 전략경영 필독서

사단법인 건강인문학포럼

1. 취지

세상이 빠르게 변화하고 있습니다. 눈부신 기술의 진보 특히, 인공지능, 빅데이터, 메타버스 그리고 유전의학과 정밀의료의 발전은 인류를 지금까지 없었던 새로운 세상으로 안내하고 있습니다. 앞으로 산업과 직업, 하는 일과 건강관리의 변혁은 피할 수 없는 상황으로 다가오고 있습니다.

이러한 변화에 따라 〈사단법인〉 건강인문학포럼은 '건강은 건강할 때 지키자'라는 취지에서 신체적 건강, 정신적 건강, 사회적 건강이 조화를 이루는 "건강한 삶"을 찾는데 의의를 두고 있습니다. 100세 시대를 넘어서서 인간의 한계수명이 120세로 늘어난 지금, 급격한 고령인구의 증가는 저출산과 연관되어 국가 의료재정에 큰 부담이 되리라 예측됩니다. 따라서 개인 각자가 자신의 건강을 지키는 것 자체가 사회와 국가에 커다란 기여를 하는 시대가 다가오고 있습니다.

누구나 겪게 마련인 '제 2의 삶'을 주체적으로 살며, 건강한 삶의 지혜를 함께 모색하기 위해 사단법인 건강인문학포럼은 2018년 1월 정식으로 출범했습니다. 우리의 목표는 분명합니다. 스스로 자신의 건강을 지키면서 능동적인 사회활동의 기간을 충분히 연장하여 행복한 삶을 실현하는 것입니다. 전문가로부터 최신의학의 과학적 내용을 배우고, 5년 동안 불멸의 동서양 고전 100권을 함께 읽으며 '건강한 마음'을 위한 인문학적 소양을 넓혀 삶의 의미를 찾아볼 것입니다. 의학과 인문학 그리고 경영학의 조화를 통해 건강한 인간으로 사회에 선한 영향력을 발휘하고, 각자가 주체적인 삶을 살기 위한 지혜를 모색해가고자 합니다.

건강과 인문학을 위한 실천의 장에 여러분을 초대합니다.

2. 비전, 목적, 방법

| 비 전

장수시대에 "건강한 삶"을 위해 신체적, 정신적, 사회적 건강을 돌보고, 함께 잘 사는 행복한 사회를 만드는 데 필요한 덕목을 솔선수범하면서 존재의 의미를 찾는다.

| 목 적

우리는 5년간 100권의 불멸의 고전을 읽고 자신의 삶을 반추하며, 중년 이후의 미래를 새롭게 설계해 보는 "자기인생론"을 각자 책으로 발간하여 유산으로 남긴다.

| 방 법

매월 2회 모임에서 인문학 책 읽기와 토론 그리고 특강에 참여한다. 아울러서 의학 전문가의 강의를 통해서 질병예방과 과학적인 건강 관리 지식을 얻고 실천해 간다.